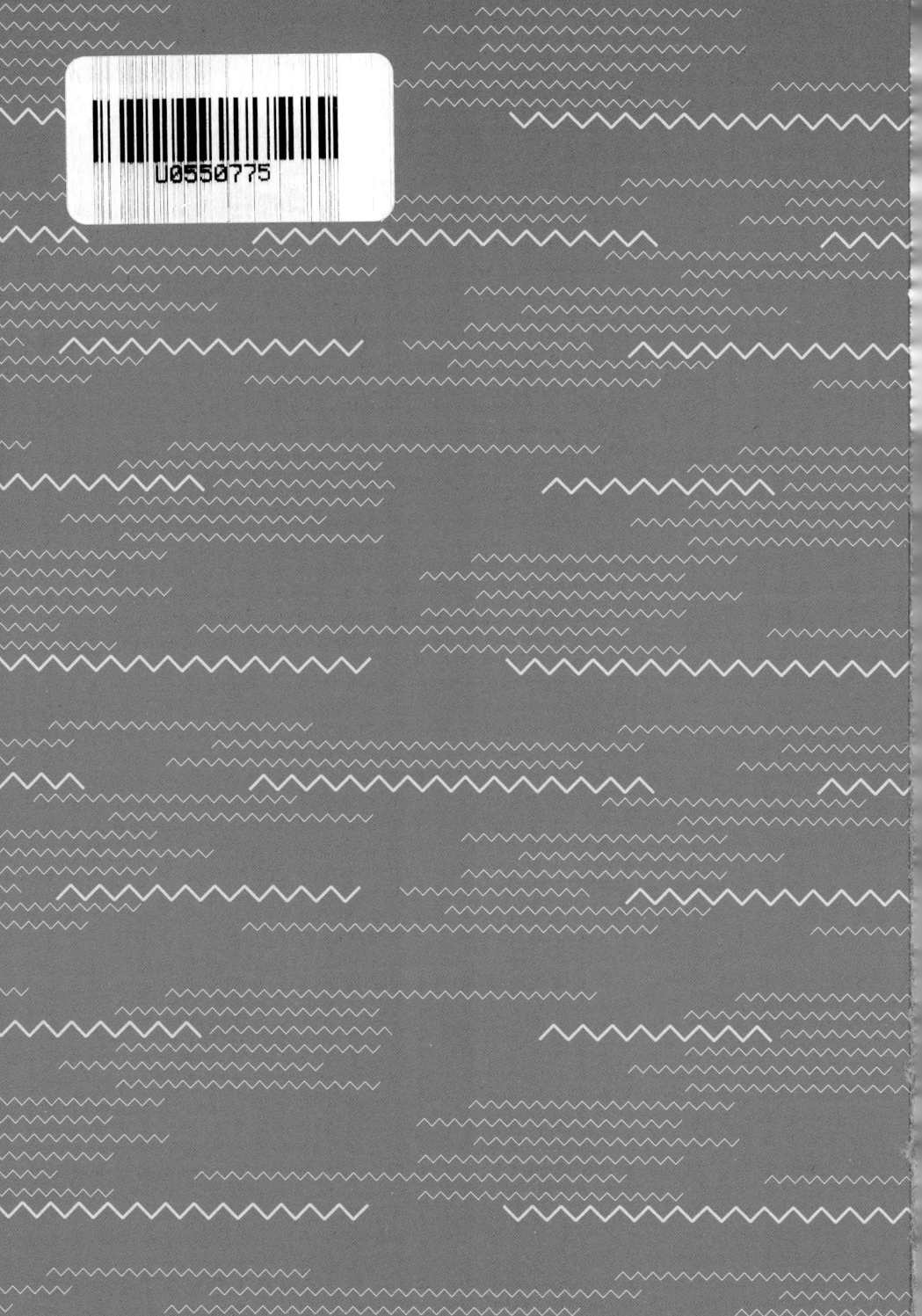

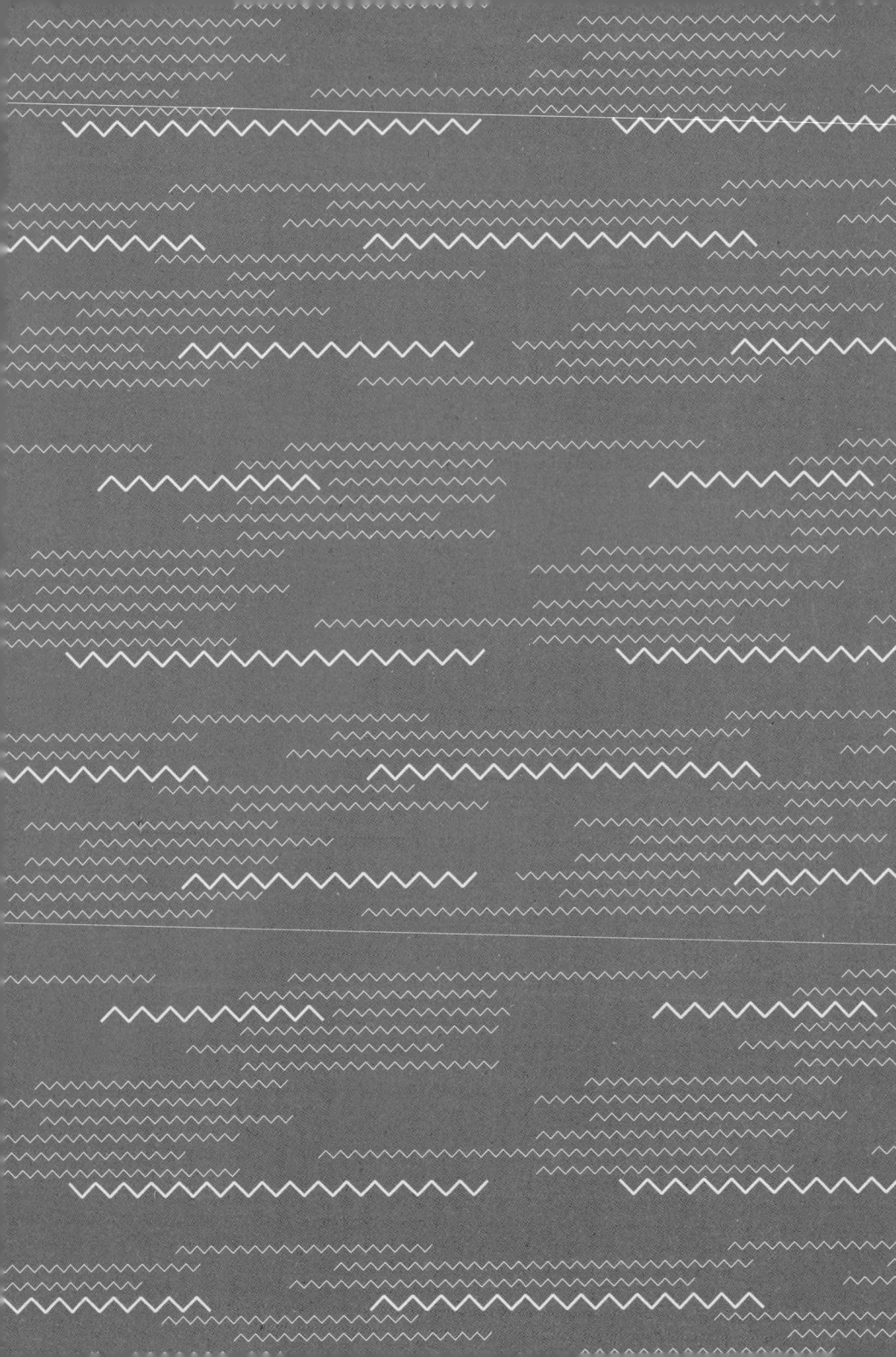

內在恆定

順應天性的完美主義是一種優勢

THE PERFECTIONIST'S GUIDE TO LOSING CONTROL

KATHERINE MORGAN SCHAFLER

凱薩琳．摩根．舍弗勒——著　韓絜光——譯

目錄

「獻給麥可（Michael）」

本書中的個案描述皆為虛構。所有姓名、背景與敘事細節都經過改動。書中描寫的諮商過程，是以我在諮商室、工作上及個人親身經歷的特定感受、想法和人際連結為基礎，編寫出來的故事。我想做到的是準確傳達其中的核心情感，而非記述事件始末。對於每一個我有幸諮商過的人，我的感謝至今無以言喻。給我過去和現在的當事人：你的故事屬於你，我永遠不會對第三者透露。

「她就是她，她生即完整。」

——克萊麗莎・平蔻拉・埃思戴絲博士（Clarissa Pinkola Estés, Ph.D.）

序章

完美主義是一種力量

了解自己是哪種類型的完美主義者？

是時候為「完美主義」正名了

我們的婚禮前夕，我和先生決定分開過夜，好讓彼此都能最大程度放鬆，舒適地度過大日子的前一夜。綵排晚宴結束後，我在晚間十點半左右回到家，接著出門遛狗、順便回覆郵件，然後做些運動。

運動完我盡情沖了個澡，重新包裝隔天要送給伴娘的禮物，這可能與我的完美主義有關，但誰又能忍受禮品店用了過多膠帶的廉價包裝，成為婚禮上不完美的汙點？調整完婚禮小物，再把一些診間筆記歸檔。爬上床後用了約二十分鐘修潤我的婚禮誓詞，之後又確認了一遍電子郵件，最後在凌晨兩點多迷迷糊糊睡著，各方面這都可說是一個完美的夜晚。

完美主義者可能算不上是身心安定的人，話又說回來，如果社會上兜售的身心平衡主張與健康觀念不適合自己，又何必勉強？為了迎合大眾標準而努力維持某個狀態，我敢肯定至少在心態上那只會離健康更遠。我寫這本書就是為了所有受夠聽話、乖巧與順從的人，通常這類要求會被大量用在「好女孩」的標準上。所以我將這本書，獻給那些受夠「好女孩」標準的女性——無論是生理女，或是自我認同為女性者，也獻給所有渴望釋放自我的人。

完美主義者應該放過自己，放棄對完美的追求——類似的說法想必你聽到都煩了。假如此時此刻你就在諮商室，坐在我對面的沙發上，我會毫不掩飾地向你翻個白眼。坦白地跟你說，那是永遠行不通的。或是有人會嘗試寫一千遍「我不再當個完美主義者」自我提醒，但很遺憾地必須告訴你，這只是在浪費時間。

所以要怎麼做你才能釋放自己，甚至找到你渴望的自由？首先你該做的是，誠實面對自己是什麼樣的人。承認你從來不甘於平凡；承認有目標在背後鞭策你反而神采飛揚；相反地，穩定安逸反而會讓你因為太無聊而陷入抑鬱……停止貶抑自己、否認自己的天賦——你生來就是為了發光，你其實感覺得到。

活到現在，你順應社會觀念對完美主義的描繪，抗拒自己追求完美的傾向。但社會對完美主義的描繪往往偏頗到不行。這些論調幾乎都一樣，開頭總先批評完美主義的負面影響，以證明完美主義的不是，接著獨斷地下結論，認定完美主義者是不健康的甚至需要矯正。的確，那些對完美主義的負面形容確有其事，但不足以完整詮釋完美主義對我們的影響。

有趣的是，鼓吹人抑制完美主義心理、接受「美麗的不完美」，這種壓力大多落在女性身上。你聽過男人說自己是「矯正後的完美主義者」嗎？賈伯斯（Steve Jobs）或「廚神」戈登（Gordon Ramsay），甚至是名導演卡麥隆（James Cameron）都是典型的完美主義者，他們終其一生都在追求完美，因此在各自的領域被譽為天才。我們再回過頭來看，女性執著完美而受到稱頌的例子。

你可以說，瑪莎．史都華（Martha Stewart）憑藉對完美的偏執建立了一個帝國，她可能是這個時代最受推崇的女性完美主義者。但別忘了，她的公司「瑪莎．史都華生活多媒體」（Martha Stewart Living Omnimedia）主打：信手拈來的早午餐食譜、豐富的假日消遣活動、流行的色彩調配、婚禮規劃……這些都是固有觀念中主婦的興趣。史都華能把完美主義盡展在外，還獲得熱烈掌聲，沒被要求「處事圓融」，比如要她收斂野心等，是因為她的興趣停留在，女性公開表露野心還可以被接受的範圍之內，這絕非巧合。

勸說女性澆熄心中完美主義的聲音從未停止，部分原因就在於完美主義是一股強大的力量。和其他力量一樣，如財富、文字、美、愛的力量等，假如不懂得如何正確駕馭，完美主義可能會耗蝕你的人生。實際上，完美主義可以充分為人所用，也可以反過來奴役人；在我們學習運用完美主義之前，這是我們必須了解的現實。

是時候更坦然地面對自己。你我都知道從前到現在，完美主義在生活各方面造成自己諸多困擾：工作上、愛情上、審美上、身體上、精神上。那是因為我們還不明白，它是一股力量，也是餽贈。多數人不太尊重它，甚至拚命否定它，將它縮小到只是傾向愛好整潔和準時，雖然真實的完美主義和這兩者都沒有太大的關係。然後我們慢慢察覺，當自己愈想推開完美主義，它反彈的力道愈大。你我可能試過各種方法，都擺脫不了你的完美主義，因為它就是構成你這個人的基本元素。

幸好，你最深層、最強大的構成元素，永遠不會拋棄你。不論你用什麼方法想麻痺、淡化心中那股令你不知所措的強大力量，千方百計要它安靜，那些方法我都試過，我得到的結論與你一致，那些方法沒一個管用，你我的完美主義依然完好如初。

內在恆定，就是最完美的狀態

完美主義不是問題的根源。世界上有些最快樂、傑出、滿足的人也是完美主義者。你的問題在於無法活出完整的自己。簡單來說，就是為了追求那些符合社會價值的標準，汲汲營營卻忽略你的天賦，因為造成內在失衡。

女性每一天都會接收到源源不絕的明示或暗示，要她「收斂」——減少體重、減少欲望、不要那麼情緒化、避免一口答應，當然還有別那麼要求完美……這本書要強調的正是「你值得擁有個人的追求」。活出更完整的你自己，取得「更多」你想要的結果。

我在紐約市執業多年，諮商過許多完美主義者。本書以此為基礎，以及我在多個不同環境的臨床經驗，包括在 Google 擔任現場心理諮商師、投入居家治療工作、為成癮康復中心提供諮商。我長期著迷於探索人奮鬥、成長、茁壯的方法，從加州大學柏克萊分校心理學本科畢業後，我在哥倫比亞大學完成研究所學業和臨床訓練。此外也在紐約市靈性與心理治療協會（Association for spirituality and Psychotherapy）取得證書。在人類發展協會（Institute of Human Development）和加州大學哈門實驗室（Hammen Lab）的研究經驗，點亮我這二十年來腦中反覆思索的許多問題。雖然以我對人類建立關係方式的好奇之深，可以想見我心中的疑問永遠會多於答案，但我努力把至今收集到的答案寫進這本書，這就是我出版這本書的動機。

事實上，我們都有點完美主義

長久以來，我經常自問的一個問題就是：如果有人說「我是完美主義者」，想表達的究竟是什麼？

主流社會將「完美主義者」的口語定義簡化為：想要每件事隨時隨地保持完美，不完美就渾身難受。但你我都心知肚明，完美主義不是這麼膚淺的力量。

假使有人說：「我是完美主義者。」說的不是他們期待自己完美、別人完美、天氣完美、生活中開展的每件事都合乎期待。真正的完美主義者是聰明的，明白凡事不可能盡如期待。他們只是常想不通，自己明明深知這個道理，為什麼還是會為事物的不完美深感失望。他們不時納悶的是，為什麼自己老覺得像被逼迫似的，必須全力以赴，沒有盡頭。他們有時因此迷惘，忘了自己最一開始為了什麼而努力。他們經常被問到為什麼不能「像個正常人」放鬆享受？他們想知道的是，沒有這些成就的話，自己是誰？

這些對存在的疑惑，每個人總會在生命的某個時刻遇到，只是以不同形態出現。但完美主義者時時刻刻都會想到這些問題。

在這本書裡，我把完美主義者區分成五種類型；辨認你是哪一種類型，不僅能解鎖你的天賦，你也能更認識自己內心追求出眾的強烈動力。你不會再浪費意志力，強迫自己別當個完美主義者，反而能利用所有新釋放的能量，為最真實的你自己效力。

本書上半部會拆解完美主義，方便我們詳細認識它。第一章會介紹五類型的完美主義者。接著在第二章將邀請你認識「適應完美主義」，這是讓完美主義發揮積極作用的理論，在心理學研究領域已有許多人投入且廣為人知，但在身心靈健康領域幾乎未見討論。到了第三章則以女性主義觀點探討完美主義。進入第四章，除了闡述完美主義能成為我們的力量，又會在什麼狀態下成為我們的限制，並進一步拆解完美主義，了解這股能量是如何運作的。

本書下半部，則說明如何依照對你有益無害的方式，重新建構你的完美主義，首先在第五章你會了解完美主義者的頭號錯誤，第六章會說明如何強化心態韌性，自在運用完美主義的力量。第七章提供十個關鍵的思考轉化練習，幫助你維持內在恆定，減少錯用完美主義導致的負面影響。第八章提出八個行為策略，讓不同類型的完美主義者隨時都能自我修復，維持自在從容，陪伴自我穩定地成長。最後一章則回答完美主義者必然會面對的問題：我知道想做什麼是我的自由，為什麼還是感到舉步維艱？藉此釐清思緒，成為順應天性的完美主義者，讓完美主義成為優勢。

總結來說，本書希望教你做出這一生最重大的選擇：放棄虛無的控制，換得真實的力量。

完美主義是天賦，只是尚未被正確運用

如果你想找一本教你修復自身缺陷的書，那你可能得再找一找。因為本書探討的是：你很可能根本沒毛病，就算你有第五章提到的一些內耗的習慣。我發現人們不喜歡在諮商會診中聽到這句話。自戀者不算，前來尋求治療的人，多年不想聽到自己其實沒事、很好、不同凡響。

這是因為多數來找我的人心中已被自我懷疑填滿，「我可能比我想像的更糟」他們帶著這樣的懷疑前來，做好接受一切「壞消息」的心理準備，卻聽到完全出乎意料的答案：「你好得很，一點事也沒有」往往會顯露出一臉懷疑而非欣喜或安心。為什麼會這樣？根據我的經驗發現，大家希望

能經由專業諮詢，確定自己在臨床來說「損壞」得多嚴重。他們期待獲得的幫助，是讓他們能帶著自己或多或少的缺陷立身處世。

而我也看過太多案例，包含我自己在內都驗證了完美主義不必是心頭大患，換言之，你可以是完美的人，也可以是身心平衡、自在從容的人。

如果你還是更認同「完美主要需要被矯正而非獲得理解與支持」，停止閱讀這本書也不要緊。每個人準備好接受自己的力量前，不免會搖擺不定。無論是需要更多時間或斷然拒絕改變都沒有關係，我甚至會說，就算從一開始就不想成長也不要緊，只不過這應該不適用於你。因為如果是個完美主義者，你永遠斷不掉自我提升的渴望，你會忍不住要測試自己的極限，好奇自己到底有多少能耐。

現在正是時候換個方式向自己提問，這也是我多年來思索的另一個問題：如果完美主義的存在是為了幫助你呢？

有些天賦在你懂得使用以前都像個累贅，那只是因為我們還沒找到正確運用天賦的方法，接下來就讓我來告訴你，如何讓完美主義這個天賦的能量發揮到最大，成為你降臨在這個世界上最美好的禮物。

自我檢測

了解自己是哪種類型的完美主義者？

從以下選擇題中圈出最能形容你的選項，記下答案對應的編號（A、B、C、D、E）。全部答完後，對照問卷最後的完美主義者類型分析，判斷你屬於哪一型完美主義者。

1. 你會不會在工作中表現出暴怒，例如怒罵、敲桌子、甩門？

□ A. 從來不會。我任何時刻都沉著淡定，極盡專業之能事。

□ B. 不會。給別人隨和好相處的印象很重要，所以我盡力避免做出使人反感的行為。

□ C. 不會。我很想表達怒氣，但我會等待適當時機，思考怎樣表達最恰當。

□ D. 不會。我覺得平息怒氣不難，要我按捺衝動比較難。例如，我會在會議上不假思索把我想到的點子全說出來。

□ E. 會。每當我對自己或別人失望，往往忍不住暴怒。

2. 以下哪一件事最有可能令你心煩？

☐ A. 假期出遊沒有規劃行程。
☐ B. 得知有人不喜歡你。
☐ C. 你決定重新粉刷客廳。店家拿出五十色的色票，要你十分鐘內挑好想要的顏色。
☐ D. 上司要你接下來六個月只能專心執行一個目標。
☐ E. 發現周圍的人做事沒有盡力符合最高標準。

3. 以下哪一段敘述最符合你？

☐ A. 我為人可靠，做事井然有序，喜歡事先計畫。有時能感覺到旁人覺得我太「拘謹」。
☐ B. 我覺得別人對我的看法和感受很重要，卻也為此沮喪。我時常覺得需要受到關心，因為我希望盡可能與人建立深刻的連結。
☐ C. 我的優柔寡斷令我氣餒。真希望我更積極，明確行動以實現目標。
☐ D. 我喜歡新計畫剛開始動力滿滿的感覺——誰也攔不住我起跑！但我很難維持專注，容易被其他興趣分散注意力。
☐ E. 我用極高標準對待周圍的人事物。別人未達我的標準，我可能會嚴厲責罵對方。

4. 別人稱讚你的時候，最有可能說你……

□ A. 言出必行，說到做到。

□ B. 很能與人建立有意義的關係。

□ C. 有備而來，會問聰明的問題，能設想替代方案。

□ D. 擅長想像各種可能，靈感豐富，新點子很多。

□ E. 直截了當，對當前目標敏銳而專注。

5. 以下哪一段敘述最符合你？

□ A. 有人改動某件事的時間流程（會議、餐宴、假期等），我會覺得受到冒犯。計畫制定了就該堅守才對。

□ B. 明明知道沒必要，卻總是擔心別人對我的想法。

□ C. 知道自己可以做出哪些貢獻，包括在關係裡、工作上、所屬團體裡等，但除非能先處理好某幾件事，不然我發揮不了真正的實力。

□ D. 我老是不自覺抗拒去做某些必要的事，例如想開公司卻懶得去註冊網域名稱。我腦中的點子多得我不知所措。

□ E. 對別人做事散漫沒效率，我會很氣憤。我不在乎別人喜不喜歡我，我想把事情做好。

6. 別人曾經說我……

□ A. 太死板，不懂得隨機應變。

□ B. 太想要取悅別人。

□ C. 不敢冒險，太猶豫不決。

□ D. 做事沒有條理，想到什麼做什麼，不太能遵守承諾。

□ E. 很兇，很「嚴厲」或讓人害怕。

7. 我最重視……

□ A. 制定程序規章，使事情都照預料發展，讓自己和他人安心。

□ B. 有人設法了解我這個人，理解我為什麼在乎某些事物。

□ C. 準備充分，充分確信自己判斷正確，再踏入新機會，或關係、工作、日常決定等。我不想隨口答應，除非我有十足自信這是對的決定。

□ D. 生活中有熱情，日常有盡可能多的機會可以開展新計畫、培養新技能、旅行、成長、持續探索。

□ E. 別人信守承諾，按說好的時間做說好要做的事，且做到我期待的水準。

完美主義者類型分析

累計最多的選項代號，就是你的所屬類型。

A. **經典型完美主義者**

可靠、值得信賴，做事能貫徹始終且縝密細心，是團隊中的安定力量。但若內在失衡，面對突發狀況或計畫變動，他們可能很難適應，並感覺很難與人建立親密的連結。

B. **巴黎型完美主義者**

比一般人更能掌握待人處事的訣竅，富有同理心，擅長與人建立良好關係。但若內在失衡，會因為過度渴望與人建立關係，演變成過度討好，甚至不惜犧牲自我地為他人付出。與他人深交的渴望可能會演變成阿諛奉承討好他人。

C. **拖延型完美主義者**

善於做事前準備，能從宏觀的角度縝密分析，並制定計劃，也擅長抑制衝動。但在內在失衡時，容易在前期準備投入太多時間，而愈來愈猶豫不決，無法持續前進。

D. **混亂型完美主義者**

不害怕新事物，比其別人更能克服踏出第一步的焦慮。有源源不絕的新點子，很擅長隨機應變，有濃厚的好奇心且對事物充滿熱情。但當內在失衡時，會變得很難專注於單一目標，導致能量過度分散，最後不了了之，無法完成想做的事。

E. **嚴格型完美主義者**

能保持敏銳的專注力實現目標。但若內在失衡，處世標準有時會從偏高上升到脫離現實的境界，而且會為了無法實現的標準，嚴厲責怪自己和他人。

***備註：**將你在每個選項的得分排序，分數愈高表示你的表現愈接近該類型。實際上，我們可能擁有多種完美主義的傾向。例如，你得分最高的是巴黎型完美主義者，但混亂型的得分也幾乎不

相上下，則表示你是巴黎型完美主義者附帶偏向混亂型。如果有兩個以上的類型得分相同，表示你兼具這些類型的特質。

了解自己的完美主義所屬類型後，配合書中的深入說明——以及哪一類型最符合你的直覺感受——檢測結果將引導你更清楚認識你所屬的完美主義類型，學會如何欣賞及管理它。

第 1 章

完美主義的五種類型

經典、嚴格、巴黎、拖延還是混亂？
挖掘它的獨特魅力

從可惡到可愛的完美主義

內心的狀況如果未被意識到，便會顯露於外，猶如宿命。

——C. G.．榮格（C. G. Jung），分析心理學的創始人

若要拖延型完美主義者寫出一本書的第一句話，他會覺得無比困難，因為這是一本討論完美主義的書，開頭必須完美才行。其實，拖延型完美主義者一直在腦中構思，卻始終沒有實際寫下來的那一句話，通常就是最完美的了；經典型完美主義者寫下開頭後，會覺得很不滿意，盡可能想忘記這回事，但無可避免會牢記在心裡至少八百年；嚴格型完美主義者寫出來後覺得不滿意，挫折會化作憤怒，發洩在完全無關的人事物上；巴黎型完美主義者會假裝沒注意到自己寫出了開頭，展現出一派輕鬆的樣子，若遇到有人問他，他可能會說：「哎呀，我都忘了我寫出來了呢」，然後默默關心其他的態度、內心焦急地希望每個人都喜歡這個開頭，進而喜歡他、崇拜他，甚至說「哇，這是誰寫的啊？我一定要立刻認識這個人」；混亂型完美主義者寫出第一句話會覺得非常滿意，因此龍

心大悅地又寫出十七個不同版本，每一個都很喜歡，選不出哪一個好，因為每個都是自己的孩子偏心不了；這五種類型的完美主義者有一個共通點：他們可能根本不知道自己是完美主義者，也尚未意識到完美主義會阻礙自我發展，也可以幫助自我提升，就看自己如何管理這股力量，維持內在恆定。

從最基礎的概念來說，管理完美主義之始大概是開始意識到，每個完美主義者都會出於反射感受到一股來自內在的強大力量，那就是察覺自己還有進步空間，繼而對此做出有意識的回應，取代無意識的反應。完美主義者會不停注意到，現實與理想存有差距，因而強烈要求自己負起責任。這就造成完美主義者經常覺得有股衝動，想靠自己弭平現實與理想之間的鴻溝。

這股力量非常強大，使得完美主義者在採取行動時，下意識會以追求完美為目標，而且會有種急迫感，而不是慢慢進步或接受現狀。這股提升的衝動會演變成一種信念，在完美主義者的腦中生根，從天花板到地板遮蓋得密密嚴嚴：「此時此刻，某件事必須有大幅的改善，我才會覺得滿意。」

簡言之，完美主義就如同自我對話使用的語言，是源自內在的強大驅動力，能幫助你達到你渴望的目標。因每個人的個性不同，所以顯現在日常生活中有不同類型，但只是同一個語言的不同腔調而已。

不假裝，就會閃閃發光

我開立診所提供完美主義諮商，是因為我非常欣賞完美主義者的能量。永遠想挑戰極限，永遠不怕麻煩，不畏走入憤怒或渴望深處，永遠尋求與更遠大、更多的事物建立連結。

承認自己想要更多，是一件極需勇氣的事。而每一個完美主義者，當他們對自己誠實的時候，通常也是接受諮商的時候，他們由內而外煥發出的勇敢光彩，深深吸引著我。

前來與我諮商的大多是儀態良好的女性，看上去得體而有品味，只要她們願意就能給人留下好印象，也因此旁人很難一眼看出她們的煩惱。為她們提供諮商是極其細膩複雜的工作，我想你們一定都懂，沒有人比高功能者更擅於隱藏苦惱傷痛了。我之所以能在多發的考驗下成長，是因為我在人生最迷茫的一段時期意識到，自己也是個完美主義者。

說來老套，但這到現在仍困擾我——我一直沒意識到我有多迷戀控制，直到我失去對人生的大部分掌控。我在個人和職業生活即將起飛時，被診斷出癌症。我失去懷中胎兒，而且沒來得及在化療前凍卵；我損失數不清的時間忙著生病，美麗的褐髮掉光了；甚至在新婚沒多久就對婚姻失去信心，以及失去努力多年的事業機會。我煞費苦心打造的完美人生，一夕之間失去控制。

這種感覺就像我還能逆流而上，下一刻就好像有東西拉著我的腰往後一拽，把我拉進瀑布後面悄然靜止、看不見的空間。我看著自己一直以來注視的「完美主義」，但現在換上了新的觀點。為什麼我會淪落這樣的處境？因為我一直在抗拒我的完美主義，誤以為這樣才會過得更安定、更健康。

我生病了，所以當然應該放輕鬆、盡量少做事。聽起來很簡單。所以我試了，真的試了。結果太可怕了，我把粉紅色沐浴球扔進水中，坐進浴缸看它滋滋響地冒泡，無聊到要瘋。我寧可工作、制定計畫、做更多事。不是為了補償或逃避而做事，也沒有一定要做到會妨礙身體康復的程度，只是我喜歡全心投入於工作和生活的感覺。

那些讓我欣賞的完美主義能量，與我當時私下的感受形成強烈對比。那些我在諮商室遇到的人們，身上的能量飽滿、迷人、充滿無限可能，兼具毀滅和創造的力量。我一方面察覺自己和當事人的差異與日俱增，同時也意識到彼此一直以來的共同點。

我把完美主義視為一股力量，是我想重拾的力量。多年來，我其實一直在幫助我的當事人駕馭這股能量，發揮其優勢，只是當時還沒找到我現在使用的語言。直到我嘗試壓抑自身完美主義的衝動未果，我才意識到我擁有什麼。

我也意識到，如果連我都可能是完美主義者——這個永遠找不到手機、在超市排隊結帳還像個神經病似的，對身後顧客大誇社會學者布朗博士（Brené Brown）著作的人，都可以是完美主義者了，那任何人都有可能是完美主義者而不自知。這到底是怎麼回事？

我開始反向拆解，把完美主義由裡到外翻過來看個究竟。我觀察自己的完美主義，也深入探究多年來諮商過的完美主義者，幾個模式清晰浮現——同一個核心概念，顯現出五種分明的輪廓，代表五個完美主義者類型。

完美主義的運作是連續的，每個完美主義者都可能出現不同類型的某些徵兆。雖然通常會以一種類型為主，但因應情境也可能表現出其他類型的特點。例如，你可能與人交往時是個混亂型完美主義者，但到了假日又更接近經典型。由於我不是拖延型完美主義者，找個切入點開始討論還挺容易的，我們這就先來討論五種類型之首：經典型完美主義者。

經典型完美主義者　擅長建立秩序、條理清晰、不喜歡意外

星期二，上午十點五十八分

上午十一點的諮商時段到了，我打開門，克萊兒已經在等候室，在四張空椅子前踱步，邊用手機回電子郵件。「這樣就……行了！」她喃喃說著，一邊俐落收拾起滿座位的隨身小物，帶進我

的辦公室，有一件外套、兩支手機、一個筆電包、一個隨便貼上標籤的通勤背包裝高跟鞋、一個沒有貼標籤的普拉達包、兩杯星巴克大杯無糖冰搖果茶。

「我們說好不用的。」我注意到多一杯飲料，對她說。「需要我幫忙嗎？」

「我可以。」她回答，隨即展開現代雜耍表演。

克萊兒行雲流水般走進我的辦公室，晃進門內的身姿，就像劇院開幕夜的紅絲絨簾幕，華麗且精準到位。不愧是經典型完美主義者，克萊兒身上流露一種儀式感。她在二十三歲正式改名克萊兒（Claire），因為名字原本的拼法少個「e」，只有克萊（Clair），這個小細節令她苦惱到不行。她說：「從小學二年級起，每次寫自己名字我的內心就死了一點。日積月累，我相信這過程至少消耗了我兩年的壽命，幸好現在改過來了。」

她從包包掏出高吸水力紙巾，擦掉透明塑膠杯側面和底部流淌的水珠，然後才把星巴克放上杯墊。「我喜歡這些杯墊，不想弄濕。」她解釋。

克萊兒把帶給我的那一杯也擦過後才放在桌上，說：「我知道我們說好了。」她壓低音調，用一種洋洋得意又半帶俏皮的語氣低聲說：「但我也知道，我走了你還是會喝的。」她坐上每個星期來我這裡固定坐的那張長沙發，但這並不是經典型的表徵，任何人都可能會這麼做。

接著，她做出完美主義者才會有的舉動：她小心翼翼地把手機擱在身旁。這與把手機擺放到身旁是不一樣的，這是經典型的最大特色，他們對處置物品的方式往往慎重異常。例如，他們可能會放下手機——意思是兩手輕輕把手機放下，然後用半秒鐘輕輕調整角度，讓手機在沙發上隨意擺放的位置正式固定下來。很多經典型完美主義者都會做這種迷你儀式，我每次看都覺得像在哄手機躺進一張隱形的小床，我百看不膩，看見這種場景總讓我心頭萌生一點甜甜的喜悅。

克萊兒把兩支手機慎重擺放在身旁的沙發上。誰知道才過了三十秒，我們話說到一半，手機螢幕亮起，她又得再翻過手機來看。克萊兒離開後，我關上門。四十五分鐘過去，冰搖果茶的冰塊已經融化了，但味道還是一樣可口。

不意外，經典型的行為表現出一種規律。名字結尾有「e」的克萊兒也不例外。關於她的一切都無比乾淨清爽，彷彿她身上攜帶的東西都是當天早上才買的，剛要展開一個全新生活。我甚至覺得，她光是坐上去都讓我的沙發變得更乾淨了些。

我在社群網站上面看過，有人拿黏膠滾筒在皮包底部滾一滾，可以輕鬆黏起所有積藏的渣滓碎屑。雖然我沒實際使用過，但我想克萊兒搞不好會隨身攜帶一個，以維持沒有任何渣滓碎屑的狀態，至少他的皮包裡沒有。但她在諮商中很誠實，向我坦白了生活中所有看不見的渣滓碎屑，很可惜這些不是網路上的居家小妙方能解決的。

只因為克萊兒願意讓我走進心門，不代表我就有線索能看見表面下的騷動。高度自律的經典型很善於表現出無可挑剔的形象，讓人很難感知他們實際的情緒溫度。他們高興嗎？惱怒嗎？正經歷人生中最美好的時刻嗎？誰知道呢。他們要不是嚴肅克己就是笑臉盈盈，彷彿隨時等著拍照。這種待人接物的態度很容易被解讀為不真誠或封閉，其實一點也不。

周遭的人可能覺得經典型高傲不易親近，但這類型的人在自身周圍建立秩序，為的是維持秩序，而不是想建立威望。經典型不曾有意要得到他人的敬畏或拉開距離，他們只是希望把自己最珍視的價值傳遞給他人：架構清晰、穩定一貫、可以預測、能做出明智的選擇。

經典型完美主義不真誠嗎？恰恰相反，他們對自己的行事喜好坦白到近乎透明。經典型也經常向外昭告自己的完美主義傾向，像是：看看我列的餐廳清單是不是無懈可擊，放假可以去吃；看看我的新髮型，過再久都像剛剪的一樣。

經典型可靠且容易預測，並清楚表明他們不喜歡混亂。比方說，這類型的人可能會說：「我不愛喝酒，因為我不喜歡失控的感覺。」經典型以自己的完美主義為傲。

完美主義是自我當中自我協調（ego-syntonic）的一面，也就是人們對自己滿意的那些特質；而非自我矛盾（ego-dystonic）的表徵，也就是對自己不滿意的那些特質。

經典型自豪於自己牢不可破的工作倫理和無可比擬的耐心，這就是他們認可的價值，若能以這樣的形象示人，對他們來說就是最完美的狀態，也可能因為達成目標而顯得洋洋得意。但這也不能怪他們過於自滿，要是我的包包裡一點屑屑都沒有，我一定不只是沾沾自喜而已。

而若真要挑經典型的毛病，就是他們很難適應計畫改變，不管變化是大是小，他們往往覺得自由發揮是一種壓力。比起探索新事物，按部就班的生活方式更能提供他們安全感；因此他們可能為家庭、工作、交友等方面各自建立一套系統或規則，幾乎不留意外或犯錯的餘地，這很容易讓這類型的完美主義者失去不在計畫內或非目標導向的成長機會。

人際關係上，這個類型可能讓其他人難於和她交流，因為經典型看上去沒有缺陷。我們傾向於把內外在混為一談，既然外在可靠，內心必也強悍；但這是錯的。經典型完美主義者在內心最黑暗的時刻，外表仍會像最明朗的時刻一樣可靠；只因為總是能挺身而出，不代表他們真的所向無敵，或內在強大到堅不可摧。

此外，經典型依照預設值，凡事按部就班，可能相對缺乏合作精神、也較缺乏彈性，對他人的建議或指教也較難消化。因為這樣的個人特質，導致他們在與人交往上較疏離，或是較難建立公領域之外的交流，這樣也容易讓經典型感到孤單、覺得不被了解或不被重用。

巴黎型完美主義者　善於社交、優雅從容，希望受到大家喜愛

諮商時段開始前十分鐘，蘿倫先傳來了訊息：「會遲到十分鐘。抱歉，今天慘兮兮。」高挑漂亮——但今天淋了雨的她抵達時渾身濕透，就像在風雨中被人遺忘在後院的芭比娃娃。我接過她的外套，就在轉身要掛起的時候，她哭了出來，邊哭還邊道歉。

我們聊了她當天稍早的一場會議，她覺得自己的表現不忍卒睹。經我追問她才承認，她提出的構想其實主導整場會議，團隊也決定在下一場會議主推她的構想。

我等她說完才開口：「那你覺得問題出在哪裡，能說給我聽聽嗎？」

蘿倫氣沖沖地脫口就說：「因為我看得出她不喜歡我，我討厭這樣！」

我知道她指的是她的直屬上司，對方似乎器重蘿倫的表現，對蘿倫也從未有責罵，甚至最近才提拔她升遷，但好像就是沒那麼喜歡她。蘿倫在理智上很明白不是每個人都會互相喜歡，但主管在公事之外似乎沒有興趣與她建立交集，這點還是讓蘿倫耿耿於懷。

這是巴黎型完美主義者很典型的表徵，希望自己能人見人愛，只要巴黎型覺得未能與希望交流的人建立連結，即使其餘一切完全依照期待的方式進行了，在他們的認知中這一切還是都毀了。只要察覺或證實別人不喜歡他們，這個類型的人就會如坐針氈，焦躁的感覺會掩蓋一切，產生一種連

自己也厭惡的自我幼兒化（self-infantilization）的感受，覺得自己像個講不聽的孩子，吵著想受到關注或讚許。

本書稍後會討論到，這個類型的完美主義者表面上渴望受到眾人喜愛，實際上在更深的層面，巴黎型渴望的是與人建立良好的關係。完美主義者都有不斷追求成就卓越的強大動能，表現在巴黎型身上，這股能量就會運用在「建立美好關係」上，例如他們會希望與伴侶、同事、任何人，甚至與自己維持理想的關係。

與經典型不同的是，巴黎型會掩飾自己的完美主義；希望看起來輕鬆從容。他們非常在乎自己表現得好不好、別人對他怎麼想，但又對自己如此在乎的不成熟表現感到厭惡。會產生如此強烈的矛盾，最主要是因為他們內在潛藏著強烈的不安全感，對自我價值懷有高度的不確定。

對這個類型來說，揭露自己付出多少總令他們感到脆弱，他們的情緒很容易受他人觀感左右，而且不管他們是否承認，他們心中總不自覺產生討好他人的強烈衝動。比方說，巴黎型如果想創業，他們會為目標循序漸進採取行動，卻不會對任何人透露半點自己在做的事。他們總擔心：「說了以後失敗怎麼辦？」因此，除非能確定成真，不然絕不冒險與人分享理想。

巴黎型無法忍受自己看起來很辛苦，原因同樣是因為害怕受傷。這個類型的人表面看似活出自己的價值和目標，不依附於他人想法，但其實無時無刻都在心底暗暗期待受到讚美——宴會上希望博得笑聲、貼文希望有人按讚、工作上希望受到表揚。

巴黎型的人會對外昭告自己不完美，但是會用自己自在且不受傷的方式說。巴黎型這個名稱的由來，得自法國女人似乎總能輕鬆從容散發出一種美感，但背後其實下了很多功夫，只是不願承認，或不想讓人知道。巴黎型完美主義者刻意想表現出：「我可沒有多認真，因為我不需要你的贊同，也不在乎你喜不喜歡我。」弦外之音是：「你傷不了我。」但其實表露於外的這些訊息都不真切。

巴黎型對自己做的每一件事投入很大的情緒能量，且也希望獲得等量回報。如得到認可或建立關係，否則可能會感到受傷和生氣。只是，這樣的策略往往事與願違。他們往往更常受傷，為了博得別人的好感，巴黎型表現出降低身段、隨和好相處的樣子，但其中尚未學會管理自身完美主義的人，往往因此表達不了自己實際需要或想要的是什麼。有趣的是，巴黎型排斥做出不敬行為，往往是無意識的，所以當發現別人對自己的認知不如自己想像中完美時，他們惱火的程度往往令自己也萬分錯愕，一旦察覺自己如此在乎他人的情緒，又會強烈的譴責自己：「我怎麼還在想這件事，我又不在乎！」

即使他們深切希望自己不是這樣，但巴黎型始終渴望與他人建立有意義的連結，並被這股渴望給推動。由於人際關係對他們至關重要，巴黎型幾乎都是真誠溫暖的人，盼望每個遇見的人都感受到包容和連結。例如在派對上，他們會竭盡所能去和獨自旁觀的人交談。與經典型不同，經典型可能在不自覺間散發出距離感和優越感，巴黎型的人則是會主動邀請並慶賀各種不同形式的關係，進入自己的生命當中。不僅如此，巴黎型的人心胸寬大且少有批判，只要能夠學會表達出自己有多在乎、學會設立界線，展現豐富的連結能力，並欣然接受人事地物給予的回報，他們會是一股沛然不可禦的力量。

拖延型完美主義者　善於事前規劃、制定計畫，容易猶豫不絕

萊拉聰明、善良、能幹、有衝勁、有自信。她來找我，是因為她下不了決心離開她討厭至極的工作。

萊拉早就為離職做了詳盡準備。存夠了錢、轉職的書也讀遍了，還整理出許多她可以轉換的職業類型。她還為此認識了一些人，希望對自己未來轉換跑道有所幫助。但這過程發生了令人無法理解的狀況，她基於自己也不清楚的原因，明明沒有必要的社交活動，萊拉還是會定期參與。

我太能想像那畫面了，她站在市區一間庸俗的運動酒吧裡，周圍被不只七部電視環繞，尷尬地笑著、等著。貼紙名牌上用藍色簽字筆寫著她的名字「萊拉」。保麗龍盤子裡放著溫熱的切達起司

丁，旁邊是袋子撕開但還剩下半包沒動的麗茲餅乾。對這麼聰慧的一個人來說，做這種事何其浪費精力。

最慘的是什麼？她很清楚自己在浪費時間。萊拉充分明白該做的事她都已經做了，就差選定一個日期離職而已。日期之所以遲遲定不下來，是因為她無法為轉職安排一個完美的啟動日期，她的完美包含：進行中的項目都完整收尾、接受下一份光彩的工作邀約、兩份工作之間要有四到六週緩衝期幫助緩減壓力。這種狀態拖了兩年，她才寄來電子郵件與我約定第一次諮商時間。

萊拉經歷的一切，正是拖延型完美主義者都會經歷的過程，他們習慣等待一切條件皆臻至完美才開始行動。拖延型經常困於猶豫之中，生活總伴隨一種匱乏感，這是因為他們明明有最想做的事卻無法從當下的狀態抽身，好好去做真正渴望的事。

即使拖延型成功開始一件事，也常覺得難以延續，因為延續包含重新開始。為短近的目標動手完成小規模計畫，這對拖延型的人來說不難，但他們容易放棄需要長期經營的機會，因為答應了一個長期過程，必然要面對重複的停止和開始。交往或結婚、加入長跑社團、轉換職業、擔任志工、出發去一直想去的旅行——他們迴避這些事，當作其中的樂趣微不足道，我每每見了都覺得很有趣。

無論如何，行為受阻的結果是一樣的，因為他們的難處不在於執行目標，而在於開始和重新開始去做那一件事，並接受事情在表面上不可能完美。對拖延型來說，訂下餐宴日期，可能和遞出攸關職涯重大轉變的辭呈一樣令人裹足不前。

這個類型的人困擾的是，一旦開始就會玷汙了那件事——現在是來真的了，事情再也不可能完美了。對他們來說，完美只存在於過去的記憶或未來的理想。

這正完美解釋了萊拉為何深陷猶豫，結果選擇什麼也不做。但令人痛苦的是，她清楚知道這樣做不對，這代表她間接選擇繼續做耗蝕靈魂、令她憎惡的工作。她過著消極而非積極的生活，而扎在她心上最痛的是，她覺得她的悲慘境遇是自己一手造成的。拖延型愈是有自覺，對自己愈是氣惱。

拖延型學會駕馭自己的完美主義前，會反覆遭遇類似的困境。巴黎型能聽見內心嘲諷自己：「你以為你是誰？」且起初會羞於用自豪的態度回答這個問題；拖延型不一樣，拖延型完全能懷著耀眼且準確的自信自述：「我聰明、風趣、天賦異稟、努力認真——我滿腦子奇思妙想！」拖延型完美主義者不會攻擊自己的自尊心；他們很清楚自己的能力，但也為此痛苦。沒錯，清醒而痛苦。拖延型深知自己有能力且願意分享，比如愛、才華、新點子等，同時又覺得還沒準備好，他們就活在這夾縫之間，看著那些他們認為能力不如自己的其他人，在工作或個人里程碑上超越自己，每一次都痛得椎心。

看別人完成你認定自己做不到的事，這種感受當中含有崇拜的成分。但若是看著別人做到你知道自己也行且做得很好的事呢？看著別人做到你向來最想做的事呢？隨之而來的挫敗感和埋怨會掩蓋掉所有正向的感覺。

為自己裹足不前感到不安的拖延型，會認為自己如果更有能量或更有紀律，一定就更容易跨出第一步。但關鍵不在這裡，拖延型的人其實很有紀律，毫不懶惰。他們缺少的是接受。接受此時此刻就是開始去做的唯一時機，現在開始做，代表把你腦中完美的構想拿出來，帶入注定會改變的現實世界。

拖延型完美主義者對「開始」懷有失落感，這是其他類型不會有的感覺。而迴避失落大概是人最自然的情緒反應，所以對這類型的人來說，習慣拖延才會有這麼強的作用力。因為無意識中感受到縈繞的失落感，拖延型也會誤把自己不願意開始的原因，歸咎於缺乏渴望：我一定不是真心想要，不然我早就做了。

拖延型愈是譴責自己缺乏紀律、熱忱不足、懶惰等，自己也愈會如此相信。錯誤自我認知的惡性循環由此展開，而他們似乎永遠掙脫不開這個循環。

未能妥善管理完美主義的拖延型，會變得自我厭惡且加深對自我的批判。不只批判自己，也批判他人；他們會貶低其他未受相同傾向約束的人。拖延型可能會公開或私下宣稱某件事要是由他們來做會做得更好——辦派對、寫書、蓋房子、籌辦會議、煮飯做菜。他們或許沒說錯。要是他們去做，八成會做得更好，但他們又不允許自己冒險嘗試，因此被這種矛盾折磨著。

經典型得意於自己的完美主義，巴黎型的人甘冒失敗的風險，只是自尊心會隨之起伏擺盪；拖延型不一樣，想要做點什麼的渴望對他們來說只會徒增苦惱。最令拖延型苦惱的，就是有人暗示只要他們願意嘗試，絕對能在某件事表現出眾。

拖延型如果能意識到是自己害怕損失才滋養了遲疑，懂得為自己尋求支持，停止浪費精力批評其他肯嘗試的人，他們就能展現最好的一面。只要學會從消極狀態轉入積極，他們將能觸碰到此前始終捉摸不定的內在力量，拖延型的表現將無可限量。

每次接觸這個類型的人，我最喜歡的就是見證彩券被刮開後出現的獎勵，全世界每個拖延型的人都有不只一張，而是兩張彩券等著他們刮開：

1. 攀上頂峰靠的不光只有才能，還有堅持。
2. 改變雖然必然包含失去，但不改變伴隨的是更深的失落。

只要這些領悟慢慢滲入拖延型完美主義者的思考和心靈，框住他們的限制就會解除。第一點會帶來鼓勵，第二點會帶來解放。在你周遭有一個才華洋溢的人獲得鼓勵和解放，著實令人喜悅。若你就是那個人，那更是一件歡喜的事。

混亂型完美主義者　不畏艱難、充滿熱情，較難專一

我很少在諮商中出「功課」，但對沛涵是例外。我要求她停看紀錄片三個月。

「什麼意思，哪一類型的紀錄片？」她問我。

「所有類型，任何類型，反正不要再看紀錄片了。」我幾乎是求她。

沛涵是個徹頭徹尾的混亂型完美主義者，所以每次一看了紀錄片，不管是什麼主題，舉凡旅館經營、壽司、移工等，她就會一頭栽進受紀錄片啟發的新目標，同時想盡辦法兼顧其他也想實現的目標——線上瑜伽教師執照課程、布魯克林藝術協會駐村申請、裝修公寓以成為 Airbnb 超讚房東……清單長到列舉不完。

只要新學到一件她感興趣且情感上也喜歡的事，沛涵腦中的點子就止不住如晚會煙火般，接二連三亮起。她的腦中洋溢著各種關於改進、解決、創造的念頭，簡直近乎狂熱。她產出的可能性多得驚人，更驚人的是，這對她來說毫不費力。

混亂型熱愛開始。和拖延型的人正好相反，沒什麼比開始一件事更能讓混亂型的人興奮了。混

亂型的人樂觀且「萬事起頭易」，但往往很難保有繼續的動力，除非過程的後續階段和開頭一樣刺激而令人振奮。若用混亂型的說法，就是「和開頭一樣完美！」但因為不存在這種事，所以還不懂得善用完美主義的混亂型，只會展開一百萬零一個計畫，後又全數放棄。

與混亂型完美主義者諮商時，我總是格外小心。秉持諮商大師歐文・亞隆（Irvin D. Yalom）形容為「愛的劊子手」（love's executioner）的精神，我的任務是在傳達無條件的情感支持之際，也表明在現實中，單憑熱忱不足以支持人成就一件事。假如我的混亂型當事人不願顧慮現實，我能做的是盡力為她栽跟頭做好緩衝。

栽跟頭是無可避免的，因為面對未受管理的完美主義，混亂型的人積極熱情追尋夢想，卻無視那些無可避免會自然產生的資源限制，如時間、金錢、體能精力等。

巴黎型的人會隱藏自己嘗試在做的事，直到已產生足夠的牽引力，覺得安心了，才敢向人宣布目標。混亂型則相反，混亂型的人能臉不紅氣不喘地大聲說出自己想做的事，哪怕想法往往還只在萌芽階段。與經典型也不同，混亂型不算是特別講求紀律的一群人，但這絲毫不妨礙他們。他們就像報名了成人的蒙特梭利學校——也不錯啦，因為他們玩得很開心！他們就像個人檔案寫了五、六個職業的ＩＧ個人首頁，每個都八竿子打不著：室內裝潢師、廚師、攝影師、作家、創業家、波士頓市區歷史導覽團導遊。

混亂型公然無視限制，不接受「什麼都做得到，不代表什麼都做得了」這種想法。但一件事需要專心致志才可能完成。你必須拒絕次要機會，才能專注於最重要的事情上，最重要的事情只可能有一件。

他們還有一個很明顯的表徵，就是混亂型抗拒階級。他們打骨子裡是浪漫主義者，總是能說服自己只要有心，必定能一氣完成所有事情。混亂型的人散發出一股討喜的天真。他們活在你簡直不忍心戳破的泡泡裡。

這個世界需要混亂型存在：有他們在就有無限可能性。他們很容易挺過剛起步的焦慮，能用熱忱和樂觀激勵他人，少了他們世界會黯淡無光。混亂型擁有龐大天賦，但少了專注，這些天賦很難有結果。有必要說明的是，不是所有混亂型都願意完成自己起頭的事。有的人單純喜歡突然開始又突然放棄的循環，某些工作和生活型態很適合這樣。

另外，「混亂」這個詞用得不很恰當。混亂型的外顯表現不一定很混亂，也不見得真的會在自己周遭製造混亂，而是他們設法在同一時間做一萬件事，把每個計畫的執行任務都堆得像座山一樣高，無論是現實中或腦海裡都算。

混亂型其實很會規劃，只是方法特殊，只有他們才懂。比方說，他們為一個專案建立的「系統」，可能包含好幾個文件檔，對他們來說很有邏輯，但別人看了卻很難參透：

遛狗事業計畫
遛狗事業計畫二
遛狗事業計畫：感恩節後版
遛狗事業計畫：新
遛狗事業計畫：認真版
遛狗事業計畫：最終版
遛狗事業計畫：請開此檔

把這個再乘上他們想做的每一件事，你就能看出問題何在了。我在某處讀到過，結婚三次以上的人每次再婚還是會湧上新的確信，覺得：「就是這次了，這次真的可以！」我記得當時我心想，那該有多難受，每一次讓心中洋溢著純粹樂觀，之後又像石頭沉重下墜。而且還不只一次，而是反覆再三。這就是未能管理完美主義的混亂型人會遇上的事。他們沉迷於新起點那令人陶然的衝動，不久又因過程需要的冗長清醒而幻滅。

混亂型相信自己能全部做到又不必放棄任何事，覺得自己能當個想通如何活出無極限的人。但一旦現實表明這行不通，他們就會崩潰。跟拖延型一樣，混亂型的人也為自己的完美主義感受到失落，只是出現在過程的不同階段。更慘的是，因為他們在太多目標上投入發散精力，最後往往連一件事也做不成。

這種大起大落的情感過程之勞累，每個混亂型絕對都了然於心。拖延型往往會因自己遲不行動，對自己形成錯誤的負面認知，尚未學會善用完美主義的混亂型也是一樣。混亂型的人開始做一件事後，從高處墜落的感覺來得又快又凶。人都有盲點，也都會栽在盲點上，但當這類型的人遭受挫折，他會詮釋成自己某方面很「差勁」：自己不夠堅持、點子不夠好、沒人認真看待自己……諸如此類。

某些案例中，這類型的人一旦遭遇挫敗可能導致憂鬱症發作，與混亂型平常活力充沛、正能量滿滿的外表形成鮮明對比——這點讓他自己和她身邊親近的人都會覺得可怕。

混亂型如果能學會把熱忱有意識地導向單一目標，用豐富多變的方法去執行，他們必然成為頂尖人才。傑出企業家瑪麗．福洛（Marie Forleo）就是將混亂型運用得恰到好處的最佳案例。

福洛是個真正的浪漫主義者，懷著全心全意，全力向前，相信自己能夠改變世界，腦中奇妙的構思多到她不知所措。只不過她其實知道怎麼做。福洛成功的祕訣沒有其他，她教會自己一次專注於一件事，遵循專業方法，即使沒那個心情也持續工作——且過程中從不放棄自己的高標準，這些都是還沒有適應的混亂型可以學習的技巧。

嚴格型完美主義者　果敢、擅長發現問題，難以忍受不如預期的結果

曼哈頓金融區，百老匯大街與自由街路口矗立著一棟一九六〇年代經典建築，我曾經在那裡有一間辦公室。與市區許多大樓一樣，百老匯大街一四〇號的保全措施，規範訪客先至大廳門房櫃台核對身分，才能領到識別證，使用電子鎖防護的電梯。

棠恩一進諮商室，先花了五分鐘對我抱怨這種保全系統「白癡又沒效率」。她說得愈多，惱怒也漸漸演變成敵意，我的鄰居會形容她「罵得口沫橫飛」。她這股敵意並不指向我，也非指向她自己，或樓下的保全人員。那是與虛無對抗的敵意。她其實在與天爭。

嚴格型完美主義者心中這股敵意的能量，不一定只指向存在問題；這類型的人有時候也很針對人。我在五分鐘後打斷棠恩：「你一坐下來，聊的都是保全系統的事。我知道它讓你心煩，確實是很煩。除了不滿這棟大樓的保全措施之外，你有其他感受嗎？」

棠恩聚攏所有發散的敵意，正朝我的眉心射來。「什麼意思，我付錢讓你聽我說話，這就是我現在想說的事。」

棠恩不知道我的諮商生涯之初，當事人都是被勉強帶來接受諮商的十五歲少女；論抵抗論反擊，她怎樣都比不上我過去的經驗。「你付錢是讓我幫助你。反芻記憶而不省思自我，對你不會有

幫助。」

嚴格型想要完美的結果。是有一些嚴格型的人會把目光放長遠，但多數人看的是些平凡瑣細的事。比如，嚴格型完美主義者可能會全心關注順暢登機這個目標。他們期望盡快入座，且一趟舒適航程需要的一切都準備好在手邊：耳機、水、毯子、安靜等。經典型的人可能也有類似目標，但差別在於，經典型的人知道把自己的期待加諸於周遭的人和環境是不合理的。也因此，經典型不會像嚴格型的人那樣，事情一不順心就感到震驚乃至憤怒。察覺順暢被破壞的當下，嚴格型也會跟著崩潰。他們偶爾會把怒氣投向外界，但多數時候是往內吞，眼中只看到所有未盡如願的事。

嚴格型完美主義者有一項特質，通常對事業有利，卻不利於人際交往，就是他們不在乎是否受歡迎。當會議上每個人都在進行沒半點效益的禮貌競賽——「是啊，雷米，我喜歡你的點子！只是我在想，把X換成Y會不會比較好，也不是Y比你原本的方法好啦，只是……」相同情況下嚴格型會省去冗言贅語，直言重點：「這行不通的。下一個提案呢？」這是一股美好的力量；嚴格型的人直率、透明，而且不覺得這費力。

經典型始終呈現一貫的姿態，嚴格型不一樣，他們捉摸不定；有些人展現出極度自律，有些人則衝動莽撞，比方說，工作動不動發怒、憤怒下做出衝動的決定等。他們高標準的工作倫理，像把工作當成一件使命必達的任務，這有時會嚴重傷害他們的身心健康，更甚至是人際關係。

尚未學會管理完美主義的嚴格型人，別人在他們周圍容易掃到情緒颱風尾。一個人的開心能感染整個空間，同樣道理，嚴格型也會對周遭散發出強烈壓迫的能量。因為這類型的人會把自己的完美主義標準投射到他人身上，面對未能管理完美主義的嚴格型人，旁人得花很大的力氣才能對抗引力不被拖下水。很多健康的人遇到比較極端的案例，不論事業上或個人交往上，往往走到忍受極限，不得不選擇離開嚴格型。

先說清楚，憤怒不是失能。憤怒是一種強而有力、健康、必要且振奮人心的力量。只有把怒氣用來傷害自己或他人的時候，才是不健康的，只是嚴格型傾向於後者，無論他是有意識或無意識的。

嚴格型比其他類型更依賴用結果定義成功。嚴格型定下的目標如果未能實現，或未能實現得如預想的完美，他們就會認定整件事是失敗的。嚴格型看不出其中有任何可彌補之處，例如在過程中學到經驗。一件事除非實現目標，否則沒有意義。旁人可能會嘗試開導他們換個角度想：很可惜你輸了競標，但至少建立了新人脈，說不定以後就帶來更多合作案了，對吧？嚴格型完美主義者聽不進去。他們對這些出於好意的反問句，一律只有一個答案：通常挫折，有時憤怒，但向來毫不含糊的「才怪」。

比方說，一個嚴格型累計拿到一萬四千九百美元銷售佣金，與她自己設定的一萬五千美元目標，其實差不了多少也打破了公司紀錄。她能夠客觀計算淨利，也知道自己該為這樣的結果高興，但就是沒有興奮或得意的成就感，因為她的目標並未達成，而結果才是最重要的。

嚴格型的人在學會管理完美主義前，缺少從過程中獲取價值的能力，這可能會使他們感到與人孤立。為什麼別人不管結果如何，似乎都有辦法得到喜悅和使命感呢？嚴格型對此無法理解或難有共鳴。他們可能會把孤立的感覺內化，心想：「我知道這件事有值得開心的地方，但我感覺不到。我一定哪裡有問題。」

嚴格型對成就的需求會蓋過其他優先事項，例如健康和人際關係。他們永遠從未來衡量人生：等我做到某事，我就會陪伴孩子。等我做到某事，我就會開始交男女朋友。等我做到某事，我就會顧慮我的健康。著名心理學家阿德勒（Alfred Adler）如此形容這種與完美主義的不健康關係：「當前的人生在他眼中，都只是在替未來做準備。」[1]

嚴格型這種短視的思考方式，會造成不可能得勝的局面。只要實現不了期待的結果，失敗主義就會滲入他們的觀點。還不懂管理完美主義的嚴格型人，即使最後真的實現了期待的結果，心情也不會如想像中喜悅。因為過程中他們沒有任何省思，也沒建立任何意義。充實經驗的是意義，少了意義，勝利也沒有重量，只是一個感覺不到的空洞。勝利後開心了十秒鐘，接著又要投入下一個目標。

與外在成就這種機械式的關係，也會剝奪他們權衡利弊的機會，讓他們忘記衡量僅把過程，當作實現目的的手段會有怎樣的損失：對自己、對團隊、對公司、對朋友等。你的團隊表現勝過別人當然很好，但如果團隊半數成員在下一季辭退也是好事嗎？你的孩子申請上了你逼他讀的「頂尖」學校當然很好，但孩子大學前兩年都在對抗自殺傾向，又豈是好事？依自覺程度不同，嚴格型人可能會把自己對他人施加壓力造成負面影響時，盡可能將自己的責任最小化：看來是公司不適合他們；她以後長大就會慶幸自己畢業於那所學校了。

社會有時會把嚴格型完美主義者的形象浪漫化：目光宏遠的拚命三郎，用無限量的咖啡當燃料，通宵達旦工作，用嚴以律己的標準激烈鞭策周圍的人，追求突破或實現不可能的目標。的確是有些嚴格型完美主義者造就突破，但什麼樣的人都有可能造就突破；不只有嚴格型能當個雄才大略的領袖。

假如學會消化及管理內心的熱烈，嚴格型會有怎樣的變化？

目睹嚴格型人練習用健康的行為取代不健康的傾向，那種感動不亞於目睹奇蹟。他們的果決與鮮明仍在，但會充滿開放和不畏受傷的脆弱。他們搖身變成活力與魅力的化身，也是值得信賴的合作者。曾經把人推開的特質經過有意識的管理，成為吸引夥伴的最佳特質。能夠用有建設性的方法管理完美主義的嚴格型人，將會成為高具威望的領袖，在其身邊令人陶醉又振奮。

學會辨認過程、與過程建立關係，不再只著重結果後，嚴格型會體驗到更多喜悅、更多連結和更大的人際成就感——而且全都無須放棄自己的高標準。每個嚴格型心中，都有一定程度的想卓越出眾的決心。但假如這個決心把目標放在普世的成功標準：更大、更好、更快、更多等，取得成就，嚴格型人容易迷失自我。如果能把目標放在自定義的成功，讓目標與自身價值觀一致，過程中對自己的意圖常保覺察，嚴格型的人便能回歸自我。

當團體中存在不同完美主義者……

從新視角看待自己和他人，能喚起我們對天生我材的欣賞、對最佳合作方式的好奇，以及對彼此各自承受之煎熬的同理心。只要你敞開心胸去接納，連結各類型完美主義者的隱形網路，能讓你生活各個方面都有所提升。你如果是混亂型完美主義者，有絕妙想法想創業，上上之策是即刻招攬一些嚴格型和經典型加入你的團隊，不然你永遠過不了替公司取名這一關，很顯然這是最好玩的部分。你如果是拖延型打算賣房子，邀請混亂型的人一起吃飯聊聊，這樣甜點還沒上桌，你們已經安排好時程、找好房地產仲介、售屋廣告也刊登出去了。但別期待他會關心後續。

每個類型的完美主義者剖析中，都包含該類型與生俱來的寶貴天賦。一旦這些天賦經磨練成能力，完美主義者將能釋放內在動力，解放自己，活出有活力且純粹的人生。最重要的是，完美主義者將學會樂在生活。

喜悅具有莫大的力量。透過發揚它，你可以說服喜悅走出躲藏的地方活出真正的喜悅；同樣的道理，學會欣賞完美主義還不夠；完美主義理應受到發揚。

第2章

自我成就不可或缺的驅動力

順應內心渴望，重拾被埋沒的天賦與優勢吧

追求完美為什麼需要隱藏？

專業訓練要我們觀察當事人，分析他們，指出他們的弱點、侷限和病理趨勢；我們很少去發現當事人身上正面健康的特質，也很少質疑自己的結論。

——德拉爾德．溫．蘇（Derald Wing Sue），哥倫比亞大學心理學教授

以下這些探討完美主義的書名和文章標題真實存在：

《殺死心中的完美主義者》（*Killing the Perfectionist Within*）
《完美主義是種病》（*Perfectionism Is a Disease*）
《五招治好你的完美主義》（*5 Ways to Cure Your Perfectionism*）
《從完美主義中痊癒》（*Recovering from Perfectionism*）
《如何克服完美主義》（*How to Overcome Perfectionism*）
《不再當個完美主義者》（*How to Stop Being Perfectionist*）

看到健康產業如此若無其事地用這些引起羞愧、飽含情緒、高度病理化的語言，來框定完美主義概念著實令人咋舌。尤其醫學用語：治癒、治療、療癒、心病等，更會強化我們的認知，把完美主義和疾病連在一起。

當完美主義被簡化成單向度的負面概念，我們很容易接受「完美主義是需要根除的」這種過分簡化的想法。但凡看不順眼的事，就貼上完美主義標籤也隨之成為習慣。無法愛自己的時候？完美主義發作。不期而來莫名浮現的抑鬱情緒？完美主義發作。擔心不能準時抵達？選不出客廳的油漆顏色？來勢洶洶的失眠？都是完美主義惹的禍！

面對日常生活的挫敗和形形色色的心理健康疾患，舉凡厭食症、暴食症、強迫症等，我們反射般暗示是完美主義所為，但心理醫學界並未對完美主義提出一個標準定義。因為缺少臨床明確性，研究人員、學者、臨床醫師只能各自建構完美主義者的定義。有的定義相互重疊，也有的直接牴觸。

這些定義沒有一個能完整說明完美主義，也沒有一個敢宣稱自己就是完整定義。完美主義是複雜多彩、萬花筒般的一股力量。心理健康界普遍承認，我們對這個主題的研究和認知都才剛萌芽。愈是嘗試確定完美主義是何物，愈會看見完美主義是個多面向的細緻概念，且會以因人而異的獨特方式展現。

適應完美主義與不適應完美主義

過去幾十年來，學者一直在研究是哪些因素使完美主義者產生分歧，有些人平步青雲，有些人則愁雲慘霧。雖然不是沒有爭議，但完美主義目前可分為兩個支系：適應完美主義（adaptive perfectionism，能以健康的方式善用完美主義）和不適應完美主義（maladaptive perfectionism，完美主義表現出不健康樣貌）。

研究顯示，相對於不適應完美主義，適應完美主義與很多優勢有關，包括自我觀感較佳、工作投入程度較高、心理更為健康，也較少自認失敗。比起採取負面方式應對問題，如反芻記憶和逃避衝突，適應完美主義者面對壓力會用重視問題、尋求辦法的方式應對。相較於不適應者，適應者展現出更強的實現目標的動力，思及未來表現的顧慮較少也比較樂觀。這可能是因為研究已經證實，適應完美主義是人進入「心流」狀態的重要預測指標。所謂心流狀態，就是極其專注於一件任務或目標卻不覺費力的時刻。

心理學教授兼學者史托伯博士（Joachim Stoeber）是完美主義研究的領域專家，也是《完美主義心理學》（*The Psychology of Perfectionism*）的作者。他與備受尊敬的奧圖博士（Kathleen Otto），在一篇對完美主義研究的文獻回顧中，首開風潮探討適應完美主義者成功的原因。之所以提這篇文獻回顧，是因為史托伯和奧圖不只比較適應和不適應完美主義者，也比較了非完美主義者。三組比較對象中，適應完美主義者表現出最高的自尊心與合作精神，「拖延、防衛心、不適應的應對方式、人際關係障礙、身體化抱怨」程度也較低。

後續的三方研究「適應、不適應和非完美主義者相互對照」亦指出，在三組之中，適應完美主義者自述的意義感、主觀幸福程度、生活滿意度都最高。與先行研究結果一致，適應完美主義者的自我批判最少，也最願意與他人合作。由於在三組中，適應完美主義者表現出的焦慮和憂鬱程度最低，後續又有研究探討適應完美主義是否有抵擋焦慮和憂鬱的作用。適應完美主義是否能增加情緒安全感、提升身心健康？答案是肯定的。

現行對完美主義的主流論述，並未納入適應完美主義。反而，我們把完美主義的整個光譜簡化，反覆譴責其中的負面。這表示關於完美主義，目前盛行的論述談的其實不是完美主義，談的是不適應完美主義。

健康產業把多個基模（schema）之間的差異省略，全部簡化成一個籠統概念，這種事並不少見。想想九〇年代的低脂風潮，所有脂肪一律被認定是不健康的壞東西。酪梨的不飽和脂肪跟甜甜圈的反式脂肪失去差別。有脂肪就是壞的。低脂好，無脂最好。隨著對完美主義的認識增加，我們早晚會放棄這種非好即壞的二分觀點。

但目前「完美主義對人有負面影響」的觀念仍為主流。我們以為只要像坊間各種自助書籍教的，找到辦法泯除完美主義，生活的每個層面就會改善。換句話說，只要我們不再是完美主義者，只要能一次矯正過來，學會成為不同版本的自己，或照那些書的說法是更「平衡」的版本，我們就能總算鬆一口氣、開心起來、實際享受生活。真有這麼簡單就好了。

將完美主義病理化不僅是對總體概念的嚴重曲解，根除的手段也行不通。進一步解釋，要求完美主義者別再當個完美主義者，用這種方法管理完美主義，就像以為要求正在發怒的人「冷靜」，就能控制憤怒一樣。這種方法在全世界歷史上從來不管用，我們卻還一直傻傻堅持要完美主義者接受平庸，這是個妄想。

完美主義是自我成就的關鍵力量

能自信說出「我是個完美主義者」，也是自我認同的一種，可以幫助我們建立更完整的自我。實際上，完美主義也不會是一個過程，或是某個階段的狀態，我們不會說「我大學時是個完美主義者，但我現在好多了」。可以肯定的是，完美主義就是我們不可切割的一部分，跟愛、快樂、憤怒一樣，都是與生俱來的強大動能，幫助我們成為更好的自己。

完美主義者時時刻刻覺察到現實與理想之間的鴻溝，也時時刻刻渴望主動去弭平那道縫隙。這份覺察和渴望會持續一生，因此心中也恆常懷有對完美的追求。有感於自己是完美主義者的人，永遠都不會忘記自己擁有這樣的特質，不只有我在諮商工作中發現這是事實，這個概念在研究界和其他諮商師之間也獲得共識。

妄想擺脫完美主義，就像揮舞掃把想平息風。完美主義力量之強大，根本沒有辦法根絕。設法擺脫完美主義，只是徒然浪費心力，犧牲照顧自己身心健康的機會。

完美主義應當受到管理，而非消滅。任何事要想管理得當，要能夠辨認它的起始、它演進到最後的模樣，以及這之間的每個狀態。首先，我們需要更詳確認識什麼是完美主義。

重新定義完美主義

有一些詞語描述的作用大過於定義的作用，因為它指稱的東西很難用定義去涵蓋，例如愛或悲傷。定義一顆燈泡很容易，定義幽默是什麼很難。任何心理學概念建構，必然包含本質飄渺的內容。我們充其量只能盼望在一個概念周圍建構足夠的語言，讓我們能左右上下移動、從窗口窺看、盡可能從多個角度檢視它。

完美主義能被描述成有益，也能被描述得有害，它是人性的自然衝動，我們透過思想、行為、感受和人際關係鮮活演繹。實現腦中理想是普世共有的渴望，歷時間與文化不衰，和愛、解答問題、創作藝術、親吻、說故事等一樣，是很健康的衝動。

每個人體驗每一種自然衝動的方式或途徑並不一樣。說故事的衝動和風吹來一樣自然，但作家感受到的衝動，卻強烈到即使奪去他的寫作工具和時間，他們還是會在腦中編纂出整本文集。禁止藝術家創作藝術，他們必定仍會私下創作。有些人能一連數月甚至幾年不行魚水之歡也平靜快樂，有的人則不行。重點就是，完美主義是一股自然的衝動，只是不是每個人都受到這股衝動刺激。

野心是與生俱來的

野心不是人人兼具的特質。有的人對於不斷鞭策自己發揮最大潛能或追逐理想，就是沒興趣，甚至想都沒想過。心靈導師作家托勒（Eckhart Tolle）稱這些人為「頻率維持者」（frequency holders）。對現狀維持一貫的參與，就是他們對社會的貢獻。托勒說，頻率維持者的角色和從事創造、進步、革新的人同等重要。頻率維持者「光是存在」就提供了集體穩定性，為推進建立堅實的基礎。假如有人妄想一次打破所有界線，大量混亂必然會接踵而至。完美主義者與沒有強烈完美主義衝動的人很難有共鳴，反過來亦然。你對某事的衝動愈強烈，愈覺得那很自然也愈會悄悄或公開地想：每個人或多或少都會有這種感覺吧？

不，他們沒有。有些人和完美主義者不同，他們可以享受做白日夢卻不會有壓力，不會覺得那是個必須努力實現的理想。完美主義者日日在內心敏銳察覺潛在壓力，他們不會。他們不會周而復始感到不安，想要成就、超越、進步。他們不會像你一樣，沒給自己機會成長至最好的自己，心裡就總不對勁。

有些人喜歡做得事愈少愈好，看看電視，玩玩興趣，自己一個人或與別人閒散度日，明天再重來一遍。完美主義者會納悶這些人是不是有些抑鬱：「你只要再多費點心思，就能把興趣發展成事業。你不打算關電視嗎？你只要早一個鐘頭起床就可以清空收件匣，一年就能學會法語，春天之前就能把車庫打掃乾淨。你怎麼了？需要聊一聊嗎？」

同樣地，非完美主義者看完美主義者，也會帶點困惑和略帶批評的關心：「你何必老是要去承擔挑戰？你就不能偶爾坐著嗎？你就不能放鬆嗎？你還好嗎？需要聊一聊嗎？」

兩者沒有誰好誰壞，只是不同罷了。

每個人對某些事多少都有完美主義傾向。假如這種傾向「想要弭平現實與理想的差距」時常出現，且伴隨積極行事的衝動，你就可以說自己是完美主義者。

如同每一種身分架構，身為完美主義者是一種連續運行的狀態。我們對完美主義連續運行的概念認知有許多漏洞，光這樣說簡直還太保守。要正確認識這些漏洞是什麼、又為什麼會有，有必要先知道，心理健康界是建立在疾病照護模式上的。

別再將完美主義病態化

健康照護界有兩種照護病患的主要框架。第一種稱為疾病模式（illness model，也稱生醫模式、病理中心模式、診療模式）。疾病模式首重效率和診斷，目標是盡快釐清病因，盡快治療。

疾病模式也奠基於原子論（atomism），認為錯誤的源頭可以追溯至單一因。安適模式則不然，安適模式的基礎是整體論（holism），與原子論相反。全人照顧（holistic care）的想法認為，自我的每個面向：你所處的社會環境、工作生活、基因性格等，相互連結成一個看不見的整體。從整體角度照顧你的健康，不只是要找出一個病灶把它治好，而是要練習強化自我的每個部分，使你的整體變得更健康。

雖然某些情況下，採行疾病模式是恰當的，也是最佳方針，但疾病模式有個大問題：診斷疾病有賴負面症狀。完美主義如果沒有惡化到失能狀態，是診斷不出來的。疾病模式不只對完美主義的觀念建構產生重大影響，也影響我們建構各方面的心理健康觀念。哪怕是最細微的一陣憂傷、一丁點的氣憤——凡是稍稍偏離正面情緒，我們就推斷那是病症。這是一種文化的症狀。

社會文化有這種症狀，正源自於我們援用了病理中心疾病模式。我們不先求理解，而是先求診斷。我們不說：「我們來看看這之間發生了什麼事？」只說：「我們來看看你有什麼毛病。」這種打從根本的病理化深植在心理健康領域，也是我們聽到「心理健康」一詞老是覺得一頭霧水的原因。心理健康包含心理疾患嗎？還是心理健康更關乎成長及安適，心理疾患應該歸入另一個獨立分類？

心理健康作為母分類，包含心理疾患，也包含心理安適。我們正積極把心理安適的部分也納入心理健康，這方面目前雖有長足的進步，但我們仍過度強調對疾患的反應措施。我們等待一個模式化的失能表徵出現，然後用各種方法壓抑其症狀。

目前，一個人必須被診斷出心理疾患，才能報銷接受心理健康諮商的保險費用，這個令人傻眼的事實，最能表現出我們的照護模式仍侷限於「有病再治」，而非「主動認識」。這就和先確定你感冒了才准你洗手是一樣概念。

完美主義是一個現象，不是病症。社會文化之所以更著重討論完美主義造成的功能障礙，就是因為心理健康產業奠基於疾病模式；對於每一種心理經驗，我們更關心它造成了哪些失能。

適應完美主義，掌控內在原動力

當你有意識或無意識駕馭完美主義的力量，來幫助你、治癒你，這就叫適應完美主義；若你有意識或無意識地，拿完美主義的力量來限制你、傷害你，這叫不適應完美主義。

我們在序章討論過，完美主義是一種力量。任何力量都一樣，可能產生矛盾。正如同愛能建立健康的或有毒的關係；財富能促成慈善，也能帶來剝削；美麗啟發藝術，也引起物化；聰明才智發明疫苗消滅傳染病，拯救無數人類性命，但也建造出原子彈，毀滅無數人類性命。凡是力量都需要有界線收斂，完美主義自然也是。

不適應完美主義會破壞你整個人生，而且還敢向你收取破壞費外加利息。業內對此沒有歧見。不適應完美主義所伴隨的嚴重風險因子，是每個充分專業的諮商師、研究者與學者都一致同意的，沒有含糊的餘地。本書從頭到尾會經常提到這些風險因子，好讓你學會辨認警訊，並做出適當反應。我老實說，從過往經驗可以斷言，能夠認出警訊與見到警訊懂得後退，是完全不同的兩種能力。

有風險因子，也就有保護因子：有很多情境是可以創造、積累，以增加情感安全感、提高心理安適的。從一個認知充分、情緒自覺的起點出發，減緩風險因子、強調保護因子，是管理任一方面心理健康應有的模樣。

根除的力量減弱，整合就會成功。對完美主義採取整合的作法，需要你跳脫框架思考，繼而把框架拋開。這種思考就從現在開始。

你用完美主義來做什麼？

至今為止你學到，完美主義者是你的本性，但你可以學會變健康。請把「我是康復中的完美主義者」這個鬼扯的理論趕出你的腦中。你的本性沒什麼需要康復的。記住這第一點。

第二點，你要開始欣賞你擁有的。別再把你的完美主義視為理所當然。不是每個人都能感受到你擁有的那股衝動，這股衝動鞭策你探索自己潛力的極限和周圍的世界。完美主義者不允許自己被所謂的「務實」束縛，單單這個心態優勢就很寶貴。

身為完美主義者，你的內在充滿能量，多到你可能不知道該拿它如何是好。但如果你想出可以拿它來做什麼？只要你還一直自我設限，能量就會在你心中不停響動，令你痛苦。別再只是咒罵痛苦，開始好奇為什麼有這種感覺吧。只要你是個完美主義者，對某件事物一定還想要更多。那是什麼？你為什麼想要？按照你的想像，得償所願會給你什麼感覺？完美主義吸引你對自己是誰、此生最渴望什麼進行深入而無盡的探索。

待你想清楚想要什麼以後，完美主義帶來的壓力會驅策你往目標邁進。不同於理想主義者，白日夢滿足不了你，你非得為目標做點什麼不可。完美主義這種付諸行動的特質一開始很惱人、很挫折，而且往往令你難以消受。但當你愈來愈能掌握這股力量，難以消受的感覺也會慢慢減少。

你開始能欣賞心中這股動力，明白這股動力存在不是為了傷害你，而是要引導你通往潛能。原先刻意無視這股動力的你，會改而發揚它，但這需要你停止把能量耗費在不對的方向。之後你會成長到超乎想像。完美主義這間學校，徹頭徹尾是一份禮物。

第三點，你是完美的。是的，完美。不是「美麗的不完美」，也不是「已經很好了」——你已然完美。

說來既悲哀也奇怪，有人說我們完美的時候，我們是那麼的抗拒：

這是什麼話？

你不懂我啦！

真不敢相信你會用這個詞。

不，不，不，我一點也不符合。

才沒有咧！

我們覺得有權表現出抗拒的姿態，也覺得這麼做才正當，誰要是膽敢對我們歸類貼標籤，我們非要當下立刻大聲駁斥，才覺得舒坦。可同時，當別人用批評的話刺激我們，我們卻很少大聲，甚或在事後小聲捍衛自己。我們不覺得有權利即刻反駁對我們的負面歸類，因為壞話反而容易在我們心裡扎根。

Perfect 這個字源自拉丁語「perficere」，由 per（completer，完全）和 ficere（do，做）組成。所謂的完美，就是完全做到；換言之，完美存在於完成、完整、完滿的狀態中。我們形容某物完美，意思是用不著再添加什麼，它已經剛好，不需要更多了，因為你無法為已經完全的東西再添加什麼。

想想你愛的那個人。現在想一想那個人的笑聲。那個聲音不完美嗎？你毋須再做什麼去把那個笑聲變得更好聽，它已經完成，已經是完整的了。我們用完美這個詞來強調完全。你稱某人是「perfect stranger」，並不是指對方是沒有缺點的陌生人，你的意思是，對你來說他是一個全然陌生的人。你不是沒有缺點，每個人都有缺點，但請你記住「你是完整的，你是完成的，所以你是完美的」。

我們明明很容易肯定孩子、肯定大自然、肯定知交好友的完美——可是我們卻否認做為成熟女性的自己是完美的，因為假如不必再為這個我添加什麼了，那會怎麼樣？假如我內心深處明白，我並沒有缺損，我是完整的，我們一直都是完整的。不必先修好什麼才能踏入生活，我們可以就這樣登場，現在就行，那會怎麼樣？

答案不是「我們會更有力量」。我們早就力量充沛。答案是，我們會感到有資格取用自身已然擁有的內在力量。我們常常覺得要否定自我的完整，假如我們反過來覺得有資格取用自身的力量，世界會是什麼樣子？

完美境界的三要素

我最喜歡的對完美的定義，出自亞里斯多德的《形上學》（*Metaphysics*）。他這一部十四章的哲學論述，論及所有與生命實在及存在本質相關的概念。亞里斯多德在這部輕巧好讀的著作中，陳述了完美的三要素：

1. 完美即完全，所有必要部分皆已齊備

你是完美的，因為你已然是完成且完整的人。你已然「齊備所有必要部分」。你不必再做什麼以變得完美。還是嬰兒的時候，即使你尚未睜開眼睛，你也已然完整。不會因為你學會拼字、走路、考試高分、逗人笑，你才是一個更完整的人。完整不是靠努力換來的，你生來即完整。作為一個完整的人，從來預防不了一個人感覺破碎。有時你只能看見自己細碎的片段，有時你一點也聯繫不到完整且真實的自我。但認知的有限並不會改變現實。月亮永遠是完整的圓，即使有時掛在天邊的是一溜彎月，即使有時天上甚至看不見月亮。

2. 再無一物可使其更好，即是完美

你是完美的，因為你身為你的獨特之處「再無一物可使其更好」。沒有人能比你把你當得更好。你不是「萬中之一」，不是億萬中之一，你是唯一的那一個。接受這一點。

3. 達其目的之物，即是完美

你是完美的，因為你活在世界上完成你的使命。你存在，作為唯一的這個你活著，便已達成目的。就如托勒說的：「你是世間的一個存在，那就是你所有需要做的事。」從你出生的那一天起，你就值得世間所有的愛、喜悅、自由、連結和尊嚴，原因很簡單，因為你活在這個世界上。這些至今仍是事實。此生你的每一項成就只是歌曲之後的掌聲，你就是那首歌。

在這個世界上，女性的渴望和抱負常被以有病來解釋，本書傳遞的訊息聽來或許激進——其實

正好相反，這些是基本的出發點：你已經是完整的了。你沒有問題。你不是一桶子等待拋光的原石。你擁有豐沛的力量，也有能力運用這些力量引導你的人生往你選擇的方向前進。你都能欣然接受所謂的「專家」實話，不斷說你有某些地方不正常，何妨也用同樣坦然的心情，玩味你並沒有不正常這個想法。

如果你不必再多會一件事，甚至半件事也不用，你現在就能依照你想要的方式過活呢？如果你需要的只是足夠的坦誠，願意從不同觀點看見自己呢？如果你需要的不是持續改進，而只是持續的連結呢？希望你能找個安靜的時刻，好好地問問自己，我相信你會得到與過去截然不同的答案。

第3章

追求完美怎麼從助力成阻力了？

展現自信、懷有抱負卻被病理化？

完美的女人都有病？

有天賦的女人、有才能的女人、有創造力的女人，對於他們的心理生活和思考方式，歷來描述甚少。

——克萊麗莎・平蔻拉・埃思戴絲（Clarissa Pinkola Estés），榮格分析師

我和我稍後的諮商對象露帕錯身經過，她在蜂巢上班——Google 紐約分部辦公室猶如一連串獨立的小巢室。她應該沒看到我。十分鐘後在我的辦公室，我提起在外面看到她了，她嘀嘀咕咕閒聊了幾句感想，說她就像小蜜蜂忙做工，隨即好像為自己說了這些話覺得困窘。我是個鼓不起勇氣閒聊太多世俗話題的人，比起勉強接話失敗的悲慘焦灼，我覺得別的事討喜多了。我笑了笑，沒有回答她，她這便接著談起了正事。

露帕什麼事都做得挑不出一絲毛病。每天早晨健身後，在泡咖啡到搭上地鐵之間，她的體能追蹤器的觸覺反饋程式噴出歡樂的小煙火，祝賀她的努力達標：「運動目標完成。」她為了落實去年

的新年願望，聘請了理財顧問，已經定下一些她很滿意的理財決策。她也很注重飲食，對公司的室內餐車、現烤鬆餅、窯烤披薩等等全都無動於衷。她不只有朋友，也定期撥出時間與朋友聚會。

與酒精的關係有些方面令她不安，所以經過一番困難的來回思量，她最終戒掉了飲酒。數位行銷業的工作未能滿足她心底創作的渴望，所以在縝密研究過最佳防護配備，並請來適當的暖通空調包商確定住處有合適的上升通風系統後，她買了一組家用電窯，把住處空著的房間改造成陶藝工作室。她有約會對象、經常旅遊、定期半年看一次牙醫、上獨立書店買書，也允許自己發懶放空。

這是她辛苦努力爭取來的生活，有太多她喜歡的事了。她向我強調，能走到這一步是多麼得來不易、要爬過多少重山阻礙。她會來找我諮商，她說，是因為她晚上偶爾會睡不好。

「偶爾是多常？」我問。

「我也不確定，我沒記錄。」

我們開始記錄。露帕一週有四次會在半夜醒來，通常是凌晨兩點前後，原因不明。她會呆望著黑暗中斑駁的天花板，盡力抗拒伸手拿手機的衝動，但也有時候一醒來就忍不住拿起手機。

清醒一個小時左右後，她會重新入睡，最後總體休息時間是夠的，但很顯然這帶給她困擾。她跟我說，她真心不覺得有什麼壓力。她過了中午就不喝咖啡因飲料，也避免吃糖分過高的食物。露帕的身體疲倦，但她形容：「我好像就是關不掉我的大腦。我也不知道。」

每當有人說不知道自己為什麼睡不著，意思通常是他們還沒準備好大聲探究可能的原因。把話大聲說出來能改變一些事。有時候把一個想法說出來，是為了它賦予意義，因為它重要。有時候說出想法，是為了放走它，因為它不足掛念。但除非你說出來，不然很難判斷是何者。說出一件事的風險比不說來得高，因為事實真相在你眼前會愈加明朗。

我們也傾向不把自己明明知道的事說出來，因為承認事實雖能帶來釋放，但起先幾乎必然會感覺痛苦。你若睡不著，至少有一部分的你知道原因，不然你也不會醒著。我不清楚露帕為什麼會半夜醒來，但我知道她自己多少有頭緒。

是什麼阻止你哭？

小蜜蜂勤做工那一次諮商，前夕，是她特別難捱的一個晚上。實際上，我們到目前見面的次數不多——也就幾個星期，大概四、五次吧。

「昨晚又發生了。」她坐得直挺挺的說。「我好累，只想哭。」

「現在是什麼阻止你哭？」我真切地問。

她的能量出現某種移轉。彷彿她吸氣的時候還是這個人，但一吐氣卻變成了另一個人。她的身體在沙發上像是洩了氣，聲音也跟著低沉下來。露帕是個活潑的人，表露許多真誠的面貌。此刻的她並不是惺惺作態，這只是她的另一面——不那麼端莊得體的一面。

露帕的表情讓我想到我的大學室友，每次菸抽完了，她也會露出那種表情。我把這個念頭分享出來。露帕呆望著角落的虛空，足足十秒後才打破沉默：「我家裡什麼都有陶土味。我身上也有陶土味。」現在她看起來好像真的要哭了。

我們兩個同時在那瞬間笑了出來，是不是很沒道理，但我們就是笑了。她開始又急又快、指手畫腳地解釋，在家裡裝電窯，是因為她覺得自己需要一個正式的興趣，也比較有理由拒絕別人登門作客，可現在她的生活裡裡外外都多了一股水療泥漿味。

露帕踩在一條細之又細的線上，擺盪在嘲笑整件事的荒謬和徹底崩潰之間。她正在蒙受我們每個人如果未先篩選，就把腦中想法一股腦說出來會擔負的情緒風險，令我訝異的是，她是如此發自肺腑。諮商的成效，大多是在出了諮商師的辦公室以後實現的，但露帕不是在分享幾天前的領悟，她正在即時分享此刻的體會。就好像「播音中」的紅燈亮起來，她開始現場直播。

聽著她一路說下去，一個接一個吐露心中的實話，我不禁也替她感到緊張：她喜歡財富管理相關的主題，但話說回來，她存錢要做什麼？戒酒是真實的進步，她會堅持下去，但她現在不確定哪種人比較討厭了，是清醒的人還是其他人？她的飲食計畫也不是順從直覺，她只是拾人牙慧，例如模仿她認為直覺飲食的人都怎麼吃，這代表她吃了很多杏仁。她喜歡她的朋友，但從來就不想見他們。她也根本不喜歡約會。「根本」的意思是她討厭；「根本」的意思是她懷疑自己可能是無性人。她偏愛待在家裡、看電視、手淫自慰、對別人的交友軟體頭像肆無忌憚發表評論、用藥妝品保養護膚，然後獨自上床睡覺。她憎惡某個她說不上來的東西，但她很清楚那聞起來是什麼味道，就是該死的陶土。

露帕犯了一個低階錯誤，交出自定義的人生，換取世俗觀念中的安定，這是女人太常犯的一個錯誤，很不幸簡直能視為女性成長必經的考驗。露帕以為自己節制工作、找到興趣、多多社交、吃好喝好、在感情上專心「呈現最好的自己」，就能擁有平靜卻熱絡、健康、情緒合度的生活，她覺得自己被騙了。這從一開始就是失敗的交易：向來如此。

別人的成功不等於你的追求

你有沒有看過那些警世的照片？有的人在網路上訂購家具，沒有留意尺寸，收到才發現是實物沒錯，只不過是放在手掌心的袖珍大小？聽隨世俗觀念的安定就很像這樣，只差拿在手裡的不是迷你設計師椅子，而是一個迷你人生，小到容不下大大的你，也不可能容得下你的格局。

別人心目中的成功或許很美很討喜，但幸運的話，你不會甘於如此。會出現某個什麼來敲著你人生的玻璃，設法引起你注意。也許是下班後，在你關上車門走向家門那安靜的片刻——又或是早晨，在你拌著雞蛋的時候。或者最常見的是像露帕的狀況一樣，叩門聲總在夜半寂靜的時候來到。某種東西由內而外壓迫著你，迫切向你要求更多。更好的生活，更大的人生。一個合適的人生。你能猜出某種東西是什麼嗎？

「從此美滿的生活」卻沒帶來幸福？

露帕每星期有四個夜晚，只是瞪著黑暗斑駁的天花板，是因為她把人生安進了一個框格：橫條是別人說她該做的事，豎槓是外界期待她成為的人。框格上還疊了句始終壓迫的格言，要女人如作家凱倫．琪爾本（Karen Kilbane）形容的「感恩到病態」。然後你就生出一股無聲無息內化的失敗感：「我有什麼毛病？換作別人都會感恩現狀的。我可以改過來的。我需要振作起來」。很多懷有遠大抱負的人，就是這樣度過二十歲、三十歲，乃至於往後的時光——忙著建立聽說每個人都渴望的「安定的生活」，而後發現自己並不想要。

露帕把「生活安定」清單上的事都做完了，然後開始等待。等待不知道什麼。她沒有覺得滿足，反而感到一股悶在體內蠕動、搔癢的焦慮。「終於安定了」的女人，開始感受到那靜靜悄悄、無比掃興、緩慢滲透的衝擊，每見到這種景象總是令人警醒。他們坐在諮商間的沙發上，疲憊到束手無策只能說出實話，用不同的語句問我，聽起來更像在問自己——同樣那個殘酷的反問句：就這樣了嗎？

相較之下對比鮮明的是，每次聽見女性描述年紀增長的喜悅和好處，我都會注意到一種明亮、坦蕩的特質。他們的描述不外乎像這樣：「到了一定年紀後，你學會了不再在意。你終於接受自己無法取悅每一個人，於是改而取悅自己。你相信自己清楚你需要什麼。你盡全力前往最切合心意的地方，在那裡說自己想說的話、做自己想做的事。屑屑會落向哪裡就讓它落下。」男人從來不會這樣描述成長。

你要的安定可能與眾不同

我不認識任何一個安定的女人。我認識很多一星期要是能再多出兩天，就能感覺安定的女人，或還差一次專業家庭清潔服務，就能感覺安定；或專案期限要是能再好心延後一次就能感覺安定；或孩子如果能交託到其他關愛又有能力照顧的人手上整整三天，就能感覺安定。我認識很多女人就像露帕和從前的我一樣，構築起看似非常安定的生活，卻因為那敲在玻璃上的叩叩聲，只有一種介於煩躁和心慌之間的心情。儼然就快達成安定的感覺很容易使人沉迷，就像撲克牌戲二十一點賭桌上的賭徒，已經賭了五十四把還想再賭最後一把，但最後贏的永遠是莊家。安定的感覺始終在一步之外，是現代人始終可望而不可及的獎勵。

然而，我執業遇到的當事人，時常向我訴說他們獲取不到安定感，說得好像人人都琢磨透了，只剩他們還沒一樣。而我比起回答「別擔心，我們都很努力想找出答案」，我的回答比較像「別擔心，安定並不存在」。這是一則成年女性的童話，故事裡的王子被安定取代：總有一天，只要你常保善良和美德，做到所有該做的事，只要你能再多善加利用感覺受或無意識的時間一點，安定感遲早會來拯救你，到時一切都會好轉，你會從此過得幸福快樂。

安定誠然是個迷人的目標，我們相信它可以實現，因為我們信了兩個錯誤的承諾。第一個承諾會說人生大抵而言是靜止不變的。沒錯，沿途偶有崎嶇起伏，有預料之外的狀況，但那都是例外，不是通則。通則是如果你的人生沒能從今天自動無縫流向明天，一定是你哪裡做錯了。

因為生活通常是一成不變的，很容易自動推展，你只需要找到正確配方接通上去，就能讓一切照應有的方式順利運行。這種把成就按照目錄排序、配對的觀念，把每一個問題都配上一個即食湯包似的解答，彷彿喝了就——登登！問題解決。

第二個承諾是，你所有最基本也最複雜的需求，你的渴望和欲望，那些你心中對漫遊在蒼翠茂密、露珠遍地、起伏山丘的嚮往，你所有大大小小的好奇，都能在第一時間滿足，而且可以同時滿足，更且還能在你作為社會基本貢獻成員，合理忙於應付無數社會、職業、家庭義務之際被同時滿足。

找到你的安定平衡

我們當代對安定平衡的觀念，建構在生活從一開始就能安進一份待辦事項清單的想法上。只要你完成清單上的事，有問題就用相應的方法解決，理應能期待聽到令人滿足的喀噠一聲，像安全帶扣合到位的聲音。假如你還沒體會到那一聲喀噠，那是因為你還不夠平衡。你沒有做對。「安定平衡」已然變得與「完美」同義。你如果不是一個安定的女人，你就不是一個完美的女人。

現在你可能已經注意到了，那些崎嶇起伏呢？那些預料外的狀況呢？這些才是通則，不是例外。生活一點也不是靜止不變的。人生於內在、於外在甚至內外同時遭逢陰影遮蔽，是很自然、很健康、沒關係的事。這種陰影遮蔽，你可以想成是安定平衡的相反，在我們始終流動、從不靜止的生活中會再而三發生。

陰影遮蔽不是問題，反而是重點：它代表你充分活著並投入人生，而不是把自己隱沒在抑制了份量的活力後面，然後說那是安定。人生有些時期適於工作，有些時期適於性愛。有些時期要同時應付三件事，有些時期是九件事。有些時期只能漫步在憂鬱的虛空之中，消極地做個兩件事。在你墜入愛河、家中翻修，或消化悲傷的時候，安定是什麼樣子？協議離婚的過程中呢？一早汽車發不動的時候？找工作到了第三個月還是沒下文？多數女性都經歷過 #metoo 時刻——在屬於你的時刻，安定是什麼樣子？

你告訴我，生下你第二個孩子那一年，安定是什麼樣子？或者你正在為你的初創企業準備做A輪融資，或者年邁的父母一方病了，需要更多照顧的時候？正在尋找合適的荷爾蒙避孕法的時候？家中有患上躁鬱症的成員，而大家已經三天沒有他的消息了，這時候多少程度的安定才適當？告訴我，你上班的公司被企業集團收購，你連續幾個月不確定能否保住工作，這時候安定應該是什麼樣子？你置身的地球角落發生特別嚴重的風災呢？全球疫情期間，安定的正確配方是什麼？好吧，疫情「結束」了，但你還在消化疫情對你和周圍每個人造成的變化，這個時候什麼才是安定平衡？

追求安定在平衡的原始結構中是有用的，而原始結構建立在能量守恆，如同哲學概念上的「陰陽」、崇敬脈輪等目標之上。為了享受到最佳化的活力，你把注意力集中於體內的內在能量系統，配合需求去校正能量。平衡能量和去平衡外務是截然不同的兩件事，但後者已成為近來平衡在口語上代表的意義。

大家說一個女人把生活平衡得很好，不是說她找到了內心能量持恆的那個點，而是說她像拋雜耍球一樣，能同時應付多個責任義務。能不斷增加要做的事，又不會讓手上的球掉落。我們強行簡化了平衡的定義，平衡現在代表擅長忙碌，和健康沒有半點關係。後續我提到安定平衡，指的也是這種剪裁粗陋、簡化版本的平衡。

我一個朋友和我分享過法律業界流傳的一句話，在律師事務所當合夥人就像吃派比賽，獎勵給你更多的派。平衡也很像這樣。你愈能成功平衡很多件事，也就創造出愈大的空間去平衡更多件事。

不只平衡外務，女性也被期待先行安撫他人對他們的情感經驗。Apple TV 的網路影集《晨間直播秀》（*The Morning Show*）中，演員薇斯朋（Reese Witherspoon）飾演地方新聞臺主播布萊德莉・傑克森，在網路電視頻道取得重大突破。在我最喜歡的一場戲裡，傑克森一邊挑三揀四地採買適合直播的服裝，一邊形容她封之為「滿懷理想又溫柔無害的夢中少女」形象：「我才剛被人說了第一千遍，說我太開放、太保守、太中庸。妳的臉太垮了。妳笑得不夠。妳的髮色太深了，要不要染金髮？你的胸部呢？怎麼這麼不懂善用妳天生的優勢。等等，把妳的「胸器」收好。妳這是在勾引男人！妳嚇到那些單純的女孩了。妳懂吧？不要這麼咄咄逼人，男人看到妳都被嚇跑了；不要這麼兇，那些女孩都快哭出來了。」

我倒帶看了兩遍。因為看了真的教人過癮，這段精簡準確的笑哏，道出了女性每一天、在每個地方、時時刻刻不斷遭遇的相悖的訓誡，而且這些還只是一小部分。

戳破安定的假象

「妳是怎麼平衡工作和育兒的？」是每個有孩子的職業婦女常被問到的問題。同樣為人父母的職業男性卻不會被問爸爸的版本，因為社會並不期待爸爸擔任主要照顧者。男人被期待把精力主要放在工作上，在家當個輔助照顧者，在孩子的生活中當個從屬的存在就好。因此，出外工作的女性會稱自己是「職場媽媽」，但出外工作的男性並不會自稱「職場爸爸」。這也是為什麼，為人父者對於工作需求和家庭需求的拉扯，多數不會感受到和女性相同的內疚，因為他們並未分攤相等程度的拉扯。比方說，既希望在職業上有所成就，又要兼顧孩子的身體健康、學校課業、出外玩耍、看診預約、夫妻社交生活、家務整潔等。

說到這裡或許正好值得一提，我們的目標不是要被看待成男人。你知道有的時候，你明明應該知道某個人是誰，可是卻不知道，所以會上網查吧？有人曾經跟我說，我的生日和作家吉卜林

（Rudyard Kipling）同一天，我心想：「哇，好欸！」於是我上網查他，讀了幾首他的詩。我在〈如果〉（*If*）這首敘述身為男人的詩裡看到一行詩句。

在詩的脈絡下，那一行詩句是樂觀、能帶來鼓勵的。只是對我來說，它作為一句話單獨跳出來，烙印在我腦中，使我想起與我共事過的每一個男人，那一行詩說：「且永不為你失去的吐露隻字片語。」

一個人總有接連的苦痛煎熬，我們卻甚至不允許男人開始去感受，更別說表達出來。其中，沒有人質疑男人無所節制地趨向完美主義，其實也令男人痛苦。「做個男人」呼籲的是一種空洞的狀態，不符合男人其實也擁有的豐富感性、幽默感、創造力、恆常的同情心、聰穎與美。每個撫養小男孩的人都會跟你說，他是世界上最貼心的小男孩。小男孩心中如此容易湧現的那些善良、感情和好奇，卻正是社會教導男性要想在世上受重視，就必須抹煞的特質。

男性的自我價值感其實危危欲墜，超乎所有主流的想像。我們假裝男人沒事。男人不是沒事。他們並沒有高坐在父權的王座俯視別人哈哈大笑。他們其實也在虛構的二元性別角色的角落邊緣顫顫巍巍，努力不從懸崖上墜落。

我覺得自己非常幸運，在職業初期就遇到了卡茲博士（Jackson Katz）的著作。他獨闢蹊徑的著書《硬漢悖論》（*The Macho Paradox*），對於由此向外延伸的所有議題，這本書是很好的起點兼延續。享譽國際的作家兼藝術家阿洛克・瓦伊德－梅農（Alok Vaid-Menon），他的書《性別二元之外》（*Beyond the Gender Binary*）也是很好的起點及延續。不過現在我們先回頭談談，根本不可能的事沒有辦法好壞的問題，尋求安定就是一件不可能的事。

關於平衡的悖論

有兩個女人。兩人都是妻子兼母親。兩人都習慣早起，比家裡其他成員早兩個小時起床。第一個女人說，她起得早是因為喜歡自己的時間，清晨為全家人烤新鮮麵包，她喜歡手揉麵團的感覺，喜歡麵團的質地。麵包烘烤的時候，她趁機打掃。整潔的環境讓她覺得集中。因為能一個人照自己的步調做，打掃與其說是家務事，更像一輪冥想，打掃完畢她便讀書。她非常喜歡屬於自己的早晨。

第二個女人說，她早起為當天上班做準備。確認過行事曆，知道自己每一場會議都準備充分，讓她心情愉悅；辨明可能發生的問題，能幫助她辨明可行的解決方案。她也喜歡前一天所有電子郵件一口氣回覆完的效率。她的家有些凌亂但不到骯髒的程度。除非有客人要來，不然家裡大致是一個模樣。她的孩子早餐吃沖泡牛奶穀片，所以沒必要做料理。

你覺得大家會說哪一個女人「更平衡」？這個問題有蹊蹺——答案是兩者皆非。假如召開某種現代女性審議會，兩個女人都會被強烈鼓勵繼續用她們自覺合適的方式照顧自己。兩人都會迎來一句「那很好！盡情去做你覺得合乎自己的事！氧氣罩要先幫自己戴上，懂吧。你不先照顧好自己也幫不了別人。」

然後，這個虛構的審議會接著迅速問了個問題。說實在不是多正式。總之審議會裡有人問，可能問得輕聲細語：「不過，你為自己做這些事的時候，大家都還在睡，對吧？」

蹊蹺就在這裡。盡情做你想做的事——運動、讀書、加入社團、看著窗外發呆、投資自己和你的事業……你想做什麼就去做！只是要準備好等大家醒來。

我們把平衡這顆大石頭交給女人，提醒他們石頭重得不得了，讓他們像超級英雄一樣扛起來，然後再嘮叨不絕地對他們灌輸照顧自己的觀念：「注意平衡和照顧自己。注意平衡和照顧自己。注意平衡和照顧自己。」好的，謝謝，我聽到了。

女人在「只要取得平衡，你將能夠對世界展現力量」的假定前提下做所有的事。但你不需要平衡也能做到。平衡不是你之為你的先決條件。對大多數女性來說，對每一個類型的完美主義者來說該死的更是，活得真實從表面看來與安定平衡恰恰相反。我認識的最充分實現抱負的女人，平衡都維持得很可怕，我說真的，可怕到經典的程度。

女人隨年紀增長會愈來愈有解放的感覺，不是因為終於企及尋求的平衡，而是因為終於放棄了追求。經過痛苦的嘗試與犯錯，女人終於學到如我朋友米莎愛說的：「你在這裡到處輸，是不可能取勝的。」

拋棄不再順合心意的事物，帶著由此而來的倨傲不恭的活力，女人揉皺他們的平衡清單，扔進垃圾堆，然後把垃圾給燒了。她們受夠了。她們放棄。

平衡不是真實的，它不存在，它只是個概念。因為時間和現實等因素，平衡在實務應用上不可能做到。平衡永遠在下一個轉角、在節假日過後，等這件刻不容緩的急事一處理好就行。但平衡永遠不會真的現身，我們沒發現是因為我們老忙著為平衡遲遲未來責怪自己。我這裡的「我們」指的是女人。

當個邋遢美人又怎樣？

對於未展現平衡的女人，英語有一個傳神的形容，我們稱她「hot mess」，邋遢美人。她開會遲到了，一眼就能看出她沒能同時照顧好一百萬件事，可能她的頭髮有點蓬亂，才坐下五分鐘手機就響了，因為她忘記切換成靜音。諸如此類。總之重點是呢，她看上去不是很端正得體，看起來也不安定平衡。各種需求競爭她的時間和精力，她任由其表現在外，而我們注意到了。

「邋遢美人」這個形容讓人比較容易注意到；事物有了個名字，就比較容易指出來。當你想到邋遢美人，只會想到女人或女性化的人。這個詞是女性氣質專用的形容詞。另外也請注意，能被看到也是此處的關鍵——「邋遢美人」要是看上去端莊得體，要是他們假裝平衡假裝得很好，就不會被形容為邋遢美人。

「邋遢美人」是一個外在形容，因為外在才是重要的；女人的內在經驗次於他們外表的模樣。這也反映了女人苗條必也代表健康的假設，全不管苗條背後發生了些什麼事。社會文化所鼓勵的不是為自己健康，而是為他人看起來健康。

很顯然，我們使用的語言反映我們身在的文化。或許比較不明顯的是，我們不用的語言，可能更加清楚展明我們身處的文化。基於同樣的道理，「罪惡感下享樂」（guilty pleasure）在法語找不到很好的對應詞，常用在女人身上的「強勢」（bossy）、「固執己見」（strong-minded）、「邋遢美人」、「當媽媽的罪惡感」（mom guilt）或「晚娘臉孔」（resting bitch face）等形容，沒有對應用於男人的詞語。以上形容詞就算用在男人身上，隱義也不符合我們文化的價值體系。換句話說，我們不這樣形容男人，因為說不通。

享樂在法國人的生活裡是很自然、健康、受鼓勵的一件事，怎麼會有人因為允許自己獲得樂趣覺得罪惡呢？男人理應居於權威，何來貶義的強勢呢？男人也沒必要時刻保持微笑宜人，所以他們臉上沒有表情，你除了正常也不會有其他形容吧？男人並未被期待要常保平衡，所以沒有邋遢帥哥之說。「當爸的罪惡感」也不成立，因為男人並未接收到應當為忙於工作感到內疚的訊息。「固執己見」用於男人則被視為一個優點。

我們把對性別表現隱而不宣的期待放進日常語彙，例如「職場媽媽」，到處廣為宣傳。語言還具有監管功能，透過不同程度的賞與罰來強化上述的性別期待，其中不懲罰也是一種「獎勵」。舉個例子，女人應當表現出健康、平衡的樣子，偏離這個隱形的性別表現期待，你會被貼上「邋遢美人」的稱號（懲罰）。寫電子郵件的時候，在禮貌之餘加入一些沒必要的標點符號，就沒人會說你「兇八婆」（不懲罰的「獎勵」）。

沒錯，是有些女人顛覆性別表現期待，成功在業界博得尊敬和權勢，但在個人和職業層面上他們的代價慘重——不是風險慘重；立即的代價往往直接略過了風險。以下就是個顯著的例子：

自稱是完美主義者的網球名將小威廉絲（Serena Williams），在ＥＳＰＮ體育頻道封為「史上最爭議的美國網球公開賽冠軍戰」中，因為遭判三次不符行為準則違規，丟了一分，並輸掉比賽。其中小威廉絲被判的最後一項違規，是「言語羞辱」，因為她批評主席裁判員是「騙子」和「小偷」。小威廉絲對此判決表達抗議，對裁判喊道：「我遇過太多次了。根本不公平。你知不知道有多少男選手做了更惡劣的事？」小威廉絲接著繼續堅定捍衛自己：「多少男人在場上口無遮攔，但是……就因為我是女的，你就要把這一分拿走。這樣不對。」

賽後媒體掀起風波，《運動畫刊》（*Sports Illustrated*）專欄作者普萊斯（S. L. Price）認同小威廉絲指稱很多男選手做過更惡劣的事，舉出如美網冠軍康諾斯（Jimmy Conors）曾在美網賽事反覆罵主席裁判員「去死一死」，還說他「廢物給我從椅子上下來」，但並未受任何處罰。康諾斯後來還贏下比賽。借用女性主義代表作家切斯勒（Phyllis Chesler）的話來說，這「多麼荒謬，卻多麼熟悉」。

撕下完美主義的負面標記

無論是你自己或別人稱你是個邋遢美人，是對你沒表現出平衡的樣子的一種懲罰，但卻並不與平衡對立。處於健康、平衡的女人對立面的是完美主義者。

完美主義可能會害你頹敗，但前面說過，任何力量未加節制都可能使人覆滅——所以我們為什麼要把完美主義單獨挑出來？

更好的問法：我們為什麼單獨把完美主義挑出來，當作女性的負面標記？

你從沒聽過男人稱自己是「康復中的完美主義者」，這是有原因的——因為男人並未被教導需要從完美主義中「康復」。男人認知到的是，他們要整合自己對完美的追求，堅持高標準，有時可以慢工出細活，有時可以為了更全面認識及展現自己而破壞人際關係。我們不只期待男性完美主義者做到這樣，我們還津津樂道。從英國廚師躋身媒體大亨的廚神戈登，在螢幕上的形象就是顯而易見的例子。

女性則不然，到這裡我們已經十分清楚，女性在制約下習慣了時時道歉。經二〇一〇年一篇研究證實，女性道歉次數多於男性，之後我們開始注意到，女性習於用「抱歉／不好意思」（sorry）這個詞來緩和要求和普通發言的模式：不好意思，能幫我遞咖啡過去嗎？不好意思，我有個問題。抱歉，今天是我生日……

開始意識到女性有過度道歉的傾向，不是一朝一夕的事。文化意識會發生這樣一點轉向，是因為有無數公司、媒體管道和個人不厭其煩地去對抗這個現象。要你留意使用「抱歉」一詞的提醒，像烘衣機裡的襪子滾動在這個時代，散落在社論專欄和TED演講，「抱歉」一詞更是播客節目的豐富素材。演員艾米．舒默（Amy Schumer）利用單口喜劇生動演繹了總是在道歉的女性；潘婷品牌也有一波廣告援用這個議題。我們的觀念被洗刷覆蓋。

現在我們不想道歉了，我們也幾乎不想為不再道歉而道歉。蘇黎世大學研究員馬特利（David

Matley），研究數位文化及其與社群媒體、自我呈現、關係管理的交互作用等眾多課題。馬特利調查主題標籤（#sorrynotsorry 抱歉但我不抱歉），發現它被以非常務實的方法使用：「不道歉的標記是一個策略，用於緩和（不）禮貌行為及自我表現……允許人〔標籤使用者〕在不斷變化演進的網路行為規範中，站在既反對又合謀的立場。」我們用 #sorrynotsorry 這個標籤來大膽宣示自己不在乎別人怎麼評論我們的決定——但同時又透過承認我們知道自己對外展示的選擇「違背規範」，希望讓自己可被接受。假如要你真的拿出錢來下注，這個標籤你會賭是男人用得多，還是女人用得多？

當前，女性追求抱負和力量的表現，因為被引到完美主義的概念裡，完美主義再接著反覆被說成一種病，女性的抱負和對力量的追求因此受到壓抑；我們的文化裡隱藏著許多性別歧視的意圖，在無形之中推波助瀾，這是其中傳播最廣的一個。

加強抑制女性表達力量，被冠上了「尋求平衡」的名號，以教誨之姿，勢不可擋地加諸在女性身上，而未曾加諸於男性。

對女人來說，完美主義是一個需要用一生療癒的病症。「完美主義者」這個名詞背後隱含的意思是：你做得太多了。平衡如同勸誘一般被提出來，當作必然的解藥。「尋求平衡」背後的隱義，是平靜下來、放慢下來照顧自己，同時也準備好滿足所有人的一切要求，照顧到其他人。

女性完美主義受到推崇的時刻

身為女性完美主義者也不全然被視為有病。女人如果遵守傳統陰柔氣質標準展現她的完美主義，她的完美主義便會被視為優點，並被授予獎勵。女人如果把完美主義施展在傳統由男性主宰的場域，或行的是傳統陽剛氣質標準，則她的完美主義就會被解讀為病，懲罰繼而到來。

這也是為什麼我在序言提過，史都華以其完美主義開拓了帝國，並且可能是這個時代最受推崇的女性完美主義者，但同樣要再度重申，她的「瑪莎．史都華生活多媒體」公司主打：信手拈來的早午餐食譜、豐富的假日消遣活動、流行的色彩調配、婚禮規劃。這些都是典型持家主婦的興趣。瑪莎．史都華能把完美主義盡展在外還獲得熱烈掌聲，沒被要求「處事圓融」，也就是要她收斂野心，是因為她的興趣停留在女性公開表露野心可被接受的範圍內。假如指出在她成立瑪莎．史都華生活多媒體之前，勤奮到令人起敬的史都華是華爾街的證券經紀人，為什麼感覺這麼「有損名聲」？

二〇一一年，日本居家收納顧問近藤麻理惠寫下《怦然心動的人生整理魔法》這本書。我周圍的朋友太可憐了。我有好長一陣子，每次聊的總是這本書。我愛死了。全書從頭到尾就是完美主義的充分展現。每件襯衫一定要折成完美直角。就算是最小的決定也務須覺察。家中任何一處絕對不能有亂放的零錢。存在一個理想的境界，你應該設法去實現，而且過程的辛苦應該是快樂的——那本書大可改名叫《完美主義者的整理指南》。

《怦然心動的整理魔法》在全球四十國銷售超過一千一百萬冊，登上《紐約時報》暢銷版上逾一百五十週，也啟發 Netflix 拍出熱門同名影集，這都是因為……我們討厭完美主義？我們覺得它不好？我們知道它很不健康？

得了吧。我們愛完美主義；要了還要更多。當然了，我們不愛完美主義不適應的表現。除非表現失常是為了博得讚聲刻意包裝的，否則我們不愛任何不適應的表現。只要展現在對的脈絡下，我們的文化歌詠完美主義。探討「對的脈絡」是什麼並不太花時間。

我們的文化擁抱、稱頌、大肆報導女性完美主義者，只要他們是透過改進及美化家庭、主持社交聚會和打掃整潔來表現完美主義，你認為這是巧合嗎？這種歌頌既是獎勵也是個暗示：這是女人應有的行為。

追求完美為何需要道歉？

就像「強勢」一詞有規約女孩及女人做出權威的、傳統上陽剛行為的作用，「完美主義者」一詞也悄悄被用來規約女性的抱負和權力。一如所有隱而不宣的訊息，我們不只在無意間聽到，也在無意間受它潛移默化。我舉個例子。

有一天下午，我在某個共享工作空間，發現我的座位附近是一位攝影師布置要為客戶拍照的區域。在連續拍攝之間，那位攝影師不停說出這樣的話：

我太追求完美了，我知道，但你能不能把手往臀部靠近一點？

我有點追求完美，很煩，我知道！但你的臉方便稍微轉向窗戶嗎？

好，我接下來會有一點完美主義，請你抬起下巴，與胸口呈九十度角。

那位攝影師有可能是完美主義者，也可能不是，我不認識她。我知道的是，她是個職業攝影師，職責是用既明確也籠統的方式指揮拍攝對象為她的照片，或在這裡是別人要求的照片擺姿勢。她反覆用「追求完美」這個含糊的修飾語來緩和她的指令，好讓自己可被接受，同時保有對拍攝對象的權力。她這份權力在這個互動裡是預先已經授予的。她在此時此地是雙方同意的專家，但她顯然還是覺得有必要利用口語修飾自己行使權力。每一次她想拍得更好，就會以自己是完美主義者作為託辭緩衝她的溝通。

隱性溝通講究隱誨。成功的隱晦，特徵就是充滿大量看似合理的否認。否認完美主義的規約作用很容易，只要說些「完美主義有可能很不健康——所以才要鼓勵女人平衡自己，少執著於完美」

的話就行。就如同藏在蘋果醬裡的藥丸，對女性追求卓越動力的壓迫，混入本就模糊、混淆的完美主義觀念裡，總使人在不知不覺間吞下肚。

鼓吹女性增進平衡，響應的不是女性的健康狀態，而是女性的權力狀態。很可惜，這些隱含的訊息真的有用。女人為了尋求平衡，把精力分散在各種徒勞的事情上，同時把自己追求更多這個何其健康的渴望，內化成自己不知感恩滿足。

這些並無意否認完美主義也可能是一個人生活中的破壞力。完美主義對任何人都可能有害或有益，端看那人如何管理。除非我們願意承認完美主義的本質被依照性別一分為二，不然我們等於同意袖手旁觀，看受到誤導的男人直直飛向燒灼的太陽，女人則被以保護之名剪去羽翼。

是時候光明正大地展現對完美的追求

倘若當下此刻，你並未過著平衡安定的生活，也不代表你有什麼毛病。你不必運動到把生氣的力氣一併耗盡，也不必列出更長的感恩清單直到欲望止消。你可以既生氣也滿心是愛。你可以感恩但也想要更多。你不必為了平衡而排除任何一者。你可以想要更多，也可以取得更多。想要更多是很健康的。你的渴望很真實也很重要，並且只須你覺得合理，不必任何別人覺得合理。

想要更多，可能會讓過去學到她的完美主義，或是讀作「她的抱負」是壞事、是錯事的女人覺得叛逆、覺得「骯髒」，就像被教導認為性慾是錯事的女人，會覺得性慾被喚起很不乖、很「骯髒」是一樣道理。想要更多，公然忤逆你學到的一切做個感恩知足、身心健康、安定平衡的女人應有的舉止。女人想要更多是不懂惜福，男人想要更多是雄才大略。女人尋求權力是「貪戀權力」，男人尋求權力是「出將入相」。這些說法既無聊又不完整。聽聽就好。

別讓你的野心抱負被解釋成有病。拒絕為你渴望優秀道歉，也不要掩飾你有這股永不滿足的渴望。徹底拒絕你需要改正的這個想法。現在就拿回你的完美主義。

第 4 章

成為順應天性的完美主義者

不用偽裝、不需降低標準，更能閃閃發光

完美主義的光與影

精神與內心沒什麼恆定不變。

——海瑞亞・勒納（Harriet Lerner），人際關係專家

雷娜這一天滿臉疲憊。她已經盡心盡力做了太多事。收到那封電子郵件的當下，她就知道自己應該拒絕。她想拒絕。或者說得更準確些，她很希望自己想要拒絕。

但即便她明明累了，答應這個機會的念頭，仍令她內心騷動。挑戰比她能力再稍微多出一點的事，已然成為她的人生觀。她在諮商時段大聲讀出那封電子郵件，接著沒有停頓就開始構想答應的情境：「我如果只接能力範圍內的事，不就很多事都不用做了嗎？我說真的。什麼都不用做了。要是我確保每一件事有時間才去做，我的生活能有多精彩？恐怕沒多精彩。」她接著把這些假餌般的問句換成了釣諮商師的活餌：「我如果每一次做決定，都挑我知道『認真來說比較健康』的選項，我能有多少成長？我來這裡是為了成長的呀。」

現在輪到我大聲讀出一封電子郵件了。我叫出雷娜去年秋天寄給我初次預約諮商的信。她一聽出我在讀什麼，馬上打斷我。「好了，我懂了，你可以停了。」她自己靜了下來。

雷娜在那封信上描述自己有一股「深沉而必要」的渴望，想改變生活型態。有部分的她希望別再逼迫自己，別再覺得遇到何種困難都有必要表現出最好的自己。她想知道怎樣當個中庸的自己，同時又不覺得失敗。

稍微超出能力行事，向來能讓雷娜更有活力，當然除了事情傷害到她的時候。雷娜在痛苦中寫了那封信給我。抱負的罩門，是完美主義者都太明瞭的痛——你知道自己超出負荷，但除了繼續推逼極限，你看不出還有什麼別的辦法。

但話又說回來，雷娜不是沒道理。這種事的確也會發生，你明知道某件事太多了，卻還是答應了，而且往後的人生還很感謝當初答應的那個你——再生一個孩子、擔任主演講者、舉辦宴會並公開致詞、接受工作邀約。我們搞不懂答應修繕房屋、開播客頻道、救起見到東西就咬的狗的當下，自己到底在想什麼。這太多了，這太多了！但重新來過我們還是會這麼做。

因為平衡並不存在，你的行事運思不是低於就是高於你的能量平衡。換句話說，你不是不夠忙，就是忙不過來。完美主義者可想見絕對會選擇超出平衡。對完美主義者來說，沒事做的風險比忙過頭的風險要可怕多了。

我和雷娜，我們把這些複習了一遍，討論界線、耗盡，以及休息的無限好處。我們也探討她感受到的興奮，探討她有沒有可能從當前投入的事物上抽身，順利投入這件事情上，答應或不答應又各有何代價。

我不打算引導她做出特定結論。我想引導她，以她的價值觀、她的極限、她的夢想、她至今對自己的認識為前提，衡量她的決定。

雷娜盡她所能承受緊繃的情緒，思量了三天，然後做出了決定。

寬鬆的完美主義存在嗎？

我們每個人不時都會感到緊繃。我們察覺自己想像的理想和在身上呈現與現實之間存在差距。這個察覺便形成精神上的緊繃，繼而尋求抒發的出口。

感覺緊繃和尋求抒發，對完美主義者來說是天天都有的經驗。完美主義者與心中永不消失的緊繃感共存。就像一盞打開便會作響的燈，久了你就習慣了燈的嗡嗡低鳴。

緊繃的感覺不盡然好，但有它的價值。緊繃能活化及喚醒意識。緊繃催化行動。緊繃感使事物更加有趣。我們感受到緊繃後採取的行動，讓生活能體驗到種種的繽紛、救贖、悲戚、喜悅與驚喜。緊繃感是效果百變的一張牌。

完美主義根植於一種原始型態的緊繃感——渴望你無法擁有的。你希望理想化作現實。理想上，雷娜能想出方法巧妙安排生活，讓她既能接下機會，又不必付出代價。在不自我毀滅的情況下，她能多接近理想？這其實才是她真正想問的問題。

完美主義的緊繃感，來自於你的身分最基礎的兩個層面相互碰撞——你是個滿身缺陷的平凡人，有明顯的極限，但你同時也是一個充滿無限潛能的完整生命。你坐在駕駛座上，如何調解你的極限和你的潛能在後座的爭吵，就是完美主義的根本考驗。儘管如此，我在序言提過，描述完美主義不是說一句「完美主義者想要事物時時刻刻保持完美」，就能達到完美的境界。

完美主義者追求的不是廣適的理想；對一個完美主義者來說，理想反映的是個人對於成功的「完美」憧憬，主題是她置於最優先的事物。這也是完美主義最常為人誤解的一個特徵——普通人以為：「我不可能是完美主義者，我從來就不準時……我不會是完美主義者，因為我不介意一點雜亂。」完美主義的展開是遠超出我們設法將它塞進去的小戒指盒的。

比方說，巴黎型完美主義者也許可以接受在沒有向上升遷機會的工作裡悠然多年，因為他們出眾、成就、往理想邁進的衝動表現在人際互動裡。巴黎型完美主義者想要的是理想的人際連結——他們心目中理想的友誼，或理想的戀愛伴侶關係，或理想的自我關係，或理想的同事、家庭、社團情誼，又或是以上兼得。完美主義由個人化的要素構成，嚴格型完美主義者之所以能工作上持守嚴厲標準，回家卻又能接受家裡亂得像剛被洗劫過，原因也在於此。

完美主義的確存在強迫性

我們稍早說過，完美主義者是經常注意到現實與理想差距的人，並且感覺到不能不主動去弭平鴻溝。強迫性雖然常被用作失能的臨床指標，但它並不自動代表失能。

適應完美主義下，健康的強迫性努力受價值觀驅策，能帶來成就感，且執行方式不會傷害完美主義者本身或他人。不適應完美主義下，不健康的強迫性努力不僅不會有成就感，且執行方式可能傷害完美主義者自身及他人。

接受完美主義具有強迫性，代表接受你身為完美主義者，永遠會感覺自己必須動努力趨近你的完美主義類型盼求的理想。假如雷娜壓抑自己為具體理想努力的強迫衝動。假如她放慢到平均速度，按下巡航定速，她心中有些什麼會陰鬱起來，就像藝術家要是壓抑創作的衝動，心中也將有些什麼會黯淡無光。不論這個藝術家做什麼，不論他們在生活其他領域有多少成就，只要不創作，他們都會覺得自己是個失敗的人。這就是沒辦法，也不應該要有辦法。

接受完美主義的強迫本質，接受任何強烈自然衝動的強迫本質，感覺可能很可怕、很拘束。我們想要控制行為被強迫的程度。我們想要感覺自由。

但解放無法透過控制來取得；經由接受才會獲得解放。

雷娜千方百計想放下努力的衝動——她盡可能想「放鬆」，接受平庸，並且不要感覺失敗，但她就是做不到。你也一樣做不到的。

對人說她除非在某些方面努力追求優異，不然終究會覺得失敗。這向來是解釋完美主義時最容易刺激人的一部分。大家不喜歡聽。原因之一是這聽起來像在批評平庸，但其實不是。

平庸不是件壞事。完美主義者在很多方面完全能接受自己做得很普通，乃至低於普通，只是在他們嚮往優異的那個領域不行。再者，說健康的人是找到辦法調適心態能夠知足的人，聽起來可接受也恰當多了。這的確也是事實。沒學會培養及欣賞知足，很難當個健康的完美主義者。但你可以既懂得知足，同時還是想要更多。這一樣是健康的。

我有時候會用華麗詞藻來緩和刺耳的解釋：你若不推崇心中積極探索理想的衝動，很可能會持續陷在一種失敗主義心境。換言之，你會覺得自己很失敗。我說的「失敗」，不是社會比較脈絡下的意思，不是與人比較的結果，而是與完整的自我斷了聯繫的意思。完美主義者常在諮商時「自白」，每當他們試圖停止追求優異，總會覺得被關去了聲音，像是失去了什麼，故而覺得自己失敗。重點不在於找出辦法讓自己不再那麼想優異出眾。對真正的完美主義者來說，這永遠會造成反效果。重點在於找到辦法根據你自己的價值觀追求優異，而不是根據別人的價值觀。

我們會在第八章回頭討論雷娜和價值觀。現在先來談一談，怎麼知道你是不是完美主義者。

完美主義、理想主義與高度奮鬥者的差異

完美主義強迫和積極行動的特質，是完美主義者與理想主義者以及高度奮鬥者（high striver）不同之處。理想主義者可能只是談論理想或做白日夢就滿足了；完美主義者會感覺不能不投入行動，積極追求某個理想。高度奮鬥者有可能選擇奮鬥到某一程度就停下來，並坦然接受這個決定；完美主義者做不到。

比方說，樂於為其職業勤奮努力也享受報酬的高度奮鬥者，可能會在某一天決定：你知道嗎，我決定就到這裡了。我不想工作了。高度奮鬥者可能會在五十五歲就提早退休，之後一連幾年整天在海邊放空，無限期沉浸在無所事事的樂趣裡。這個海邊場景可能是無數人的夢想，但在完美主義者眼中會是黃沙滾滾的放逐噩夢。絕對是不切實際的妄想。

有些自戀者可能也看似有完美主義傾向，或在追求目標上以高標準自持。但根據第五版《精神

疾病診斷準則手冊》（*Diagnostic and Statistical Manual of Mental Disorders*，簡稱ＤＳＭ），自戀者能在目標完成後即認為自己已達成完美。他們可能會想：「我是完美的老闆、我寫出了完美的程式，或我創作出完美的藝術」。而完美主義者即便因目標完成獲得深刻的滿足感，卻還是永遠會注意到嚴格說來還能再改進之處。除了自戀者一貫表現出對人缺乏同理心之外，自戀者與完美主義者的另一個重要差異是，自戀者不像完美主義者會為自我批評困擾。

但凡完美主義者心中都有個批評的聲音。適應完美主義者學會以善待回應自我內心的批評，因此能化消自我對話對自身的負面作用，儘管那聲音還是照樣會播放。自戀者的心中沒有自我批評，倒是有超級粉絲捧著，說他們是天才，是最厲害的，外頭的規則不該用在他們這麼特別的人身上。自戀含有一種完美主義不具有的浮誇。

自戀者對他人的批評高度敏感，這被稱為「自戀負傷」（narcissistic injury），但這種傷痛根源自困惑：他們怎麼看不出我有多棒？他們怎麼不明白我值得特殊待遇？為了癒補自戀的傷，自戀者需要他人持續投以大量的讚美和安慰，這稱為「自戀供給」（narcissistic supply）。

反之，處於適應思維的完美主義者，會向自己尋求最大的認可感，處於不適應思維的完美主義者，聽到他人的保證也不會覺得寬慰。原因我們稍後會深入探討，過分的讚美和安慰實際上反而會讓不適應完美主義者感到更加不安。

完美主義者都有強迫症？

人們也常把強迫性精神官能症（強迫症，obsessive-compulsive disorder，簡稱ＯＣＤ）與完美主義混為一談；但兩者其實迥然不同。強迫症患者可能會經驗到侵入內心的念頭，這些念頭圍繞著特定的偏執主題——例如汙染或受傷。比如他們可能會擔心某個所愛之人受傷，繼而腦中反覆看見對方遭公車撞上的景象。強迫症患者的這種偏執念想，侵入性有時強烈到讓當事人感覺被排除在外，彷彿腦子被人劫走，你被迫反覆目睹一個你並不想體驗的念頭或畫面。

強迫症患者被不想要的念頭佔據腦海，便可能會用儀式性、強迫性的行為去中和念頭盤據所形成的威脅和焦慮。強迫症可能存在一定程度的奇想思維（magical thinking）：「只要我把架上的花瓶全部排得完美對齊，就能保護我周圍的人不受傷」。

相較於完美主義者在追求理想上表現出的廣泛強迫努力，強迫症的強迫性是展現於特定行為，例如數到特定數字、重複洗手，或重複默念一句話。強迫症的強迫性也反映於沒有邏輯因果的僵固規則，「不先敲門框三下，我不能走進房間」。完美主義者也可能有僵固的行為，但那種固執與現實邏輯保有關聯「電子郵件寄出前我必須先讀三遍，不然用字遣詞可能出錯，我不想讓人家覺得我沒能力」。

先說清楚完美主義不是疾病。不同於自戀型人格障礙和強迫症，臨床上並沒有一套符合了就可視為完美主義者的標準準則。上述這些差異反映的是我對完美主義／完美主義者的構成，所觀察歸納出的概念。

與不適應完美主義最接近的臨床疾患，是強迫型人格障礙（obsessive-compulsive personality disorder，簡稱OCPD）。名稱聽上去和強迫症很像，不過是相當不同的病症。諸多診斷準則中，強迫型人格障礙的顯著特徵，是過度專注於工作乃至犧牲健康的人際關係、執著於控制、堅持按規則行事，以及《精神疾病診斷準則手冊》指稱的「僵固的完美主義」。

「僵固的完美主義」在《準則手冊》中定義如下：固執堅持一切應當完美無瑕、沒有錯誤缺失，包括當事人自己與他人表現皆涵蓋在內；不顧是否合乎時宜，也要確保每個細節正確；認定行事只有一種正確方法；難以轉換想法和／或觀點；執著於細節、條理和秩序。

要注意《準則手冊》在此對僵固做了有意識且審慎的區分，語意間接暗示研究內容展明，完美主義可以靈活可以固執、可能適應良好可能不適應、可以是健康也可以是不健康的。《準則手冊》不常提出其他這類比較性的區別；沒有「僵固的自戀」或「僵固的暴食症」或「僵固的廣場恐懼症」，因為自戀、暴食症、廣場恐懼症在理解中是一貫不適應的。

也要注意，「僵固的完美主義」的臨床定義，目前並不包含在情感上和人際間表現出完美主義傾向，後面兩者我們本章稍後會深入探討，這些也是完美主義的特徵。

乍見之下，完美主義者可能很容易對強迫性人格障礙有共鳴。但稍加深入檢視這種人格障礙的僵固程度，有助於澄清兩者的差異。如同《準則手冊》所述：「此一人格障礙患者（可能）會固執於服從權威和規則，堅持遵守一切規範，即便在情有可原的情境也不肯違反規則。」舉例來說，有人在草坪上跌倒需要幫助，患有強迫性人格障礙的人可能會覺得，踏上草坪去助人並不恰當，因為一旁有請勿踐踏草坪的標語。雖說不必符合每一項診斷準則才算達到某一疾患的診斷門檻，但強迫性人格障礙的準則，還包括囤積傾向及表現出對金錢的吝嗇，這兩種行為的核心都是試圖保有對生活的極端控制。更具體來說，囤積破損家電或上千本舊雜誌等物品的行為，背後驅力是極端、無邏輯、無彈性的嘗試控制無法預期的未來事件。比方說，強迫性人格障礙的人可能會想「世事難料，說不定我哪一天就需要舊烤吐司機的旋鈕，所以這十七臺壞掉的烤吐司機都不能扔」。

和健康與否無關，關鍵在於是否造成困擾

強迫性人格障礙者有時表現得極度節儉，同樣是被執著於控制的機制驅動。未來是控制不了的，因應這個事實，他們拒絕花錢，以期未來萬一有事發生，能感覺準備充分，對局面有更大的控

制。這裡我們說的不是錙銖必較。強迫性人格障礙的人很可能坐擁兩百萬美元，仍然拒絕為自己買午餐，反而選擇在超市吃試吃品。

《準則手冊》也特別補充完美主義傾向與極端僵固的差異，強調說：「適度的強迫性人格特質可能適應性特別好，在獎勵高績效的情境尤然。只有當這些特質缺乏變通、不適應，始終固執，且造成顯著的功能損喪或主觀痛苦，才構成強迫性人格障礙。」

有必要認清一點，只因為你現下的經驗在臨床上不算是疾患，並不代表你就安好無恙。你的功課是要檢視自己的想法、感受、行為、人際關係在多大程度上擾亂或增進了你的生活品質。諮商師、書籍和個人成長雞湯，雖能在你思考自身的時候提供你輔助架構，但到頭來只有你清楚作為你的感受。在我們繼續向前探討完美主義的同時，請誠實面對自己，誠實面對哪些事在幫助你、哪些事在傷害你。

適應完美主義者的奮鬥動機與自我價值

完美主義者畢生都希望不停努力往不可能的理想邁進；我們方才也討論過，他們其實是有此需要。適應完美主義者會覺得，能找到值得用一生追求的志業是榮譽、是殊榮。假若你無止盡的奮鬥是受價值觀推動，且以健康的方式執行，這是絕無僅有的喜悅。做一件你知道永遠完成不了的事，獎勵是你還可以繼續做那一件事。

強迫自己為不可能的理想奮鬥，是完美主義的基礎。你為什麼而奮鬥、怎麼奮鬥，決定你的完美主義是否健康。

為什麼奮鬥？你填平現實與理想落差的動力，是源自於出眾和成長的渴望（適應型），或是覺得必須彌補自認不足及迴避失敗（不適應）？

怎麼奮鬥？你在過程中是否傷害了自己或他人（不適應）？還是用一種你感覺良好的方式求取努力（適應型）？

要認清奮鬥背後的動力（「為什麼」），需要你探究你的自我價值感。

自我價值的重點在於，認知到在這個當下，即使你有那麼多尚未能夠實現的事物，你依然如同已經實現成就一般，值得所有的親愛、喜悅、尊嚴、自由和連結。你值得擁有這一切，因為你是生命。你的自我價值早已寫定，你沒辦法改動。從你誕生那一天到死亡之日，你都值得。在流逝的每一刻鐘、在每一個過錯下、在陽光或風暴之中，你都值得。你是要接受或否認你的價值，操之在你。

理解自我價值為何物的另一個辦法，是了解它不是什麼。自我價值不是自尊。誠如向來睿智的布朗博士扼要的解釋：「我們思索自尊。」自尊不是一種感受。相較之下，自我價值是更深刻的體會。自我價值關乎你的感受，以及相信自己值得。兩者的區別，可能給很多自尊心高但也發覺自己惶然不安的完美主義者帶來困惑。比方說，你在夢想的工作上認真打拚換來升遷，心中卻浮現這樣的獨白：「我知道我很聰明，我知道我有能力，我也知道我表現很好——為什麼我還是覺得這麼不夠格？」沒錯，你知道自己能幹又聰明，但你相信自己值得擁有你愛的工作嗎？

從反面來說，完美主義者可能發覺自己陷於悲慘的處境卻無法離開。比如置身有毒關係的人，可能明知自己風趣、迷人、聰明、「有魅力」。他們有很高的自尊心，卻還是待在某個劣待他們的人身邊，不顧對方待他們就像冰箱裡的過期食品——留著只是因為還沒來得及扔。他們可能會說些：「這樣真的很不健康。我知道我應該離開的，為什麼我還留下來？」是的，你知道你聰明、迷人又風趣。但你相信自己值得真實、美好的愛嗎？

當有人說：「你這樣就夠了。」他們所指的是你的自我價值。他們的意思是：「嘿，你呀，你不必特意做什麼才能即刻換取愛、自由、尊嚴、喜悅和連結。你在這裡，就已經付清了『入場費』。你光是在這裡就已經足夠。」

適應完美主義者連結上了他們的自我價值。你如果知道你之為你已經完全且完整（亦即完美），你會在豐盛的思維當中運思行事。你需要的你已然擁有，你感覺安全。對適應完美主義者來說，為理想奮鬥，是發揚安全感的表現。

不適應完美主義者不覺得完整或安全。他們感覺自己是缺損的，因此也在匱乏的思維下運思行事，想要做些什麼作為替代，或設法隱藏缺失。

適應與不適應完美主義者，差在一個「善待自我」

推動適應型和不適應完美主義者的不同動力，有個簡化的例子可見於那些努力裝扮外表到極致的人。適應完美主義者想展現最美外表，是因為他們內在感覺美好。將正向的內心情感生動表現於外，讓他們感覺更符合自己所是的人，他們就如同在發揚自己。不適應者想裝扮出最美的樣子，反而是因為內在感受不佳，所以迫切希望至少有最佳外表，他們感覺自己都這麼不夠格了，所以最好至少能貢獻些什麼。

換個方式想——適應完美主義者給予的是贈禮，不適應者給予的是安慰獎。安慰獎是一種表態道歉。拿到安慰獎，等於某人設法安慰你說：「我很遺憾你沒有獲勝，這個東西雖不是你最想要的，但至少你不用空手回家。」不適應思維下的完美主義者，覺得自己不完整、不夠好、不能以原貌被接受，已經「落敗」，所以想極力實現某些目標，包括討好他人等人際目標，希望他們的存在不至於讓他人覺得空手而歸。

你是不可能空手前來的，因為你的每一次到來都帶著你。只要你連結上你的自我價值，你就會記住這點；與自我價值失去連結，你就會忘記這點。處於不適應思維的你，不必然覺得自己毫無價值。你只是不覺得自己此刻充分有價值。你覺得在你改善自己，例如把外貌裝扮完美，因此獲得價值。以後，你就會終於值得擁有你最嚮往的事物。你活在一種等待的狀態裡。

有必要記住一點，與自我價值分離不會讓你覺得「我真是個垃圾，所以就讓我拚了命彌補吧」。一般來說，與自我價值斷離的感受更加不易察覺，是一種微妙的感覺，帶有一絲被誤導的樂觀。

與自我價值斷離的感覺比較像是：「很好，我就快到了，就差一點，我很快就能享受我的人生了，只要我做到，只要我瘦了，只要我賺到多少多少錢，只要我得到那份工作，只要我懷上孩子，只要那間學校錄取我，或我的小孩被錄取，只要我交到夥伴，只要我談成戀愛，只要我能買下所愛之人想要的禮物，我就能覺得自己很好，因為那是我努力爭取來的」。當你脫離自我價值，你會覺得感受喜悅的能力，是透過實現目標產生的滿足。

我有時候想我寫這一整本書，是不是就為了寫出這一句話：「喜悅不是靠你努力爭取的。」喜悅是與生俱來的權利。愛、自由、尊嚴和連結也是。正如無可仿效的作家鮑德溫（James

Baldwin）所說：「你的王冠早已經付清買下。你要做的只是戴上它。」

高自尊心不等於高自我價值。吾人的另一個重大誤解，是以為自我價值靜止不變。但自我價值是流動的。即便是我們之中最有自信的人，也並非免疫，照樣有些時候會與自我價值脫鉤。這種斷開可能發生在一瞬之間。

你們的媽媽差勁透了！

作為一個有禮貌的人，我朋友薩琳娜發來訊息問我方便打電話給我嗎。我立刻打給她。她人在目標百貨的停車場，一個人在車上。你我都知道，這代表各種可能。我吸了口氣做好準備。

薩琳娜：嗨。

我：嘿，怎麼了？

下一秒，是無可避免的「抱歉讓我靜一靜，我準備要崩潰了」這情緒醞釀的停頓。

薩琳娜紊亂著呼吸吐出尖厲著語氣，解釋今天是她孩子小學的精神日（Spirit Day），但她不知道。她的兩個女兒穿著平常的衣服就去上學了，而班上每個人都穿成綠白配色。學校寄了班級照給家長，她堅持傳給我看。「不要傳，我沒必要看。」我說。「我傳了。」她說。

「你看，你看左邊的小朋友臉上的彩繪。」她的語氣從尖銳變成怒氣沖沖。「誰有這個閒時間一早替孩子畫臉？我告訴你誰有——那些好媽媽。我家小潔甚至沒笑。等他們放學回家，我該跟他們說什麼？對不起，你們的媽媽差勁透頂？」

薩琳娜很清楚自己是用心的好家長，並且以她現階段的個人成長，她幾乎隨時都能維持與自我價值的連結。但班級照觸動她的神經。

離婚三年來，薩琳娜透過諮商才消解掉不知凡幾的羞恥和罪惡感，她總覺得因為自己不想繼續婚姻，所以「毀了孩子的生活」。那還是在她投入大量時間在工作上，以平復所有羞恥和罪惡感之後的事。人生的教誨已經帶領她來到現階段，覺得：「很好，這一路確實辛苦，但我做到了！我現在所有教誨都明白了。從現在起我可以單純享受人生了。」

至少去年，她還覺得踏實且自由，彷彿連結自我價值的功課支持著她。誰料精神日的班級照傳進她的收件匣，她一點開那封電子郵件，立刻感到殘酷的一帚把她掃回了情緒的原點。

你可能在這個當下感覺與自我價值連結緊密，好像重要人生功課都「學成」了。但無論你有多卓著的成長，未來必定還是會有某個時刻，你會遭遇屬於你的百貨停車場事件，令你質疑起你的自我價值。這並不代表你又退回原點，這代表自我價值是流動的。你與自我價值建立的連結愈緊密，踉蹌失足的時候愈容易找回自己重新站穩，但沒有人不失足的。

有些日子讓人心力交瘁。有些日子並不，但我們還是失足摔跤了。與自我的核心脫鉤可能發生在一眨眼間——當會議上眾人大笑起來，你忽然不確定是隨著你笑，或是在笑你；當你在超市信用卡支付遭拒；當你在社群媒體上無預期看到某些內容；當你正在交往的對象或新結識的朋友不再回覆你的訊息。自我價值是流動的，因為所有心理健康狀態都是流動的。

心理健康是流動的

我每次聽到「美國每五人就有一人有心理健康狀況」這樣的陳述，總會悄悄理智斷線。對我來說，看到這樣的統計陳述，無異於看到印刷品上斗大的錯字。我總會想對著虛空大喊：「麻煩讓我跟另外那四位美國人聊一聊好嗎？」

沒有人能豁免於「心理健康狀況」；心理健康狀況就是人的狀況。我們都有能力俯躍、潛水、逡巡、漂浮、飛騰的能力。我們在不同時間，都會以不同方式、出於不同原因上下起落。這些都沒關係，而且理應如此；這也恰恰正是我們需要彼此的原因。如果你還在納悶自己是適應型或不適應完美主義者，省點力氣不用想了，你兩者都是。凡是完美主義者都一樣兩者皆是。

我們喜歡以二元對立方式思考。我們要則憂鬱，要則不憂鬱。但心理健康的運作不是這樣。依賴心理健康模型賴以建立的診斷門檻雖然方便又有用，但心理健康其實遠比我們目前所認知的更加隨背景脈絡和特徵而定。我用「適應型」和「不適應型」來描述完美主義者，指的是當事人處在的思維狀態，而非當事人自身。

對於心理健康總體的流動性，又特別是完美主義的流動性，我怎麼解釋最好？你聽了怕是會憤而闔上書，扔進火裡燒了，但我要告訴你一位教授在我大三那年給我們的說法，我自己到現在都沒完全恢復過來：「這堂課沒有評分。」

完美主義的原始表現

我們太習慣完美主義經簡化後的概念，很容易忽視其建構充滿動態。由於完美主義具有流動性，且會隨背景脈絡改變，剝除完美主義因人而異的表層，檢視底下推動它的樞軸，應該很有幫助。以下是我在工作上遇過的幾種完美主義的原始表現：

1. **情感完美主義**：我希望經驗完美的情感狀態。
2. **認知完美主義**：我希望理解至完美。
3. **行為完美主義**：我希望在我的角色上表現完美，負責的事也執行完美。

4. 客體完美主義：我希望外在的這件事物——藝術、我的辦公桌面、我執導的電影、演講稿、網站的「關於我」頁面、我孩子的髮型……處於完美的狀態。

5. 過程完美主義：我希望這個過程，舉凡飛航班機、戒酒、上教會、發表演講、婚姻等，從開始、持續到結束都完美。

不同面相的完美主義會依我們所處的背景情境或隱或現。比如每到節日，客體完美主義就會在我身上強烈顯現，這時我更傾向於一個經典型完美主義者（不是我平時的完美主義模式）。我會計畫好一天每個小時要做的事。我會穿上格紋窄裙，還會好好吹乾頭髮。去年耶誕節前，我在傾盆大雨中，在七十二街與阿姆斯特丹大道路口的耶誕樹攤位站了三十分鐘，想挑出完美的掛門花環。

搬到紐約的第一年，我和妹妹在我們合租的公寓為全家舉辦耶誕宴會，公寓沒有電梯，只能爬樓梯。妹妹問我她該負責什麼，我的回答？「你只要把所有事交給我，那就最好了。」

採辦雜貨、打掃裝飾、自助洗烘衣——整整三天，我在五層樓階梯爬上爬下不下百遍，停不下忙碌準備。幾條路口外有間可愛的二手店，我在店裡找到一組漂亮的復古節慶高腳杯。玻璃杯口邊緣浮雕冬青綠葉和紅莓果，杯口鑲嵌喜慶的金邊。我癡迷到滿心只想著要用這些杯子盛裝傳統蛋奶酒上桌。另一趟上下樓梯是為了買到剛從香草莢取下的新鮮香草籽。太值得了。透過厚高腳玻璃杯可以放大看到那些香草美麗的小黑籽。至少我看到了，其他人並不在乎。我在飲料的泡沫上方慷慨添上一匙新鮮打發的鮮奶油，細細撒上肉豆蔻末，再插上一根肉桂棒當作香草的攪拌匙。我端著飲料上桌，我其中一個兄弟嘴上說著謝謝，手上一邊掃興地把肉桂從杯子裡抽掉，扔在餐巾紙上。

我呆然看著他，懷舊的佳節歌曲以完美的音量在背景播放。「怎麼了？」他說。我耐心解釋說他應該把肉桂棒放回飲料裡，因為那是節慶氣氛的一環。他照我的話做，沒多說什麼，接著走進廚房往他的蛋奶酒裡倒入更多蘭姆酒。

與自我價值連結，才是真完美

經典型的人很容易執著於客體完美，但任何人都有執著的時候。假設完美主義者處於適應狀態，專注於客體完美主義可以是使人滿足、緩和情緒、冥想般有意義的經驗。表現以適應，客體完美主義能幫助你更感受到原就存在於心中的完整和完美。表現以不適應，客體完美主義反映你得依賴外在事物才有辦法感受到內心的完整和完美。

在紐約的第一個耶誕節，有部分的我真心認為，只要我端出完美的食物和裝飾，只要我編排好完美的佳節歌單、規劃出完美的活動，就會讓每個人都感到融入、凝聚、完整。每個人都安頓好以後，我也能感覺到融入、凝聚、完整。到時我的任務就完成了，我就總算能放鬆享受那一刻。辛苦了這麼多，我理當能換得喜悅。

但事實是，那一刻我並未連結上我的自我價值，這意思不是我感覺自己毫無價值，而是我讓喜悅隨我的執行成果起落漲退，而不是因為我存在便存在。以耶誕節來說，我的執行成果聚焦在我能否讓他人感到放鬆和快樂，證明我有能力成功控制他人。但我若欣然接受我既有的能力，看起來會像是無條件允許自己感受喜悅，同時也讓其他人做自己，感受他們的感受。

每個類型的完美主義者，各有自己表現不適應完美主義固有的動態，但不論在什麼樣的背景情境下，原始配方是一樣的：你脫離了你的自我價值，認為能否恢復價值繫於外在的結果。你開始設法補償你其實無須補償的事。你開始想以努力去換取本已經屬於你的東西。

你的不適應完美主義會猛然襲來，認為它能挽救這一天，能修正這個情境，能保護你不受傷害。不適應完美主義會讓你覺得一根肉桂棒就是解鎖祥和心境所缺少的鑰匙。但不適應完美主義只是在幫倒忙。

對巴黎型完美主義者來說，完美主義不適應的狀態，看來就像犧牲自己的快樂去取悅別人。在拖延型完美主義者身上，則是等待太久卻始終不行動。在混亂型完美主義者身上，是凡事都說好，但沒一件事能堅持長久，給自己造成困擾。對嚴格型完美主義者來說，則是汲汲營營，彷彿成就能帶來其實只有人際連結能給予的東西。至於經典型完美主義者，是拒絕承認不管你預測得多周全、把外在打點得多美多有秩序，總有某些時刻是出乎意料、你控制不了的。

對每一種人來說，完美主義不適應的狀態，看來就像用一種導致你孤立的方式，去反應一個與自我脫離的時刻。你不是去駕馭自己本身真實的力量，反而加倍倚賴表面的控制。

就如慾望和愛難以分辨，力量和控制乍看也很像，但其實並不同。控制是有限的，且是透過交易而擁有的。掌有控制的人，如果把控制給了別人，也等於交出了控制。力量則相反，力量是無限且可以分享的。掌有力量的人，如果給予別人力量，自己的力量半點不會有損失。

力量是明白你自身的價值恆定不變。從這個起點出發，你不會不顧一切想要某個結果照特定方式開展，因為你知道無論結果予你什麼，你都堪當得起。你此刻就允許自己感受喜悅、愛、尊嚴、自由和連結。你已經獲勝在先。獲勝在先的自信會釋放你的潛能。自我價值不受威脅的時候，承擔風險也容易得多，而你也更容易獲得期望的結果，因為你更願意冒險嘗試。

與自我價值脫鉤的時候，你執著於控制。周圍的人可能會覺得你要求很多或老是要人關心，因為你如此堅持某個結果應該如何開展。你需要某件事照特定方式發生，你才覺得寬慰。不論你自己有無察覺，你其實焦急得不得了。

焦急的人身上伴隨的焦慮，旁人是能感受到的。你如果想在你的領域、你的家庭、你所屬的社群，或在這個世界上成為領導之人，需要學會怎麼當個有力量的人，而不是好控制的人。沒有人會想替好控制的人做事，或待在其近旁。

控制助長限制，力量激發自由。控制小氣，力量大方。控制管理枝微末節，力量則帶來鼓舞啟發。控制行的是操縱，力量行的是影響。控制眼光短淺，你必須一次一個動作做好規劃；力量眼光長遠，給予你充分的餘裕大膽嘗試。力量是向上提高。

想想那些你不自覺崇敬的領袖人物。他們的權威建立在控制還是力量之上？你可以當個沒有力量的權威人物，如沒人尊敬也不想聽他話的老闆；你也可以當沒有官階的領袖，如一人影響團隊決策的員工。賦予力量的不是頭銜。任何人都能當個有力量的人。

最完美的時刻，就是你全心全意專注當下

近來少有別的詞，比「正念」（mindfulness）兩字更加徹底被商業化的了。我有次甚至看到某一牌美乃滋就叫「正念美乃滋」。何其荒謬的世界。總之，我更偏愛用「全心在場」（presence），來形容一個人有意識地把整個自我放在此時此刻的能力。追求完美和追求處於當下之間，存有恆久不移的關係。某事物被經驗成「完美」的，無非是因為經驗它的人全心在場。事物

就算運行完美，如果經驗者並未全心在場，事物仍註定會被挑毛病。

你記憶中的完美時刻，是你最全心在場的那些時刻。

完美主義者之所以是完美主義者，是因為他們愛追求理想。目標有終，理想無盡。一個完美主義者一旦實踐目標，永遠會再創造一個新的、更遠大的目標，因為他們真正的興趣在於追逐目標所代表的理想。根據定義，理想是不可能實踐的，但實踐全心在場卻是例外。

完美主義反映我們想感受內在與外在世界完全調和一致的自然渴望，是嘗試想要融合理想（接受可能性）與現實（接受現在狀態）。唯一能充分跨越這條鴻溝的方法，就是進入全心在場的狀態。當你全心在場，你會同時接受事物現在的狀態與事物的可能性。當下你就在實現理想——理想的覺察狀態。

全心在場代表你與此刻相聯繫。你正在讀這句話。儘管短淺急促，但你正在呼吸。你沒有死，你活著，就在這裡，就在現在。伴隨全心在場，會有一種奇妙的不把一切放在眼裡的感覺。你不需要什麼事發生。你不需要誰喜歡你。你從狹隘小氣的念頭中充分解放，不再妄圖把未來向你拉近，從而卸下要一切現在就發生的壓力。當你全心在場，你此刻的人生不再受過去的人生支配，而是聽從於可能性。你被自己的完整所包圍，同時也完全自由。

別擔心下一步，也不用永遠正向

對全心在場的一個誤解，是以為全心在場、活在當下等於快樂。我們深呼吸，抬頭挺胸，然後等待。等待感覺到來，等待閃亮的、清新的、蓄勢待發的快樂。像汽車廣告裡那些人彷彿有的心情。你可以全心在場而覺得累。你可以全心在場並感到心碎。你可以全心在場且覺得還沒準備好。全心在場保證的是自由，不是快樂。

全心在場不是一種心境，是一種存在狀態。因此，全心在場並不只改變你的思考和覺知，也改變你行走的姿態、你選擇的抬頭角度、你聲音的語調和速度。你的呼吸位置是在鎖骨下方，是深深吸進腹部，或是像空氣吊燈一樣懸在喉嚨上壁。你是插話打斷，還是聆聽他人說話。你是搔抓著身上某一塊皮膚，還是讓雙手安分不動。這些都是你有多全心在場的表徵。

全心在場能改變你批判、同理、以解決問題為導向的程度。生活在一個缺憾與錯誤不斷侵蝕既有之美好的世界裡，全心在場喚來寬慰。

即使在面對現實太過痛苦，難以全心在場的時刻，在場依然具有一種讓處境好轉的特性。存在於當下是唯一可以企及的理想，所以完美主義者才不自覺受其吸引。

話說回來，為什麼不是所有完美主義者都沉浸在祥和的心境，並擁有更高的覺知？因為至少在最一開始，完美主義者想把全心在場的經驗本末顛倒過來。完美主義者會想：「我只要把這件事／我自己／他人處理得完美，我就會感覺完美。」

你以為只要於外在產出完美，然後你就會感覺到充分活著、滿足、凝聚、與可能性相連、開闊、完整、集中——所有全心在場的人擁有的感受。事實得反過來。你愈在內心培養全心在場的狀態，愈能夠允許自己感覺完整、活著、與事物連結，周遭不論發生什麼事都不影響你。你的內在愈是全心在場，你愈能於外在事物中發現完美。

探尋你的完美時刻

每次聽人描述完美的時刻，他們描述的都不是物質，而是一種完滿而相連的感受。聽人描述「本該完美」卻不然的時刻，他們描述的是外在、表象的完美，同時內心卻感覺殘破。我們覺得表象的完美造作且乏味，就是因為其中缺乏「在場」，別人誰都能複製仿效。你可以照數字編號畫出一幅完美的畫，不犯一丁點錯誤，但照此方法永遠不會創造出傑作，作品總會少了些什麼，少了你標誌性的存在——而那才是使作品「完成」，使作品完美的東西。

能在所屬行業中爬上頂端並留在高位的人，向來是全心在場做自己那件事的人，這並非偶然。

這樣的人，讓我們覺得他們把工作做得「完美」。每當碧昂絲站上舞臺，她不是用表演娛樂觀眾；她是展現自身當下的存在，激勵了我們。

碧昂絲熟諳的不是一連串舞步，也不是能記住歌詞並唱出美聲——很多人都能歌善舞，很多人都有美麗歌聲。碧昂絲熟諳的是，她有能力穩定汲取她作為一個獨特存在所具有的力量。

因為碧昂絲熟諳全心在場，她可以裹一件床單就走上舞臺，站著不動，望著你的眼睛，你依然會看得入迷。你知道令你著迷的是什麼嗎？她的力量。你知道她的力量來自哪裡？她的存在。你知道她的存在給人什麼感覺嗎？完美。

當別人說，你需要的一切早已在你心中，說的就是你作為獨特存在的力量。有個人當下全心全意與你同在，是很有催眠效果的。你會想：「我從來沒遇過像她這樣的人。」你當然沒遇過。每個人都是各具特色的存在。

我們樂於與全心在場的人在一起，是因為他們喚醒我們意識到自己的存在。在他人身上看見了存在的力量，你很難再繼續假裝遺忘自己的力量。

你的全心存在，是你力量的中樞。全心在場所需要的一切，你早已經擁有。

對適應性思維下的完美主義者來說，全心在場是第一要務。不論做什麼、想什麼，或感覺什麼，首先你會尋求全心在場。有的人把這種與此時此刻緊密相連的程度形容為「在狀態上」。心理學家米哈里・契克森米哈伊（Mihaly Csikszentmihalyi）稱之為「心流」狀態。

全心在場也可以用更泛論的方式形容：解放自己、放開手、向可能性敞開心胸、不受過去左右也不聽未來的指揮而活、為自然發生留下空間。這些描述的共同點是都強調放掉控制。

當你全心在場，你控制不了外物，可你不在乎。與自身力量相連結的時候，你不需要控制。

與全心在場相反的是心不在焉（absence）。心不在焉時，你與自己的力量失去連結。你不覺得自己值得，而是等待有一刻感到值得。你沒有海闊天空的感覺，只有情緒幽閉的恐懼。你沒有充分住進自己之中，而是空晾著財產。比起接受事物現在的狀態（不代表你一定要喜歡），你白費力氣去排斥、抗拒你當下身處的現實狀況。你的身分被你的產出給取代——你做了什麼、做得多好多快，成為你這個人的全部。

對不適應思維下的完美主義者來說，表現好壞是首要之務。即使你不在乎正在做的這件事、並不想做這件事、做這件事並無樂趣，或做這件事會主動傷害到你，還是一定要做到比誰都好。控制被放到了最大，因為在你自覺無力的時候，去控制周圍感覺像是一件負責任的事。

如何度過「千把利刃」的時刻？

透過外在表現尋求內心平靜，最慘烈、最毀人的心痛將發生在你實現目標的時候。終於，你是第一名了。你是最厲害的。你贏得了你認為能具體證明自己價值的事物。也許是光鮮的辦公室和亮麗的頭銜。也許是即將買下完美的豪宅。也許你總算能穿進牛仔褲了。也許是你獲頒重重的獎盃，底座上面刻著你的名字。重點是你得到了你說自己想要的一切。對不適應思維下的完美主義者來說，這會是千把利刃同時刺向你的瞬間。

無數的諮商師、研究者和完美主義者本身都表示，這是完美主義最顯著也最令人費解的一面：我們觀察到，就算不適應的完美主義者實現「完美」，就算他們抵達目標，甚至遠遠超越目標了，還是感覺不到滿足。

精神分析先驅荷妮博士（Karen Horney）將這種不滿足，描述為成就與內在安全感「成反比」：「他未能感覺『我做到了』，只感覺『事情發生了』。他在行業中反覆取得的成就，未能讓他更安心，反而更加焦慮。」現代完美主義研究專家休伊特（Paul L. Hewitt）、弗萊特（Gordon L. Flett）和米凱爾（Samuel F. Mikail）補充表示，用執著於完美主義來代替長期的不滿尤其令人困惑，因為這「直接牴觸數十年來關於正增強的研究與想法」。

對於某部分完美主義者，達成目標不僅未能帶來滿足，往往還使情緒更低落，無數研究皆驗明了這點。到底怎麼會有人在得到自己恰恰想要的結果，甚至是超越目標後卻覺得更難過呢？因為經驗到勝利迫使你意識到，沒有任何事物代替得了自我價值或全心在場。一個也沒有。

運用完美主義來幫助你

你永遠不必嘗試變得完美，因為你已經是完美的了，這個概念對從小受各種社會灌輸覺得自己有缺陷、不夠格、還差一步的我們來說相當陌生。其實沒有什麼就快到了還差一步。只有這裡以及現在。

以前，我每到十一月就感覺胃揪成一團。年底一連串的節日對我壓力山大，所以我不適應的完美主義總會撲過來想當救世主。現在那種糾結已經沒了。我學會把我勢不可擋的客體完美主義冒出頭的初兆當作信號，提醒我要全心在場，保有與自我的連結。

我取用內心豐沛的力量，不再設法在表面的控制上取勝。實際做起來，施展力量看起來像提醒自己你已經是完整而完美的。施展力量看起來像維持自我覺察，花時間確認自己的狀態，問問自己的感受，就像你會對待朋友那樣。施展力量像允許自己自由接觸良善美好，而不是等著看事情結果如何，再決定你值得多少良善美好。施展力量像劃立界線，隔絕讓你難以相信自我價值的人事物，然後全心在場。

現在我到了過節前夕，還是會像個經典型完美主義者做那些節慶準備工作，但我的出發點是歡喜甘願，不在意結果。我現在喜歡節日多了，我從沒想過自己有一天會這麼說。

你的完美主義每一個方面都是一次冥想。每一個都像是鈴鐺，在你需要特定提醒的時候叮鈴作響：

- 過去已然過去，可能早就是八千年前的事了，未來又非你所能控制，活在當下吧。
- 你已經是完滿而完美的了；你沒必要成為你已經是的人。
- 你現在就值得感受平靜；就算是睡眠時，你也是值得的。
- 你的潛力無窮，它正在召喚你，能回應召喚不是很振奮的事嗎？

在你內化這些提醒後，你可以自由發揮努力的強度，為你的最高潛能和最深切的渴望效力。你變得更加是你自己，也會獲得更多你想要的結果。在你學會運用完美主義來幫助你以後，你會愛上關不掉那股衝動的感覺。你會愛上當個完美主義者。

這裡的重點是，對於完美主義，你必須有意識地回應，不能無意識地反應，才能讓它健康發揮。而你不可能有意識地回應一個你未察覺的東西。因此，我們需要回頭重新了解關於完美主義的原始表現。

完美主義還有哪些原始表現

除了我們先前討論的客體完美主義，我在從業中也觀察到行為、情感、認知和過程導向等完美主義的變體。行為完美主義顧名思義，是把某件事做到完美（考試一百分全對），但也能包含命令自己去做你相信能完美展現所飾角色應有舉動的行為。

行為完美主義若處在適應狀態，是會激發更好的表現，但不損害你的身心健康，也不固執於結果——比方說「我想精通這首鋼琴曲，因為為了我愛的事努力練習感覺很好。萬一演奏會那天我彈壞了，那就隨它去吧，但我值得給自己最大機會表現超群」。

若你犧牲身心健康服從於行為完美主義，那就是不適應。比方說，雖然因為諸多原因讓你不舒服，你還是每次都答應公婆來訪時住在你們家，因為你認為這是一個完美的媳婦會做的事。或如你在會議上聽得一頭霧水想發問，但卻還是保持沉默，因為你希望當個永遠完美員工。

每個人多少會遇上難以按照最真實自我行事的時候，無法按照最真實自我行事如果發展成一種模式化反應，那就指向失能。若我們經常感覺有責任依照違反自身需求、目標、價值觀的方式行事，這種責任心通常就是出自行為完美主義的標準，只是我們沒有發覺自己遵守著這個標準。

認知完美主義的影響

認知完美主義包含想要能完美理解某件事。有些系統或公式從認知角度的確能夠完全理解——例如，這就是一個包裹如何從倉庫送到顧客家門前的每一個細節。分析理解一個過程雖然有其用處，但除去嚴格公式化的系統之外，完美理解或認識某件事物的渴望，可能會讓你裹足不前、茫然失措。

以拖延型來說，很可能陷在認知完美主義的迴圈裡，心想：「我需要先完美理解都市規劃工作的每個環節，才好應徵這份工作。」

至於茫然失措，想一想，想要完全（亦即完美）理解「為什麼」，會造成怎樣的糾結？比方說，想要弄清楚某個人離開我們的確切原因，或想要知道沒被錄取背後的每一個緣由。這就是認知完美主義。

我們以為完美理解「為什麼」，能幫助我們控制對事件的負面感受。但其實，力量見於接受及消化你心中不舒服的感受，而不是抹消感受。

認知完美主義在適應狀態，是受好奇心和學習推動，且不執著結果。比如，一個神經科學家奉獻畢生研究人為什麼做夢。經過數十年又數十年的研究，到頭來，這位神經科學家可能會說：「我還是不明白人為什麼做夢。」沒有得到答案或結論，但神經科學家徹底享受了數十年有意義的工作。她可能會退休，但無所謂，她可能會換個方式，但永遠不會放棄嘗試回答問題。

過程完美主義包含希望一個過程從開始、持續到結束都完美。若是一個長遠的過程，「完美」的結束可能代表這個過程永不結束。因此，如果一個過程結束了，比方說婚姻以離婚收場，或吸收了影響深遠的破壞，好比如康復後又復發，則整個過程就會被視作失敗。

過程完美主義也可能包含自我施加的標準和先入為主的觀念，認定這個過程應當需要多少時間、花費多少資源、取得多少協助。比方說，一個完美主義者可能通過了律師資格考試，但仍覺得這場勝利很失敗，因為在她認為，她應該不必那麼用功就能通過。

縮小來看，想想過程完美主義與身分認同的關聯。如果你感覺你有個失常的童年，而你又陷在過程導向完美主義的想法裡，你會覺得自己被判處了一個永遠「落於人後」的人生。成為自己的過程從一開頭就不完美，往後還能有什麼好的呢？

相反過來但實屬同類的表現，也會出現在覺得自己獲得「完美童年」的完美主義者身上。過程開展完美，但壓力也跟著來了；他們往後的人生都必須完美推展，因為在他們眼中，自己沒有藉口不使其完美。這展現在五種完美主義者身上，又會呈現什麼樣的表徵？

拖延型必須多費苦心準備，以免自己被希望過程開展完美的念頭吞沒。混亂型會在過程未能持續完美進展的時候停頓不前。嚴格型會執意要求過程完美結束（實現目標）。巴黎型因為本身目標本質上偏重人際關係，不在乎身處過程的哪個階段，只要能夠感覺與他人連結。經典型也不在乎身處過程哪個階段，只要能夠伸張秩序，創造一定的穩定性。

過程完美主義的創新能力

如同各個模式的完美主義，過程完美主義能在你用以為你效力，而非放任它支配生活品質的時候呈現適應狀態。舉個例子說明，奧布麗是來找我諮商的當事人之一，她便透過過程完美注意的濾鏡看待這個世界。不論是等公車、取回乾洗衣物，還是看電視，她總會敏銳察覺到過程哪裡可以改善得更流暢，帶來最佳化的體驗。

多年來，奧布麗一直與她的濾鏡造成的挫折搏鬥，努力想表現得和大家一樣。別人似乎並沒有注意到或者並不在乎他們的體驗可以改善。在我們討論過她可以用哪些方式，把她的完美主義運用在她最重視的事物上以後，她的世界豁然開朗。

奧布麗是餐廳侍者，與所有完美主義者一樣，她看重把工作做好。而若不能提供詢問餐點好了沒有的顧客一段等待時間，同時協助還沒詢問的顧客滿足各項需求，她不覺得能把工作做好。

奧布麗四下尋找解決辦法，過程中認識了電子廚房顯示系統，她發現這東西她「異常喜歡」。她希望餐廳也投資裝設。

奧布麗滿心歡喜向管理階層提出構想，主管才聽了二十秒簡報就一口否決，理由是費用昂貴。奧布麗沒有氣餒，接著建議提供特製餐點當「小菜」，待客人就座後，每桌招待一排一口分量的餐餚。小菜的提案總之通過了，份量非常少，但意想不到的招待帶給顧客驚喜，也讓客人在不確定多長的備菜時間裡，有東西分散等待的焦急。這個辦法大受好評。

下一步，礙眼的衣帽架為什麼要擺在接待櫃檯旁邊？奧布麗對我練習她想對主管說的話：「滿架子別人的外套，難道應該是顧客走進這個企業第一眼看見的東西嗎？」她口中的「企業」是一間大學酒吧的美稱，但奧布麗不在意。

她在三個月內為餐廳提出的改良，比餐廳過去五年來的變革還多。利潤和小費暴增。更重要的是，奧布麗感受到也看到自己的能動性發揮作用，覺得收穫滿滿而且開心。

以前每天帶給她挫折的東西，現在是奧布麗手中的王牌。奧布麗的目標是開一間溫馨、日常、社區協力的餐廳。奧布麗希望從始至終提供難忘的用餐體驗。問題不在於奧布麗會不會實際去做，只在於什麼時候而已。

擁有一項天賦，卻沒有機會磨練相關的能力，也沒辦法與人分享或享受它為你帶來的快樂，這是很痛苦。擁有一項天賦，在你眼中卻是負擔，這更加痛苦。自然就能看出或預先考慮到大流程內各項小流程的人，有些產業很適合這樣的人，如工業設計、導演、整個照護產業。當然，過程完美主義不一定要用在正式或專業能力才能對你有助益。你若發現自己陷於過程完美主義，把握你對希望過程完美的覺察，當它是要提醒你全心在場並換個角度思考。

情感完美主義的修煉

情感完美主義是渴望處於完美的情緒狀態。這裡的完美情緒狀態不必然代表快樂或平靜；而是代表你想完美控制你有什麼感受、在何時感受、所感受到的強弱。

舉例來說，作為一名母親，一個完美的情緒狀態可能包含孩子吵鬧的時候，忍受自己稍感不悅。她的感受是不悅，感受到的時機是孩子吵鬧的時候，所感受到的強度是稍微。然而，假如她發現自己超出了自己眼中「完美」的不悅經驗，她就容易自我譴責。假設這個母親在孩子不吵鬧的時候心情不悅，或者孩子吵了一會兒，母親強烈不悅，甚至到了憤怒的程度。任何偏離完美情緒狀態的經驗，都會被不適應狀態的完美主義者當作一種失敗。

用份量控制的反應來承受不舒服的感受，這種做法並不少見：「好吧，我會讓自己為這件事難過五分鐘，然後我就會向前看。」以拿捏過比例的情感來面對內心世界，是陷於情感完美主義不適應狀態的人會用的主要策略。研究也支持這個想法：不適應的完美主義，與利用壓抑情緒來應對壓力相關。對困於情感完美主義的完美主義者來說，每件事都經過計時和計量。他們會設法像轉動音量鈕那樣去控制自己的感受，而且不限於「壞的」感受。

適應狀態的完美主義者，如果注意到自己的情緒反應與心中所持的理想反應不同，會好奇為什麼；他們會思索自己的需求可能是什麼，而非強烈的自責。適應完美主義者不會逃離情緒，而是會努力用健康的方式調節情緒經驗。

情感完美主義的適應狀態，是你帶著彈性和自覺創造出一個理想的情緒狀態，然後利用理想來鼓勵自己做出正向改變。比方說，你上班上得很痛苦，於是你有意識地想像一個，工作上理想的情緒狀態：「假如有人問起我的工作，我希望我講起來很高興。不必興奮到每天一醒來就跳下床急著去上班，但我真心希望為我的工作整體感到驕傲。我希望難捱的日子不會有直接威脅心理健康的感覺。我希望那種強迫自己工作的感覺消失。不必隨時隨地感到輕鬆寫意，但我希望有足夠的安心自在，每星期有幾次在上班時間能開懷大笑。」

接著，記住理想不是用來實現只是用來激勵你的，你用這個理想來引導你尋找新的工作。

追求情緒的完美，是完美主義最常被忽略的成分，就算不是最，也是之一。情感完美主義不易被發現，因為它並不是希望隨時感到開心那麼簡單，它是非常因人而異、非常私人的經驗。

再下一個層次的標題

情感完美主義表現最明顯的地方，莫過於完美主義者對怎樣才算痊癒的看法。你會希望在特定情境下感受到特定程度的某一種心情，以「證明」你痊癒了。瑪莉莎的故事就是這樣。

瑪莉莎同事中有一個男人，她形容是她此生真愛。他們交往了幾週，但最終基於專業顧慮決定不再交往。兩人維持「好朋友」的關係。他們最後一次約會後幾星期，男人開始與另一個和兩人都是同事的女生交往，不到半年就結婚了。

在她的前任情人向公司宣布新婚太太懷孕了以後，瑪莉莎向我表達她深切盼望能「純粹為他開心」。但事實是，她心碎滿地。她的解決辦法？把局面控制到爆。她的完美主義（通常依巴黎型運作）往每一個面向超速運轉。

首先，她堅持為他們夫妻在公司舉辦寶寶受洗禮。她需要扮演完美的朋友（行為完美主義），需要為他們感受到完美的快樂（情感完美主義），也需要受洗禮辦得完美（客體完美主義）。她尋求的所有控制如果都能實現，包括與他最後再說清楚彼此當初何以沒能有結果（認知完美主義），她就能夠實現徹底放下他的這個結果，用完美的方式為關係收尾（過程完美主義）。這是一個大場面的安排。

我們從情感完美主義談起。

我：到時候你看到他們一起站在受洗池旁，笑臉盈盈，他的手扶著她的大肚子，你覺得合理的情緒反應是什麼？

瑪莉莎：我希望感覺到欣慰，過後就遺忘。就像不經意看到一隻瓢蟲的感覺。我沒說什麼。

瑪莉莎：可以的好不好！你又不知道到時候的情況！

我：以這件事來說，我想我知道。我想你也知道。

瑪莉莎的目標，跟我們很多人受騙上當的目標一樣，不是消化發生的事，而是學會控制自己對事的感受。我們對「正式痊癒」的意思持有先入為主的想法，這些想法盤桓在我們的思緒和心中，但我們以為痊癒應有的樣貌卻往往是錯的。你根本不會知道你的痊癒會以什麼樣子呈現。

定義痊癒的一個方法，是開始對可能性持開放態度。當你一心想要控制情感，也形同對自己關閉可能性。力量源自於明白不論你有何感受，你對人生每個瞬間都擁有主動權。這條原則僅有一個例外，就是創傷。

完美主義者如何修復創傷？

創傷始於你無法發揮你的力量，或你本就沒有力量的時候，例如童年創傷。創傷劇烈改變你，使你無法再調整回到經歷創傷前所是的那個人。從創傷中痊癒，靠的不是回復成你過去是的那個人，而是要演進成為你此刻決定自己想成為的人。不適應的完美主義有時會作為創傷後的反應出現，就像娜歐蜜。

娜歐蜜一次與朋友出遊滑雪，在旅館房間遭人強暴。如同許多強暴倖存者，娜歐蜜對事件的記憶時序混亂，只記得片段的感覺。她清楚記得從敞開的陽台門飄進初雪冰冷、乾燥的氣味。娜歐蜜告訴自己痊癒該有的樣子，就是聞到空氣中雪的氣味，第一個念頭可以不再想起自己被人強暴。娜歐蜜極力想要找回吸進雪冰涼、空白、清新氣息的單純快樂，比追求人生其他目標都還要積極。下定決心要履行這個自己強加的「治療目標」，這三年來每到冬天，她總會定期強迫自己直接躺進雪地，閉上眼睛，呼吸空氣。

沒有用。她現在更討厭雪。她討厭有雪景的電影，討厭冬天，討厭手機的天氣程式，討厭暖氣機，討厭厚外套。她也討厭夏天，因為夏天棄她而去。她討厭天空，因為雪從天上飄落。她討厭的東西與日俱增。「我來這裡是因為，」她對我說。「必須在今年做個了結。我想要雪的氣味重新帶給我喜悅。」那是紐約的九月。

聽著娜歐蜜詳細描述她躺在雪地的方法，我像祈禱之人一樣合攏雙手，食指抵著唇邊。這似乎讓娜歐蜜很介意，至少有些困惑。描述完她為自己開立的減敏感療法後，她沉默兩秒，接著問：「你不是不該那麼做的嗎？」

「做什麼？」我問。

「我以為諮商師不應該動感情。」

我除了感受到娜歐蜜身上剛硬的痛苦，也看出她投射於我的情感完美主義。我如果想「修復」她，理應要能撇開我的感受，專心引導結果。她希望我從全然訴諸理性的空間與她交談，因為她想要從全然訴諸理性的空間對應她的創傷。

如同許多創傷受害者，全心在場面對痛苦給她的感覺太不安全。娜歐蜜無法預測獲控制她的情緒反應，她將此看作個人的失敗。瞥見我微乎其微的情緒反應，令她頓時感到不安，對我幫助她的能力起了疑心，就好像我也開始辜負她了。

創傷與未受管理的完美主義碰撞，產生的結果在心理學家荷妮稱為「心智至上」（the supremacy of the mind）。整合（亦即真正的痊癒）不被視為選項。荷妮形容：「不再是心智與情感，而是心智對立情感、心智對立身體、心智對立自我……他的頭腦如今是他唯一感覺活著的部位。」完美主義者理智上明白自己改變不了過去，但這阻止不了他們想扭轉過去對自己造成的影響。接受後者所要面對的失控、落空、失敗感太過於劇烈。

將事件經驗和事件對你的影響程度拆分開來，成為「合理」的解決辦法。你接受了事件，但否認其影響。你對自己說「是的，事情發生了，但我沒事」之類的話。這樣的拆分是一種計算，是與創傷長久分割。

完美主義的發展前因

力量起自於接受你雖然控制不了感受、控制不了過去確實影響了你，但往後的事完全取決於你。力量是明白你的人生可以有意識的選擇去追求任何你想要的人事物；不必只能是無意識的反應，逃避既已發生的事。持續覺察自己是怎麼制定各種「完美的情緒狀態」，又是怎麼滋養這些狀態的，有助於拆解你應該要有既定情緒反應的這種想法。

父母教養風格與完美主義往雙方面的發展有多大關聯？為呼籲對此領域有更多研究，卡莫博士（Cláudia Carmo）與同事指出：「多篇研究都已證實，完美主義在父母極度挑剔的家庭較易發展形成，權威管教風格可能導致孩子在生活過程中，習得完美主義傾向。不過，目前尚不清楚教養風格與完美主義適應型態或不適應型態的發展，是否直接有關……父母在幼童及青少年發展出適應或不適應完美主義過程中，扮演何種角色，這方面的經驗實證雖然漸有進展，但研究仍相對稀少且沒有結論。」我對完美主義發展前因的觀點，也以現有研究為知識基礎，但主要得自我的臨床執業。我提供我的臨床經驗僅作為單一參考點。

孩提時的完美主義表現

第二章我們討論過，完美主義是一種自然衝動，有些人生具較高的傾向。根據我與完美主義者談話所知，完美主義在孩童身上可能展現為執著的好奇和興趣，有時包含強迫性、自我指導的行為。例如，近藤麻理惠自小就執著於室內的設計和秩序，下課時間不出去玩，而是選擇留在教室整理書架。在家則會溜進兄弟姊妹的房間，偷偷清掃雜亂。

除了「最喜歡的迪士尼電影會看一百遍」這種童年時期標準典型的執著外，天生有完美主義傾向的孩子，可能會將強烈的關注導向某一特定活動，這些活動在旁人看來可能很隨興，因為不見得是「適合孩童」的活動架，如設水族缸、收集成套的行李箱、聽古典樂歌劇。但這其實並不隨興；這反映了孩子內心有某種東西正躍然成形——他們個人的理想正在發展。

對於不了解的事物，我們傾向感到恐懼或好奇，多數人傾向於恐懼。近藤麻理惠下課不去玩、近乎強迫地清除雜亂的行為，當時同樣令她的師長和照顧者驚恐擔憂。但若放在她一生興趣的脈絡中來看，尤其這個興趣後來這麼成功地化為成功的生意，過去令人擔憂的行為模式，也成為可愛的趣聞軼事。

誰若忘記孩子並不是縮小的成人，很容易把孩子的某些行為誤解成完美主義傾向。比方說，一個四歲孩子因為找不到顏色完美的蠟筆畫出她的獨角獸，於是躺在地上哭泣耍賴，這並不見得就是完美主義傾向。

孩子還在學習調節情緒，本就沒有成人那樣的能力可以轉換觀點、管理負面感受。被挫折或失望等情緒淹沒，進而表現出過激的反應，以發展來說是合於常情的，不只嬰幼兒和耍賴的孩子，各年齡層的孩童在不同情境下皆然。

有些時候孩童出現模式化的僵固完美主義傾向，且很明顯是不健康的，因為那對孩子的功能發展造成嚴重干擾，甚至造成心理上的痛苦。這時你就必須透過學校導師、社區扶助團體、家庭諮商師等管道尋求額外的援助。現行研究仍在探討僵固完美主義與諸多心理健康疾患的關係。

總體來說，僵固的完美主義被視為一個跨診斷（transdiagnostic）特徵，意思是它以某些形式出現在多種心理疾患診斷裡。跨診斷機制由心理疾患的風險因素和維持因素構成，意思是這些因素讓疾患更容易顯現，也讓疾患更容易持續。

話雖如此，雖然這種事當然會發生，但每一次和擔心孩子有不健康完美主義傾向的家長談話，每一次家長都會承認自己與完美主義也有不健康的關係。依我來看，身教是教養孩子最有效的方法。不管你展現的是健康或不健康的行為，孩子都很容易學起來。這裡再度能引用詩人鮑德溫的話：「孩子從來不會乖乖聽家長的話，但模仿他們卻從來不會失敗。」

不適應完美主義的發展前因

如果你自小長大都知道自己是被愛的，那你幾乎不可能想像，必須琢磨自己是否被愛或打從心底知道自己沒人要且不被愛的心情。「真的有人愛我嗎？」很多人一靜下來就會浮現的這個念頭，換作體驗過無條件的愛帶來的無比的情緒安全感的孩子，在他們身上根本不存在。

同樣的，如果你在劣待、忽略、愛有條件的環境長大，你幾乎不可能體會，今生有人能不管你成功失敗都愛你這個概念。僅得到過有條件的愛的人，聽到「我愛你」三個字，聽見的是「我現在愛你，你可別搞砸了」。有條件的愛不是愛，是契約。我們都知道契約包含附帶條件，且契約隨時能毀棄無效。

不適應完美主義的發展理論，全都呼應與上述相同的心境：當孩子對愛和歸屬感的基本需求未獲滿足，所有正常會被用於建立健全自主感，如探索自我興趣，並與他人建立健康關係的精力，皆被重新導向嘗試融入和討愛。這種對連結的渴求，可能會披上希望表象完美的形態：「我每一件事都做得很完美，現在你會愛我了嗎？」

用完美主義來回應劣待和忽略，不全然只是希望被愛，還關係到生存。照顧者不光只是當你的啦啦隊、給你抱抱而已，照顧者也提供你吃飽、穿暖、有地方住，換言之，你的能否延續完全依賴他們。當這種原始依附未能安全確立，只要稍稍達不到他們心目中完美版本的你，都讓人感到大禍將至的危險，像走在車陣當中一樣危險。

我的職涯始於社工，家戶訪視可能住在虐待環境裡的孩子，是我職責的一部分。我永遠忘不了第一次出發實地訪查前，上司給的忠告讓我心頭一凜。她說：「要留意行為表現完美的孩子；那些是擔驚受怕的孩子。」

內化了他人期待你有的完美樣貌，看起來不一定只是成績好、儀容完美而已，還可能包含始終是個安靜而不被看見的孩子，看不出個人需求，用開心果或麻煩精的樣子持續分散他人的關注。不覺得被愛的孩子，願做一切事情換得被愛。你需要分憂解勞？我會承受你的情緒。你不想不開心？我會為全家人製造歡笑。你希望我別添麻煩？我連吃東西都不會咀嚼出聲。

不覺得自己被愛的孩子，所做的每件事都在回答這個問題：「我現在值得被愛了嗎？」這個孩子會用不同問法問這個問題，不定期地問，但不會永遠問下去。假如他察知的答案一直是否定的，以下這段訊息就會內化於他心中：「原來，我和其他可以快樂且被愛的人不一樣。我不值得獲得愛、安全或善待。」

隱形開關啪一聲關上。在這個孩子的無意識心靈中，成為自己的自由不再是個選項。太不安全，太不穩定了。自由沒戲唱，那就只剩下兩個選擇。第一個是表現。孩子選擇扮演一個值得的人，同時內心祈禱不會有人發現他們是假扮的。第二個是毀滅。孩子懷著「既然沒有人在乎我，我又何必在乎」的心態，選擇摧毀自己。

對選擇表現的人來說，表現完美的壓力就是一切。就好像人在說謊的時候，往往會為編造的故事添加太多細節，這是因為謊話在他自己腦中聽起來總是不真實。不適應的完美主義運作也是這樣。完美主義者覺得自己在說謊，他只是在假裝自己值得，所以最好要把故事說正確，最好要表現得完美，因為故事但有漏洞，就會揭發他的偽裝。

這些與己與人的相處模式可能源自於原生家庭，也可能源自於感覺被更大的文化、校園環境、宗教團體等等所排斥，或不被喜愛。無意識的表現或自毀模式會一直持續下去，直到被意識介入打斷。一旦意識加入戰局，凡事皆有了可能。

適應與不適應，都是因為安全感

我們談起愛和安全，彷彿成長過程若有這些東西多幸運。成長過程家裡有個大後院那叫作幸運。愛和安全是需求。我們不只需要在愛和安全中成長，成年後也需要養成愛、安全和歸屬感。

但凡在孤獨中長大，或成年後孤獨生活的人，都會遭遇模式化的憂傷——憂鬱、過度焦慮、不適應的完美主義、成癮，你想得到的都有。人生來難以與世隔絕，我們註定要彼此連結。

連結是所有成長和痊癒的源頭。連結是需求。沒有健康的連結，我們會變得失常。長期慢性的心理失常，會使你容易受心理疾患侵襲，其中也包含自殺傾向。下一段將討論完美主義與自殺。你若覺得自己現在最好先跳過這一段，可以翻至下一章。如果你還不太確定，慢慢想不著急，儘管把這一章後續內容留待之後再讀。它一直都會在的。

太渴望完美而選擇結束生命

三年來，熙夢固定是星期一上午九點的諮商對象。我從將她轉診給我的普通科醫師處聽說，她在經歷分手後「覺得很不像自己」，目前正在服用一名精神科醫師開的抗憂鬱藥物，她只看過一次那位醫師，而且是五年前了。

諮商的第一個月，我鼓勵熙夢和我信賴的一名精神科醫師同事見個面，重新評估她的用藥。新的用藥幫助她恢復得比預期更快。我記得她很害怕自己舒緩的感覺只是安慰劑效果，很快就會淡去。借她的話說，她不希望又「打回原形」。我直接問了熙夢那個救命的問題，這個問題只有一種問法：「你想過結束生命嗎？」她並未堅定回答「沒有」，這就暗示有想過。

熙夢和我開始大量討論自殺，這是好事。我並不怕談論自殺念頭的形成。閉口不提才可怕。我們社會集體迴避討論自殺相關話題，一方面可以理解，一方面也是怪異而嚴重的疏忽。我們正處於一場發展至巔峰的公共衛生危機。我們不是正在接近禁區，我們已經身在禁區。

過去二十年來，據美國疾病管制及預防署統計，美國自殺身亡的人數增加驚人的三五％。二〇一九年，美國國家精神衛生研究院發表的報告指出，在年齡介於十到三十歲的人群間，自殺是第二高死因。並且，根據同一篇研究院報告，二〇一九年有一百四十萬個成年人曾經嘗試了結生命。疫情使得自殺危機以指數加劇。

例如，根據疾管署統計，二〇二一年二至三月這一個月間，年紀介於十二到十七歲之青少女，疑似自殺未遂送至急診的人數上升超過五〇％。疾管署也表示，每年據回報有一千兩百萬名美國人認真思考過結束生命。認真考慮過自殺但沒有回報的人數比例會是多少？沒人能斷言，但我們盡可假設數字會高於一千兩百萬。

把自殺話題藏進諮商診療室，或只在名人自殺身亡後那一週大肆討論，並不能有效對這個複雜的議題獲致更深入的集體理解。統計必能證明正在讀這本書的某些人曾經想過了結生命。又或許你擔心某個心愛之人可能有自殺傾向？我們很有必要主動、經常、具體地討論自殺。

我們不談自殺的原因，是不知道如何談。不知道如何談，是因為我們不夠了解。而不夠了解就是因為閉口不談。積極討論自殺有立即的好處，例如明白其實沒必要拖到處境危急，才開口或發訊息尋求協助。另外，急難專線並不是只提供給正在考慮自殺的人，它也為任何心理健康危機提供協助，包括物質濫用問題。急難專線也能服務擔心身邊人狀況的人，以及想多了解如何面對自殺傾向的人。

諮商界有句經典格言說：「重點從不在於重點。」每當我和與自殺光譜有交集的人談起來，他們其實不是想死，而是想感受從身處的痛苦中解脫。我用「自殺光譜」來形容，因為就像心理疾患分類模型，過度簡化了個人依背景脈絡不斷變動的心理經驗，一個人不是「有自殺傾向，或者沒有」這麼簡單的。比方說，有的人有準自殺傾向（parasuicidal），美國心理學會定義為表現出「程度不一的行為，包含刻意自我傷害，但可能有意也可能無意致於死亡。」

許多諮商師倡議在自殺光譜上，多增加詳細描述的刻度點（相對於基本的三個量準：起心動念、動念並有計畫、嘗試未果），心理學者麥克道威博士（Adele Ryan McDowell）是其中之一。麥克道威支持納入以下幾個標記：

- **念頭形成**：想到結束生命。
- **嘗試未果**：嘗試自殺但活下來。
- **消極自殺傾向**：想著自殺，但未主動採取行動結束生命。消極自殺傾向可能間接表達為對死無所謂。例如，有消極自殺傾向之人可能會說：「就算被公車撞我也沒差。」
- **積極考慮**：制定計畫並研擬細節。
- **思考及行動**：麥克道威說，思考及行動有兩種類型：計畫型和衝動型。衝動型是「閃過一個在當下似乎合理的念頭和一股情感。經常發生於青少年和青年人。」

- **長期自殺傾向**：長期想著自殺、威脅要執行，或多次嘗試未果。
- **慢性自殺**：麥克道威描述為「顯現於終其一生的自我傷害，慢性侵蝕個人的健康、幸福、心理穩定性、情緒復原力和能量活力」。

對自殺的一大誤解，是以為它會按照線性進程展開。我們以為自殺的「運作」是首先想了一會兒，接著從念頭演變成制定計畫，然後實行計畫——同時過程中總會留下信號和警訊可讓身邊親人發覺。約翰霍普金斯大學醫學院的精神科專家內斯塔特（Paul Nestadt）受《紐約時報》雜誌採訪，向作者丁利（Kim Tingley）解釋：「自殺也意外常是衝動之舉。很大多數人從決定到去做不到一個小時，近四分之一的人想不到五分鐘就行動了。」丁利接著巧妙點出一個重點：「去除槍枝或增加取得的難度，可以預防更多自殺死亡，價格平實且容易取得的心理健康照護也有同樣功效。」

假如不能體會自殺行為可以有多衝動，也就很難體會家中有槍枝是多麼強烈影響到你或家中任何人會不會自殺身亡。美國自殺身亡的個案有超過半數使用的是槍械。疾管署統計，二〇一八年死於槍枝自殺的人數，是槍枝他殺死者的兩倍。

大衛・海門威（David Hemenway）是哈佛大學陳曾熙公共衛生學院衛生政策教授，簡明扼要解釋了其中的不一貫：「最能說明美國各大城市、各州、各地區總體自殺率差異的，不是心理健康、自殺念頭，甚或自殺未遂數的落差，而是槍枝容易取得的程度。很多自殺是一時衝動，求死的欲望後來會淡去。槍枝是快速又致命的自殺工具，且致死率高。」在你的職場、家庭、關係裡，你最不想討論的，可能就是身邊是否有人正苦惱到感覺自殺會是正解，但我們必須要有這些對話。

你知不知道身邊最親近的人包括你的孩子，有沒有想過自殺？問問看吧。覺得提起這個話題會「種下」自殺念頭，這是另一個誤解。研究顯示，承認及談論自殺會減輕自殺的念想，且能促使尋求連結和支持的意願提高。就像諮商師弗里登陶（Stacey Freedenthal）在「談起自殺」（Speaking of Suicide）這個優秀的網站上寫的：「你擔心可能會栽下一顆種子，實則早有一株大樹長成。」

說出來，自然能找到出口

即使調整用藥後帶來顯著的緩解，熙夢至少有五個月仍每天會想到自殺，早起床第一個想到的就是這件事。她的生活品質雖然漸有改善，但一想到必須重回令她如此疲憊、沉重、被剝奪的痛苦狀態，她就覺得不堪負荷。自殺念頭在熙夢身上起了自我安撫技巧的作用：「要是再度惡化成那樣，起碼我能逃離。」

減輕熙夢自殺念頭的不是心情好轉，而是理解到，萬一強烈的痛苦狀態再度出現，她不是無能為力的。熙夢透過主動讓身邊圍繞保護因子找到力量。例如接受諮商、經常散步連帶也幫助睡眠、飲食豐盛、規律服藥，並建立社交連結。她開始到住家街區的猶太教堂志願服務，雖然她不是猶太人。她報名加入紐約大學「免費且公開」的校園通訊報，雖然她大學畢業十五年了，而且讀的也不是紐約大學。但無所謂，這些服務是提供給整個街坊鄰里的，正如多數大型機構的服務也是。

熙夢慢慢讓生活充滿她形容感覺「善良美好」的人事物。其中有一些「善良美好」的事物雖然簡單，但要說影響卓著也一點都不誇張。例如，她以前從來沒聽過也沒吃過奇亞籽。有一天她買回來一袋，開始灑在早餐貝果的奶油乳酪塗醬裡。不知為何，這讓她意識到自己對健康擁有莫大的自主權。她開始在包包備著奇亞籽，並且鋪灑到各種食物裡。披薩、冰咖啡、蛋。中午吃快炒？少不了奇亞籽。甜點吃冰淇淋？少不了奇亞籽。對熙夢奏效的不是奇亞籽本身，而是奇亞籽給了她改換身分的通道。她開始能從新的角度，把自己看成是能做出更健康選擇的人，是能用不同方式體驗人生的人。

熙夢也開拓了具體可走的替代路徑，以防自殺的欲望或衝動浮現，從中她也找到了力量。她在手機裡儲存了自殺防治專線。我們聯繫好她的一名朋友，友人多打了一把自家的鑰匙給熙夢，只要熙夢不信任自己獨處的時候，隨時可以去朋友家。熙夢在優步帳號的「常用地點」選項儲存了最近的醫院地址，衣櫥內也備妥住院的過夜用品袋，隨時能拿了就走，就像懷孕婦女會準備的一樣。

我們一起陪伴探討的兩年後，熙夢寄來一張問候卡到我的辦公室地址。卡片正面是一朵蘭花，內頁空白。她在空白處是這樣寫的：

誰知道人生會捎來什麼。不論如何，我選擇留下。

下星期見。

熙夢

這是一封與遺書相反的信。

很長一陣子，熙夢一直覺得不可能帶著沉重的痛苦向前走並活下去。這樣的並不只有她，尤其在同為完美主義者之間可能更是如此。

社會期許完美主義的內耗效應

研究者長年以來探討完美主義是否會提高一個人的自殺傾向。雖然這些研究結果不好判讀，因為對何為完美主義缺少一致的定義，但簡單的答案是，是的，完美主義與自殺傾向呈正相關。研究指出，「完美主義最為有害的形式，（牽涉到）感知到外界要求完美的壓力。」我前面提過的兩位研究完美主義的先驅專家，休伊特和弗萊特，數十年前即辨明這種形式，稱為「社會期許完美主義」（socially prescribed perfectionism，簡稱ＳＰＰ）。

這麼多帶有治癒神效的黃金，深藏在晦澀的學術世界；社會期許完美主義這個觀念的構成，就是其中一個寶藏。社會期許完美主義探討你對周圍規定及期待的感知是如何影響你的心理健康。弗萊特和休伊特建立以情境為驅策動力的架構，不只使人得以大為理解完美主義的機制，如果運用得更廣，還能為其他諸多心理健康疾患背後的社會文化作用力提供更深入的洞察。

社會期許的完美主義，基本上就是你覺得他人期待你完美的時候；它與不適應的總體特性，例如過度焦慮和拖延有較強的關聯，與自殺傾向尤其有關。必須完美的外部壓力與自殺似乎更易形成關聯，原因可能在於羞恥和愧疚的作用。當你對自己施加無關他人期待的完美標準，你並不太會產生羞愧感，因為你不必然覺得別人也期待你要完美；你的完美主義是你自有的感受。然而，若你因為認為他人期待你完美，所以對自己施加完美標準，可能會更容易有羞恥和愧疚的感覺，因為你感覺有「觀眾」在看著你。

如果你或身邊的人感覺到被看見的程度提高，例如青少年選上班長、地方運動員登上全國報紙、員工的貢獻在產業引起轟動等，與外界期待完美的壓力相關的自殺風險，這時候就是一件需要留心的事，不只完美主義者需要留意，社群媒體公司、管理者、教練、老師、雇主、家長等等也應保有敏感。

要注意的是，完美主義者很看重對外部壓力的感知。你身為主管、家長、伴侶、領導者或教練，可能一點也不覺得自己正在施壓要周圍的人表現完美。你甚至可能很驚訝周圍的人竟然因你感受到這麼龐大的壓力。你的彈性、開放、對錯誤的接納、對周遭人無條件的正面關注，是值得經常明確澄清的要點。

模糊二元界限，有助於適應完美主義

認識二元思維，也稱作非黑即白思維，或全有全無思維，有助於闡明自殺傾向的發展和演進。完美主義者正處於不適應狀態的明顯徵兆：冒出二元思維，漸進的可能性被光譜的兩個極端給掩蓋。二元思維裡沒有灰色地帶——比方說，你不是成功就是失敗，你不是漂亮就是醜，不是受人尊敬就是淪為笑柄。

你知道熙夢最初是怎麼描述她對死的無所謂嗎？她用平靜明理的態度說：「有一次我叫了中國菜外賣，裡面有釘書針，釘書機裡那種銀色釘書針，就在飯裡。所以我檢查了飯裡還有沒有其他釘書針。但雖然檢查過了，還是不確定檢查得夠不夠仔細。接下來幾口，我一直嚼得很慢，確保不會再有釘書針。但那毀了整頓飯的感覺，所以我沒吃完就丟了。我的人生就像這樣。飯裡有釘書針，即使我挑出來了，但一頓飯已經被毀了，還有什麼意義呢。」

面對非黑即白的思維，每個念頭之間都有半吋空隙，但空隙之下是萬丈深淵。你一個踩空，就落入地球的最低點。

「所以你後來吃什麼？」我問她。

熙夢：什麼意思？

我：那天的晚餐，你改吃什麼代替？

熙夢：沒有吃。我不是說了，那頓飯毀了。

這正是真真實實的二元思維。整頓飯不是毀了就是沒有，還不是那麼到位；重點在接下來你一眨眼就會漏掉的這個想法：因為這頓飯毀了，我不可能有辦法吃其他東西。二元思維之所以危險就在這裡，因為一個原本和緩的不悅，背後快速推導的錯誤邏輯，很容易急遽演變成對整個人生存在的意義感到混亂。

我們大吵一架，兩個人的關係徹底壞了，我徹底失敗，我整個人生就是一場失敗，所以還有什麼意義。

我這一刻完全遭受屈辱，我的自信心被破壞殆盡，我感覺再也不會好起來，所以還有什麼意義。我沒應徵上想要的工作，就算找到其他工作，也不會是我想要的那一個，我永遠快樂不起來，所以還有什麼意義。

我的車發不動，事情老是和我作對，以後也永遠會和我作對，所以還有什麼意義。

二元思維呈現的形式可小，比方說你在會議上不是表現好就是徹底搞砸；也可大，像是你不是擁有成功的事業，就是罪該萬死。未加節制的話，二元思維會耗蝕精神，像紙巾一角逐漸把水吸乾。你沒有做到完美，就該引以為恥；你沒有超人的生產力，就是沒用的懶惰鬼；除非大家都喜歡你，否則你就是世間的累贅；你當不了第一名，就完全是在浪費時間。

在你意識到其存在以後，中斷二元思維會容易得多。在你察覺自己正陷入二元思維，不用強迫自己停止非黑即白的思考。如果你能找到一些灰色地帶，那很好。如果找不到，不妨向外求助，與他人交流。交流連結會在其他東西都做不到的時候拉住你。

以前我的諮商室裡擺了一幅插畫，灰色背景，正中央印著大大的英語字尾「-ISH」，意思是有點。我喜歡聽人說「有點」——我有點開心。今天有點美好。我有點憂鬱。這兩個字，是你走出非黑即白的大地，走進灰色地帶時所唱的頌歌。借用我研究所最喜歡的教授，傑出的安妮卡·華倫博士（Anika Warren）的話來說：「你們要學習活在灰色裡。」

適應狀態的完美主義者會學習建立「有點」的思維習慣。他們學習選擇用全心在場代替心不在焉，用力量代替控制，用連結代替孤立（本書下半部會提供關於這些學習的具體策略和工具）。適應狀態的完美主義者也會學習不再犯完美主義者容易犯的頭號錯誤，那就是用自我懲罰應對失誤。

每個人都有責怪自己的時候，但完美主義者把自責提升到完全不同的境界。完美主義者是自責的奧運冠軍。完美主義者把自責修正到完美。完美主義者都是法學院畢業的。

第5章

以自我關懷取代自我問責

如何使用完美主義，決定你是誰

適應完美主義的絕佳心理素質

我遇見一位老牧師的妻子，她說自己年輕時剛有第一個孩子，她不認為打孩子有用，雖然在當時，折根樹枝打孩子屁股是尋常的處罰。但有一天，她兒子四、五歲的時候，做了什麼讓她覺得應當責打——那是他生來第一次。她對兒子說，他該自己去外面找根樹枝回來給媽媽打。孩子去了很久，最後是哭著回來的。他說：「媽媽，我找不到樹枝，但這裡有一個石頭，你可以丟我。」那母親剎那間體會到從孩子角度看見的情況：既然媽媽想要傷害我，用什麼並沒有差別；她用石頭也一樣可以。那母親抱起孩子坐在她腿上，兩個人都哭了。之後她把石頭擺在廚房架上，永遠提醒自己：再也不用暴力。我想這是每個人都該銘記於心的事。

——阿思緹・林格倫（Astrid Lindgren），瑞典繪本作家，一九七八年德國書商和平獎受獎演講

星期三，晚間七點七分。

卡拉來電，我接起電話。

我：嗨，沒事吧，都好嗎？

星期三晚間七點是卡拉的諮商時間，而她從不遲到。

卡拉：沒事。我就在外面。

我：門鈴壞了嗎？我去替你開門。

當時，我的諮商辦公室在上東區一棟赤磚屋的地面層。門鈴三不五時卡住。

卡拉：不用了，我再一分鐘就進去，大概吧。

我用食指勾開窗簾，看到她站在門階旁，低著頭，一腳踢弄著圍起行道樹的矮鐵籬，嘴上叼著菸。

「我去開門了。」我說完便掛斷電話。少了玻璃窗的阻隔，我看出卡拉哭過。

我：我不知道你抽菸。

卡拉：我不抽的。你介意嗎？抱歉，我知道很噁心。

我在門階坐下，天色看起來快下雨了。路上偶爾有人經過，我們便停止交談。

我望著天空，說：我始終不確定像這樣的時候，暗潮洶湧的天空到底有幫助還是有害。

卡拉：像怎樣的時候？

我：我不知道，卡拉，你說說看吧。發生什麼事了？

卡拉仍然抽著菸，開始在人行道上跨開步子來回走動，簡直像在學跳舞。她跟我說，她一早和她媽媽吵架，她中途就掛了電話。事後卡拉覺得過意不去，打回去和媽媽道歉，對話似乎和緩多了，她媽媽表示了諒解。故事說到這裡花去了十分鐘，我打斷卡拉：「你想不想先進去？」她熄了她的第二根菸，我們走進屋內。聽卡拉對我講述她這一天的經過，我一直在等她說出一些你可能只會對諮商師說的事。結果沒有。

她敘述了一連串事件，每件事她都覺得自己毀了那一刻，接著不自覺地決定讓自己更不好受。比方說，她掛斷媽媽電話後，走進一家忙碌的咖啡店點了咖啡，雖然她明明已經覺得「焦躁心悸」，咖啡因攝取過量了，而且她也知道買咖啡會讓她上班遲到，這讓她備感焦慮。她平常通勤途中會聽音樂，音樂能讓她有好心情，但今天她決定應該「反省」，自己何以唐突掛斷媽媽的電話。她在腦中反覆播放那件事，配上負面的旁白說著她是個忘恩負義的女兒，需要下更多功夫培養耐心。通勤這段路自然苦悶之至，但這讓她感覺自己當起了責任。

一整天裡，卡拉不斷用負面自我對話鞭笞自己的腦袋，朋友為了這一天從費城來赴約的午餐，她也取消了。我知道她一直很期待這場餐聚。我問她為什麼取消。卡拉說了些理由，大意是人落後的時候，不能耽迷於瑣碎的小事。落後，這兩個字讓我耿耿於懷。

我：你什麼落後了？

卡拉：我不知道。

我：你在追趕什麼？

卡拉：最好的我自己。我想成為最好的我。

我：你是說，你希望完美？

卡拉：不對，不是完美。我知道人無完美。但我可以比現在好的，我只想成為最好的我。現在這不是我。

我：你覺得差別在哪裡？

卡拉：什麼的差別？

我：最好的你和完美有什麼差別？

沉默。

自責不會使你進步，只會換來窒息感

自責總會有意識或無意識地回復成某種你知道會傷害你的事情，或是對自己拒絕某些你知道能幫助你的事情。責罰的創造目的是用來增加痛苦。以懲罰對待自己，意圖是透過自我傷害給自己一個教訓。你「為了你好」而責罰自己。你用傷害自己當作學習、成長、痊癒之計。

責罰沒有用的。當你責罰某人，對方不會學到怎麼改進，而會學到怎麼逃避責罰的來源。假如對你的責罰，源頭就是你，例如透過批判的自我對話，你將學會以麻木來逃避自己。麻木的表徵有暴飲暴食、揮霍金錢、工作過度、沉迷追劇、物質濫用、呆然看著電視或猛滑社群媒體等。自我傷害是不可能治療自己的。想維持任何方面的個人成長，我們需要內化過去在錯誤中學到的教誨，理解有哪些更健康的替代方案，並且首先要相信我們有能力做出改變。做出人生中的正向改變，不需要任何責罰。

即使責罰發揮功效，將不想要的行為改成了想要的，效果依舊是徒勞，因為責罰會創造更多問題。假設你經營一家餐廳，不想看到有人上班遲到，於是用責罰針對你不樂見的行為，解雇了當天三名遲到的員工。隔天，仍舊為你工作的人全都會準時。你的責罰奏效了，恭喜啊。你現在有了一批準時上班的員工，而且他們會告訴每一個人認識的人不要光顧你的餐廳，同時準備一有機會就跳槽去其他地方，並且往後只會付出最小的心力，而不是貢獻自己的頂尖水準。

你責罰員工，表面或許能收獲效用，改變你所針對的特定行為，但如此淺薄的收穫，犧牲的卻是獲得無數更珍貴之物的機會成本，例如員工的忠誠、留任、自動自發。你扼殺了自發和合作，因為責罰會挫傷士氣。你公司裡的創意和創新會逐漸死去。

使用責罰並沒有解決到問題，只是迴避問題，並創造新的問題。責罰是處理問題的負面方法。責罰增加問題。化解才是應對問題的正面方法。化解減少問題。與化解對立的不是問題，與化解對立的是責罰。

責罰本質上是無效的，完美主義者很有必要理解這點，因為要說所有專家都同意的一件事，那就是完美主義者自責起來，可以責罰到沒天沒地。當你處於不適應狀態，責罰會是你內心首選的預設導航控制模式，除非你有意識地選擇中斷它。

認識責罰

責罰不同於紀律，不同於個人當責、自然因果或勒戒康復。

責罰與紀律的差異

- 責罰旨在增加痛苦。紀律旨在增加架構。
- 責罰是被動反應。紀律兼具積極主動和被動反應。
- 責罰只著重於遏止負面行為。紀律著重的是透過鼓勵正面行為，以遏止負面行為。

心理諮商師兼心理健康提倡者莫林（Amy Morin）指出，責罰不包含正向的改變法，紀律則有。正向的改變法包括介入干預，例如教導正面的應對策略；別人做對時給予讚美，做錯時則花時間教導他們未來遇上相同情境可以怎麼做更好。莫琳指出，責罰是試圖藉由痛苦去控制他人。紀律則是設法透過建立架構，教導他人對自己的能力產生信心。

責罰與個人當責的差異

個人當責鼓勵一個人永遠為自己挑起責任，兼具積極主動和被動反應。積極主動的時候，當責能引來信任。你信任當責之人會為自己的情境角色負起責任，即使沒有任何外部要求他。被動反應的時候，例如你為造成的傷害擔起責任的時候，當責則帶來療癒。之所以通過個人當責有療癒的效用，是因為當責也包含主動慰問受到傷害的人。

肯認自己的責任是積極的；責罰是消極的。承擔責任包含公開承認你的行為影響到牽涉的每個人、承認自己本可以有不同選擇、向受傷的人道歉、盡你所能去修復問題、承諾改進並擬定計畫維持改進。

是的，個人當責需要你坦承自己的失誤，但當責的重點不太在於為錯誤挨罵受罰，比較在於為化解問題負起責任。責罰則不然，責罰不需要一絲半點的反省、承認、負責、慰問，或承諾並制定計劃改進。責罰是懶惰的作法。

責罰和自然因果的差異

責罰靠恐懼來激發想要的結果。自然因果激發想要的結果，憑藉的則是理解你的選擇會產生的影響。前者會產生一種「我害怕做錯事」的心態。後者產生的心態則是「我主動想要做對的事」。責罰促使人迴避責罰的來源。自然因果則促使人起先就迴避不良的選擇，並且主動追求更多良好的選擇。

責罰與勒戒的差異

勒戒和責罰同樣是被動反應的，但勒戒的目的是保持穩定及賦予信心，反觀責罰的目的則是挫人銳氣和削弱信心。勒戒包含在新穩定且健康的基礎上培養正向成長，也不關心經由矯正工作去改變基礎。責罰只是在原有的基礎上疊加痛苦。

責罰是強行控制的一種形式。處在對方對你強加控制的關係，包含你與自己的關係裡並不健康。責罰本質上就是功能不良的，我們之所以認不清，是因為我們身處的文化不只播送，還積極宣傳若想消除不想要的行為，責罰是既恰當又有效的辦法，但其實既不恰當也不有效。

責罰是貫串在我們文化裡的觀念，雖然我們明明知道它效果不彰。每年我們默許數以萬計的學童在學校挨棍子，雖然明明有多不勝數的證據顯示，打孩子反而會升高敵意、反社會行為，增加心理健康隱憂。異常高的犯罪再犯率，明顯見於實施三振法的監工複合體監獄，我們對此的反應是什麼？更多處罰，而不是在犯罪猖獗的地區增加社區資源。我們把人類放進禁閉室，再用聯邦批准的各種手段殺死他們，方法包括注射藥劑、電刑、毒氣室、氮氣窒息、絞刑。這些刑罰可不是蒙昧時代的遺俗。就在二〇二〇年平安夜，美國司法部才悄悄增編死刑執行議定書。

處在這個重視懲罰而非康復的文化裡，責罰是防禦的第一線，無怪乎你也把責罰內化成防禦的第一線，用來對抗你不喜歡在自己身上看到的性格特質。繼續用懲罰來推動正向改變，對你是沒有意義的。仔細檢視責罰，你會看到絕望。當我們感到絕望，掌握不到力量，我們會緊抓住懲罰，希望感覺場面仍在控制之中。但感覺控制住場面，代替不了對自身力量有信心。

完美主義者自我懲罰的表現

要拆解自我懲罰的動機，首先需要我們認得自我懲罰的樣貌。我們往往把懲罰想成看得見、具體可感的——入監坐牢、褫奪權利，諸如此類。但自我懲罰往往既看不見，也不具體，更常是無意識的。

懲罰自己的方式，比週一早晨用到的咖啡杯還多，不過每個類型的完美主義者通常會謹守「內心首選」的自我懲罰主題：

拖延型完美主義者：沉思

拿自己與他人、與理想化的自己做負面比較，低估自己至今的任何成就，把心力放在自己是否做得不夠等等迂迴反覆又徒勞無益的念頭上。

想像情境：她坐在地鐵上，目光空洞望著某處，身子隨車廂輕輕擺晃。沉陷在思緒裡，後悔又怨恨所有自己沒能做到的事，結果坐過了站。

經典型完美主義者：解離

再做一遍待辦清單上的動作，心力集中在空洞的忙碌，而非有意義的參與。
想像情境：她在性愛過程忍不住撢起床頭櫃的灰塵。

巴黎型完美主義者：無盡討好他人
堅持證明自己——「勞動換取報償」——即使沒有人要求她做這些事。不顧自己，優先照顧他人的快樂和舒適。表現出她相信最容易與人交流的一面，不用真實面貌與人交流。
想像情境：穿著自己熬夜縫製的閃亮亮小禮服，熱情地一連跳了幾小時的踢踏舞，對著空空的打賞碗揮灑汗水。

嚴格型完美主義者：人際關係混亂
在最需要愛與支持的時候，用脫序行為和社交退縮把每個人推開。
想像情境：她直直走向生命中最愛她的人，但沒有問：「能陪我聊一聊嗎？」而是拉開手榴彈插銷，然後轉頭就走。

混亂型完美主義者：發展停滯

不允許自己的構想茁長、發育、成熟。最終被迫看著自己的夢想凋萎。

想像情境：她在無光的黑暗中，憐愛地為千排幼苗澆水。

那些我們對自己說過最嚴厲的批判

- 批判及負面的自我對話。例如，允許以下對白在腦中播放：我怎麼會這麼笨？我總是把每件事搞砸。我大可以別再試了。我真的很不會。
- 自己破壞生命中的好事。例如，你收到夢寐以求的工作面試通知，卻在面試前夕通宵喝酒，早上醒來宿醉未消，面試表現差勁，沒錄取那份工作。
- 限制自己的生活不能去做某一整個方面的事，除非能先有某種表現或成就。例如，等我減下體重，我就會去旅行了。
- 不給自己時間空間去感受簡單的快樂。例如，不允許自己工作時休息片刻去散散步，或者不准自己不趕行程坐下來和朋友聊一聊。
- 允許自己享受樂趣，但接著不斷拿這件事凌遲自己。例如，你放鬆下來看一齣影集，但腦中如跑馬燈不停跑過這句話：你怎麼還在看這個，你還有那麼多事要做。別偷懶了。

都坐下來放鬆了，還時時刻刻告誡打斷自己，意義何在？就在於懲罰自己。再說一遍，生活行事心懷自責往往是無意識的，顯現在意識中的感覺是「進退兩難」。

諮商當事人用「進退兩難」一詞描述自己，就跟諮商師強調「界線」一樣頻繁。偶爾我們會進退兩難，因為對發生的事和該怎麼辨真心感到困惑，但這樣的困惑其實很少。十次裡有九次，我們完全知道怎麼做才能改善生活，但卻很難去行動，原因就在於我們陷於自我懲罰的循環裡。

持續用自我懲罰當作激勵正向改變的手段，你等於把自己置於某種精神煉獄——註定將一再重複相同的錯誤，並且每一次都恨透了自己。你知道自己困住了，進退兩難，你想產出不同結果，事實上你恨不能夠產生不同結果，但你仍重複做出同樣的負面決定。自我懲罰的惡性循環是痛苦的迴圈。我給個例子，讓你明白我的意思。

喝酒還是泡澡？

我曾經在布魯克林區一所勒戒中心主持團體諮商。週四晚間團體諮商的主題是酗酒早期階段的康復，聚會到晚間九點結束。那天八點五十八分，我們正按照我向來的方式做總結。大家圍坐一圈，輪流簡短重述今天某人在諮商過程說過的有意義的話。輪到艾娃時，她無視這個活動，帶著些許堅毅自制，分享說她在來之前喝了酒，過程中一直是醉的，待會兒打算再去喝幾杯。

這在諮商界被稱為ＬＭＢ——最後一刻投彈（last-minute bomb）。很多時候在諮商行將結束前，正因為要結束了，當事人反而會在這時向你傳達重要、急切，或在某些方面意想不到的資訊。換句話說，他們投下一顆炸彈。最後一刻投彈是個好現象，因為這表現當事人一方已有心理準備，且這個準備已經充分到她能夠說出平常有時間討論時，想說卻不敢說的話。還有比這更能與人產生連結的嗎？

相信每個有經驗的諮商師都一樣，最後時刻在我諮商室沙發上引爆的炸彈，多到我能再寫成一本書。為尊重諮商的界線，儘管有誘惑，但我不會深入再談。通常我會回應：「你有沒有聽過『最後一刻投彈』這個詞？意思是……而你剛剛就投下了一枚。你能把這件事說出來，我想肯定不容易，我很高興你說了。你告訴我的事很重要，值得用更完整的諮商時間來談。目前我們沒剩多少時間。我很期待下週繼續聊這件事。現在我們必須結束了。」

照常來說，當事人會很慶幸能馬上離開，同時知道下週我會主動提起這個難以啟齒的話題。他們的目的已經達成，可以走人了！不過，我對艾娃並沒這樣說，因為我擔心她的安全。我向全體表示可以散會，但是請艾娃留下，其他人陸續起身離開，剩下我和她坐著。最後一個出去的人關上了門。

「再回來這裡會很難受的。」我說。艾娃的自制潰堤，她緊閉起眼睛，屏住呼吸，開始點頭，同時默默地哭了。

片刻過後，我問艾娃如果團體諮商前沒喝酒，她會做什麼。她立刻回答我，語氣滿是盼望：「我會泡個澡。我一整天都覺得冷。我只想回家泡個熱水澡。」

每個喜歡泡澡的人都有自己的泡澡儀式。我問她的是什麼，她說沒有。「不是有那種可以橫架在浴缸上的泡澡托盤，你有嗎？」我問。

她沒有。她告訴我，她會點盞蠟燭放在浴缸邊緣角落。她說自己從小就喜歡把耳朵埋進水面下，聽水底迴盪的聲響。她說她泡澡的時候不看書、不聽音樂，也不帶手機進浴室，只會讓耳朵在水面沉進或浮出。有時候，她能聽見隔牆鄰居在走動、低聲交談、碗盤碰撞的聲音。「我不介意，那些噪音能讓人放鬆。」艾娃說。她已經不哭了。

「不知道你今晚會不會聽到，如果你回家泡澡的話。」

我們彼此沉默良久。而後我請她想像假如她現在戒酒清醒五年了，今天晚上她會在做什麼。她嘲諷地冷哼一聲，擠出個苦笑，像在說真要是就好了。艾娃的答案還是一樣：「我會泡個澡。我只想泡個熱水澡。」

你看到了，艾娃困在自我責罰的迴圈裡。她知道該做什麼（回家泡個熱水澡，幫助自己復原），可卻計畫懲罰自己──喝更多酒，不給自己機會復原。

「我為什麼要這樣？」艾娃忍不住悲嘆。「我不知道我在幹嘛。我為什麼要這樣？」

我起身拿來面紙盒，把椅子拉近她身旁再坐下來。艾娃低頭屈膝縮在位子上，臉埋進連帽上衣的衣襟，啜泣起來。在一圈空蕩的座位裡，我們並肩坐在一起，我傾身向前，讓她好好哭一場。

安慰自己，宛如最好的知己

當下我有好多話想對艾娃說，但那不是說話的時候。等到對的時機，氣氛緩和些的時候，我會跟艾娃說，弗德里克森博士（Barbara L. Fredrickson）是心理學研究界的珍妮佛．安妮斯頓。大家都愛她，因為年復一年，她的研究著作就是讓你心生歡喜。作為正向心理學先驅，也是領域內最常被引用的學者，弗德里克森最出名的是她的「擴展與建構」（broaden-and-build）理論。

擴展與建構理論主張，若你能讓自己處於正向的心情，你的「思考／行動劇目」（thought-action repertoire）會隨之擴展。處於正向心理狀態時，你能想到的可行的行動會增加，你意識到自己能做很多不同的事，並且也會做出能引致未來正向狀態的決定。

比方說，當你感到開心，你更有可能會計畫下週日早上和朋友去健行。因為健行過程愉快，回到家以後你可能會更享受晚間時光。好心情帶給你活力，你決定邊聽音樂邊做飯，做了比較健康的晚餐，然後上半夜就上床就寢——這些決定都讓你隔天早晨感覺精神飽滿。

精神飽滿又神清氣爽，你懷著好心情去上班。工作上出了些問題，這是難免的，但你更容易從化解導向的觀點去處理問題，因為並沒有負向消極的情緒拖累你。由於工作不至於難以負荷，你得以度過愉快時光，否則平常總是必須強迫自己撐過去。這一天的工作因為你順利應對考驗，你感覺精神充沛，不由自主傳了簡訊給交往對象約定下班後見面，而見面也讓你感到開心。你的正向情緒不斷累積建構，愈來愈穩固。

弗德里克森指出，正向情緒並不只是標示最佳功能運作（optimal functioning）的「最終狀態」；正向情緒能產生最佳功能運作。用弗德里克森的話來說：「正向情緒促使人發現新奇且有創意的行動、想法和社交聯繫，這些反過來建構起那個人的個人資源，包含物質與智識的資源，到社會及心理的資源。重要的是，這些資源能發揮儲備之用，可於往後取用來提高成功應付難關及生存的機率。」比較一下你處於正面情緒狀態的時候，與處於負面情緒狀態的時候，後者會限縮你的思想－行動劇目，一旦思想和行動的可能性遭到限縮，你就比較難換個角度看問題。

舉例來說，你因為績效考核不理想，心情很差，當晚大概沒有動力再去做什麼事。你十有八九會想：沒別的事好做了，不如回家、叫點外賣，今天就這樣了。你隨便吃了頓晚餐，覺得胃脹又噁心，之後看了三小時電視，現在凌晨一點了。你看到這個時間就覺得懊惱，因為你本想早睡的。你的負向情緒向上堆疊。

擔心心情惡化，你焦慮到睡不著。到了早上，一晚上沒睡讓你覺得精疲力盡。這時候，你不會想：我要怎麼把握今天呢？我要怎麼撐過今天啊？

思考與行動的可能性被限縮以後，你的觀點也會受阻；你只看得見眼前十到二十分鐘。思考－行動的劇目要怎麼擴展？自我關懷。

練習自我關懷能擴展思考與行動的可能性，把你從基於恐懼的負面情緒裡拉出來，趨向逐漸增長的安全、放心、正向的感覺。

研究顯示，自我關懷的正面效益包括有更高的自我價值感、個人能動性提升、面對壓力的復原力升高、更能切實評估自己的優缺點、憂鬱及焦慮程度較低、過勞率減低、彌補過去錯誤的動力提高，諸如此類。自我關懷擴展你的思考／行動劇目；責罰則加以限縮。

如果你是艾娃會怎麼做？

回到艾娃。自我關懷、建設性決策、生活品質改善之間大有相關，研究雖然幫助釐清我們對此的理解，但我們不需要實證研究，也很顯然知道艾娃下一步該怎麼做。比起再去喝酒，艾娃應該回家，整頓自己。更重要的是，她需要寬容自己的情緒。她需要慈悲對待自己。

這些不只你我現在看得分明，當時對艾娃也同樣顯而易見。艾娃腦中沒有任何一部分認為留在外面喝酒是明智的選擇，那她為什麼就是不回家泡澡呢？如果自我關懷好處這麼多，自我懲罰這麼不好，為什麼我們還是一直懲罰自己？

1. 我們把自我價值寄託於成就表現

因為團體諮商前喝了三杯酒，一切都毀了。艾娃的這種認知，相信每個完美主義者都會有所共鳴。

艾娃過去四個月來每一天都戒絕酒精，但她在這一天的負面表現，在她心目中卻遠遠比先前一百二十多天的正面表現更算數。

這四個月裡，艾娃除了不碰酒，也開始與家人重建有意義的關係。她加入展望公園田徑社團，認識新的人，也改善飲食習慣，遇事用一些正向對策取代負面對策，並且和我締造了強韌的關係——她做對了這麼多事。可對艾娃來說，她犯了一個錯的瞬間，這四個月頓時化作泡影。

即使在酒醉之下，艾娃還是來到了團體諮商，且能立即坦承自己的行為，用最後一刻投彈的方式求助。然而，這些嘗試即時修復的舉動，對她也不具半點意義。艾娃滿腦子只想到她喝了酒，所以她這下子徹底失敗了。

回想上一章說過，適應狀態的完美主義者，自我價值是建立在存在上，不適應狀態的完美主義者，自我價值則建立在表現成就上。艾娃處在不適應狀態裡。只要她表現好，就代表她好、她值得、不必受罰。但因為她喝了，所以自動代表她壞、她不值得、應當受罰。

換個方式說值得，就是你相信自己有資格擁有正向的事物。換個方式說你不值得，就是你認為自己沒資格擁有正向的事物。艾娃當下認定自己沒資格獲得任何同情、舒適或安全。所以就算泡澡是這麼簡單的事，當晚也讓她打從心底覺得不可能。

我們為自我價值設定的條件，以及條件未達時謀求的自我懲罰，都是無意識的。我們日常行事並未意識到我們把自我價值置於風險之中。艾娃並不是有意識地想：「我現在為我的價值設定了條件，所以我要懲罰自己，回到我知道有害的行為，拒絕我知道對我有益的事。」沒有人會真的在腦中這樣與自己對話。

顯化在艾娃意識中的念頭是單向的：「我覺得像個廢物，我活該。」思考與行動的可能性限縮後，她的第二個念頭是：「乾脆徹夜在外面繼續喝酒算了。」

2. 我們從沒學過自我關懷

我們都有各自的痛，而我們大多數人單純不知道該怎麼辦。我們的主要策略是像玩打地鼠一樣，出現痛苦就敲回去，因為我們覺得痛苦自動是不健康的。我們採信「健康的人能無視痛苦」這個消毒過的情緒健康觀念，別名叫有毒的正向心理。因為我們推崇分析智力，大過於情感智力。我們的學校不強調情感識讀，所以恐怕也不必那麼驚訝，當我們跌跌撞撞步入成年後，才發現自己是情感文盲，不懂得識讀情緒。

自尊和自我價值的差別何在？當責和處罰呢？或同情和憐憫，或尊嚴和尊重呢？什麼是界線？舉出一個應對罪惡感的健康方式？我們並非生來就知曉這些問題的答案，正如同我們並非生來就知道銳角和鈍角的差別。

不過，驚覺我們連最基本的情緒語彙都只知道個模糊大概，而且連模糊大概都還算好的，這多少是會令我們吃驚。最令人吃驚到下巴掉地板的，是我們後來才發現，感受自己的情緒，又稱為作情緒調節，原來是一件必須學習去做的事。

眾多情緒調節的策略當中，自我關懷是王道。只可惜，我們從來沒學過。假如實話實說，我們甚至不清楚自我關懷是什麼（下一章會探討）。因為我們不夠了解，也就低估了自我關懷。

我們以為自我關懷是在腿上邊抹乳液邊為自己做的甜蜜的事，沒想過它是個人力量的主要來源。我們把自我關懷想成是個選擇，可其實根本沒什麼可選的，沒有自我關懷，就沒有痊癒或成長。少了自我關懷，你最好的結果只有停滯。

有的人把自我關懷想成一種縱容——情緒上安撫自己，同時迴避個人責任。我們沒有想到，正是自我關懷指引我們挑起個人責任。

3. 我們誤把自我責罰當成挑起責任

我們已經說明過責罰和個人當責的基本差異，但現在談得更深入一點。區分個人當責和其他型式的問責也很重要。你有可能受外部問責，比如他人可以要求你負起法律責任或財務責任，但除了你，沒有人能「要你」為自己擔當責任。個人當責是個人的選擇。

指出差異聽來簡單，但你若不知道實際做起來是什麼樣子，也很難做到個人當責。我們不知道怎麼做是當起個人責任，但我們會感覺不安，想要做點什麼。這時候受文化影響形成的個人預設值就出現了，那就是自我責罰。你認為只要責罰自己，就足以證明你是認真的、你有紀律、這次你玩真的，你準備好下苦心了。

首先，製造痛苦讓你自己覺得一無是處，這並不難，所以你什麼也沒證明到。你知道要讓我整個人生脫軌有多容易嗎？給我個九分鐘，我閉著眼睛沒有網路也能做到。

再者，痛苦雖然能激起動力去承擔責任，但痛苦並不是當責的必要條件。你不必是個苦哈哈又慘兮兮的人，也能從一開始就受到信任能做出正確的事，出錯後也知道導正錯誤。事實上，苛待自己只會讓你更難當起責任。

人際關係專家勒納解釋，要負起個人責任，「一個人需要豐厚的自我價值當作立足基礎。從這個居高臨下的位置，人能看清自己的錯誤，並看見生而為人是一幅更大、更複雜、不斷變動的風景，而錯誤只是其中的一部分。」

要能在犯錯後當起個人責任，需要能夠承認雖然你犯了一個（或數個）錯誤，但你仍是個堅強、有能力、良善的人，有學習、成長、茁壯的力量。以紀律之名責罰自己、以當責之名拒絕同情自己——這些是受到誤導的努力。

我能向你保證一件事嗎？

我向你保證：我們每個人都已經背負夠多痛苦了。不必要透過自我責罰再為自己發明更多痛苦。這也正是艾娃埋在帽子底下啜泣時，我想對她說的話：「你難道看不出，你已經背負夠多痛苦了嗎？你不需要更多的痛苦；你需要更多關懷。」

讓自己好過一點，失敗才能化作養分

由於未能識讀情緒，又不知道怎麼以健康、自覺的方式回應痛苦，我們往往不自覺地用麻木和怪罪這兩種不健康的習慣回應痛苦。

麻木乍看像是投入某個活動，幫助你無視你不想感受的情緒。但和為了復原而休息片刻不同，麻木行為實則是分散注意力的事，用來壓抑你的情緒。你可以想想本章開頭的例子：暴飲暴食、揮霍金錢、工作過度、沉迷追劇、物質濫用、呆然看著電視或猛滑社群媒體等等。

我們都需要定時休息和偶爾稍微逃離現實。所以你怎麼知道你是在自我整頓復原，還是在麻木自己？復原的活動能幫助你調節情緒、重獲觀點——比如說，散步「清空思緒」。復原是調整，麻木是壓抑。經過整頓復原，你會感覺重新開始，重新充足電。復原的感覺很好。

《脆弱的力量》作者布朗博士研究指出：「怪罪，是嘗試推卸痛苦。」我們認為：既然這件事是你的錯，不是我的錯，我不需要處理，是你必須處理。但怪罪的運作不是這樣。怪罪他人無助於你解消痛苦。怪罪對完美主義者尤其無效，因為完美主義者是努力想要當責的一種人，即使我們不明瞭那是什麼意思，猜猜看完美主義者最先會怪罪誰？

若你處於適應狀態，你會專注於負起個人責任，不會執著於怪罪。若你處遇不適應狀態，或不清楚個人當責的意思，就會覺得怪罪自己是該做的事。

混亂型完美主義者責怪自己沒能貫徹始終，接著怪罪這世界食古不化。嚴格型完美主義者責怪自己沒能讓人表現出夠高標準，接著怪罪別人資質平庸。巴黎型完美主義者責怪自己太過在乎，接著怪罪別人「太沒血淚」。經典型完美主義責怪自己處理一個失序或未知的情況不夠有條理，接著怪罪別人思慮不周，沒有堅守計畫。拖延型完美主義者責怪自己準備不完美，接著怪罪別人狂妄自大，竟然沒有周全準備、不夠資格或還不完美就敢開始。

麻木和怪罪耽誤進步，因為它們耽誤自我關懷，負面的自我對話也會耽誤自我關懷。

最常見的自我懲罰：不停歇的自我問責

自我對話是你對自己談論自己的方式。負面的自我對話，就是你對自己說自己的壞話：我真是個白痴，我居然做這種事，難怪沒人想和我相處，諸如此類。

負面自我對話是一種自我懲罰，而且是極度陰險的一種。假如你習慣了嚴厲苛責自己，你會長久有罪惡感，並進一步演變成羞愧。除非你用自我關懷中斷自我懲罰，不然到頭來你會接受一個虛假、可恥的身分，認為自己是個沒用的人，有缺陷、懶惰、煩人、一團糟——所有你用來批評自己的惡毒形容詞。如同所有的懲罰，負面自我對話在你既有的痛苦之上又造成你更多痛苦。

隨著痛苦增長，到了某個節骨眼，你的主要目標會從成長轉移至迴避痛苦。你不再鼓勵自己去練習能支持目標的習慣，反而受到刺激，做起能麻木痛苦的習慣。

舉個例子，你今天上班做簡報發表得很差。假如你事後練習自我關懷，你會承認自己需要改進，但同時也體諒自己。你承認簡報發表得很差，但你沒用簡報差勁來評論你這個人。

自我關懷的反應會像這樣：是啊，今天進行得一點也不好。我沒想到我會這麼緊張。會緊張是正常的，緊張是因為我重視這件事。全天下也不是只有我一個人發表簡報時結結巴巴。這是常有的事。我現在想到還是會頭皮發麻，但這不是我唯一的感受。我很驕傲自己嘗試了從沒做過的事，現在我很好奇怎麼樣能當個好的演講者。

心情平和帶給你活力，心情惡劣榨乾你的活力。因為關懷自己幫助你有平和的心情，你於是有力氣去想誰能協助你改進演講技巧。你向心目中擅長演講的人詢問訣竅，他們向你推薦了許許多多看過的 YouTube 影片。到你下次發表簡報前，你已經看過了這些影片。

你也想到一定有關於演講的ＴＥＤ，地球上什麼主題都有人發表ＴＥＤ，所以你看了介紹肢體語言的一集，也很有幫助。下一次發表簡報的早晨，遵照你習得的訣竅，你注意不過量攝取咖啡因，做了幾次深呼吸練習。感覺有點不自然，不過會議前你在辦公桌上點了盞小蠟燭，因為你看的一部影片推薦蠟燭有助於放鬆。不管到底有沒有用，點蠟燭的感覺不錯。你再挑戰了一次發表簡報。結果……普通吧。還需要再改進，你誠實告訴自己這點。但相比上一次發表，你有大幅度的進步，你也誠實告訴自己這點。

相反的，如果你在簡報搞砸後，用負面自我對話懲罰自己，雖然也承認了有改進的必要，但同時也誘發了羞愧：剛才的簡報簡直垃圾，你辜負了整個團隊。你一直都知道你配不上這間公司，這下子其他人也都知道了。

羞愧的狀態下，你相信自己這個人很差勁。罪惡感說：我很抱歉做了那樣的事。羞愧說：我很抱歉我是這樣的人。

你值得更好，也值得更多安慰

從羞愧很難轉向建立技能。從羞愧比較容易轉向麻木。因為你讓自己心情更差，而非好轉，連帶也消耗了活力。你沒有力氣再去看 TED Talk，光聽到聲音就煩。看到蠟燭，你白眼一翻，心想：點什麼狗屁蠟燭，蠢東西，接著自覺或不自覺繼續更多負面自我對話。

到最後，你滿腦子都是負面自我對話，只好尋找媒介麻木自己。你吃了三碗牛奶穀片，雖然你根本不餓；你又喝了一杯紅酒，雖然你早就沒心情品嘗了。

偶爾靜下來的片刻，你在腦中重播起其他你犯過的痛苦錯誤、更大的錯誤。因為你尚未用自我關懷中斷自我懲罰，你的思緒只能停在一個頻道——這個頻道就叫「我至今犯過的每一個心痛的錯」。此時，你已經說服自己是個笨手笨腳、無可救藥、一無是處的爛人了。你會繼續做負面的選擇，因為爛人沒資格快樂。爛人理當受罰，不是嗎？

穀片和紅酒沒能安慰你，所以你也開始用工作麻痺自己。你沒能為下次簡報做適當的準備，因為你已經把工作排程塞滿到噁心，你盡可能用最快速度一路趕工做完，心裡萬分討厭，同時感受到所有不安都被證實的痛苦。但那也無所謂，因為你連痛苦也感覺不到。

瘋狂的工作生活使你精疲力盡，再也感覺不到發表簡報的焦慮。事實上你只覺得「一直好累」，其他什麼也感覺不到。你是一直好累，還是麻木自己？

你身陷愈多痛苦，就需要愈多關懷。就這麼簡單。就像相信自己值得好事的人，不會忍受惡待，不相信自己值得好事的人，也不會接受好的對待。除非你能懷著些許同情心看待自己，否則你會一直拒絕生命中的美好。不管是多小的美好，你都會由衷相信自己配不上。

現在你看出艾娃為什麼覺得泡個熱水澡難上加難了嗎？她對自己羞愧到甚至不敢奢望能泡澡。她是個爛人，沒資格快樂，泡澡安不進這樣的故事裡。泡澡是戒酒五年的人才有的故事，不是她這個醉茫茫出席團體諮商的人。缺少自我關懷之下，選擇比較健康的選項感覺是錯的。

我的當事人給過我最棒的禮物，就是在那間勒戒中心展開的。我在復原中的人之間清楚看到，能夠真正習取經驗並康復的人，不是想出最聰明的懲罰方法的人。「聰明的懲罰」是個矛盾修辭。復原中的人能真正康復的，是能用自我關懷看待自身錯誤的人。

我們全都需要痊癒。我們都有想從中康復的事。任何形式的康復，都與我們有多願意放棄自我懲罰成正比。研究檢視適應與不適應完美主義者之間的差異後指出，有害於心理健康的不是完美主義的所作所為，危及我們身心健康的，是我們施於己的自我批評。

留心觀察那些形容自己是「康復中的完美主義者」的人。你會發現他們並沒有降低自己的高標準、學會減少盼望，或不再追求理想。他們是努力練習把自我關懷當作面對痛苦的預設情緒反應。在你腦中抽痛的那根刺，不是完美主義，是自我懲罰。

寬以待己不等於重蹈覆徹

「好，那連環殺人魔怎麼說？」琪夏雙手抱胸問我，眼神殷殷盼著我回答，她想看我出糗承認，不是每個人都值得同情，尤其是她。

我：你現在真的拿自己跟連環殺人魔比？

琪夏：我只是說說，假設你去外面綁架了正在野餐的善良的一家人，把他們關進密室，牆上貼滿吸音泡棉。你一邊聽著最愛的歌，一邊拿鏈鋸剖開他們的身體。隔天早上你醒來，這個時候，你還配得上自我關懷嗎？

我向琪夏解釋，反社會人格的暴力罪犯不需要自我同情，因為他們從一開始就感覺不到後悔、內疚，或伴隨而來的自我憎惡。他們犯下萬惡罪行的隔天早上，不會糾結於還能不能善待自己，他們已經在想早餐要吃炒蛋還是糖霜穀片了。

你若決意找到一個漏洞說明你不值得自我關懷，絕對能找到的。你也會覺得你選中的理由，無可辯駁地充分證明了你不值得獲得關懷、耐心、溫暖、連結，基本上乃至一切善良美好。就像艾娃吧，她也覺得自己不值得被善待的理由牢不可破。

你若堅持懲罰自己，那是你的選擇。其他或許會也或許不會反對你的選擇；無論如何，他們的反對不會改變你的心意。除了你，沒人有力量改變你的心意。

同樣的，如果你決定理所當然愛自己，也許有人會立即反對，或隱晦暗示或公開說明你配不上，或擅自規定你只應有多少程度的喜悅和自由。但除非你允許，不然這些否定都改變不了你的心意。允許自己關懷自己，是你隨時隨地都能行使的選擇，只有你能引導你的思緒往你選擇的方向走

——明白這件事，就是擁有力量的意思。通過覺察你選擇了什麼、為什麼做此選擇、本來還有什麼選擇，你將能召喚力量。

人們最常用來當作藉口抑制自我關懷的漏洞，叫作重蹈覆轍。

當你明明知道，卻沒做得更好

集敏銳、睿智與一切美好於一身的瑪雅・安吉羅（Maya Angelou）以她那句名言幾乎一語道盡自我關懷：「你更明白了，下次會做得更好。」安吉羅這句話是對善意和理解即刻發出邀請，這句話承認你犯了錯，但是沒關係，因為當時你不夠明白，現在你更明白了。

你學到了重要的事，所以現在錯誤甚至不再算是個過錯，已經轉化成寶貴的一課。連煩惱都不必，只要下次做得更好，那也就沒事了。你更明白了，下次會做得更好。

我愛這句話，不過同時，我一直很想為它加個註解。

現實是很多我們做的負面選擇都是重蹈覆轍。尤其當我們困在成癮模式，無論對象是人、食物、酒精、工作時，我們早就是知道的。另一個現實是，我們也知道自己早就知道。

當你對人說：「你應該早就知道的。」你並沒有向對方傳達新的資訊。這句話單純是個觸發羞愧感的陷阱，除非後面接著真心好奇的問句，例如：「你應該早就知道的，出了什麼事呢？」或：「你應該早就知道的，是不是需要什麼但你沒有？」

要是未加節制，「你應該早就知道的」的自我對話會移轉成「你在想什麼？怎麼會那麼笨？你活著到底都在做什麼？」從這個滿載羞恥的出發點，你最不會做的就是尋求能幫助你、療癒你的事物，因為你會覺得自己配不上。恰在你最需要的時刻，你把所有同情關懷一把掃開，半點不留，就像掃掉桌上的蛋糕屑。你若不用自我關懷回應你的重蹈覆轍，其餘一切都會變成懲罰。不關懷自己不只傷害你，也傷害你周圍每一個人。

當你不給予自己同情關懷，也等於保留你的天賦和獨特存在不給別人。一面設法展現你完整的自己，同時又一面懲罰自己，這就像替正在慢跑的人按摩，怎麼試都沒用的。你不可能一面懲罰自己，一面還能有耐心、創意、堅強、關愛或可靠——你連做自己都不成。

拒絕同情自己，反映出一種受到誤導的意圖，以為這樣就是負責任，這樣就能表現你很抱歉。羞愧就省了吧，改變行為才是最好的道歉。

有時候，成長看似進兩步，退五步。康復不是直線的，也不是迭代的。康復是個過程，不是結果，而在康復和學習的過程中，重蹈覆轍很重要。同一個學習主題的不同變體會反覆出現，每一次出現，你都會更完整地體悟那個教誨一點。學習的運行本應如此。

學習過程包含許多重蹈覆轍，這個事實令人氣餒。我們討厭犯同樣的錯。我們自動假定重蹈覆轍代表我們失敗了。但重蹈覆轍也能代表我們正在學習，假如人的學習不必經歷重蹈覆轍，那將代表我們是機器人。

典範轉移

人類擅長制定規則，更擅長打破規則，最擅長的則是懲罰。對於完美主義者，精通自我懲罰幾乎是必然的事，就像某種成長的里程碑，心理版本的學會用湯匙餵自己吃飯。

另一方面，通曉愛自己呢？這件事，我們似乎需要多年的諮商和瑜伽課程、悉心營造品牌的美容產品，才有一點機會做到。但萬一我們沒做到呢？畢竟這是我們的選擇。

如果各地的完美主義者都決定專精於愛自己，而非懲罰自己，那會怎麼樣？如果我們乾脆把整個該死的典範顛覆過來呢？

這個典範轉移後的樣子，會像是你身分認同的核心將是你的潛力而非侷限。會像是你想起不只每個人都會犯錯，而且每個人都會重複犯相同的錯，有時甚至長達多年。最要緊的是，這個典範轉移會始於也終於你對自己表露同情與關懷。下一章會教你怎樣做到。

第6章

提升心理彈性，維持內在恆定

避免情緒耗竭，不忘自我關懷以成就長遠的成功

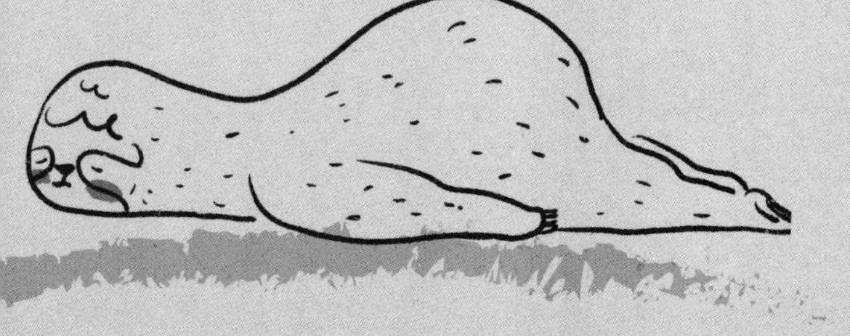

肯認推崇與慶祝推崇的力量

你的人生也許會順心。剛開始很可能不會，但你會獲得詩。

——伊莎・戴利－沃德（Yrsa Daley-Ward），作家、模特兒

星期二，下午五點三十分。

目光對上的瞬間，我就覺得瑪雅不太一樣。她從等候室緩緩走進來，走向沙發，經過我掛在諮商室牆上的一幅大型畫作。我在我的座位上看著她用指尖滑過凹凹凸凸的金邊畫框。

我：你今天好嗎？

瑪雅：我覺得……很好。

我：多說一些嗎。

瑪雅：嗯……我來之前去接諾亞（她女兒）遲到了，但這在所難免。我沒有晚到很久，她沒

事。我們走回家的路上其實還聊得很愉快。

瑪雅分享了幾則女兒說的好笑的事，也說雖然才沒幾個路口，但這段路感覺母女心連心。

我：上一次接諾亞遲到，在你的內心掀起軒然大波。你當時真的很不諒解自己。

瑪雅：是啊，那時候的確。

我：但今天沒有發生。

瑪雅：沒有。

我們沉默了好半晌。她嗑藥了嗎？躁狂發作？喝了小酒？搭乘四號地鐵前來諮商的路上莫名其妙茅塞頓開？

我：我探不到你今天的情緒溫度。

瑪雅：你也知道，我只是，我很好。

瑪雅看著我，想找到對的字詞表達自己，手也一邊撫起沙發，簡直像在撫摸一隻隱形的貓。她低頭看了看自己的手，忽然作聲，把我嚇了一大跳。

瑪雅：這張沙發是綠色的。等等，這是絨布？

我：瑪雅，現在是怎麼一回事，我需要你跟我說。

瑪雅：我這一年來一直坐在綠色絨布沙發上，但我現在才注意到。

這個忽然的體認，讓瑪雅同時覺得鬱悶，但又燃起希望。近幾個月她一直在練習用自我關懷取代自我懲罰，卻沒感到有何變化。我一陣子前就注意她的變化了，我分享了我的觀察，但她不相信我：「你自然會那樣說，你是我的諮商師。」

現在變化逐漸在她眼前浮現。她愈是向內在適應，她的生活愈是向她靠近。瑪雅的生活從黑白轉為彩色——或以眼下來說，轉為森林綠色。

比自我懲罰更大的問題

懲罰自己對你的力量是極大的消耗。待你停止懲罰自己後，你可能會很驚訝你的思緒、你的心、你的靈魂能清出多少自由空間。在你的力量回來後，連綿的開廣可能會令人一時茫然。你開始注意到從前未曾注意的事物，你開始用不同的眼光看見他人。

摒除自我懲罰以後，你也發現一個新的問題，一個更大的問題。你的問題從來就不在於你是完美主義者，你的問題也不再是你懲罰自己。你現在的問題是，你尚未活出完整的自我。

我不知道你確切需要做什麼才能活出完整自我。這只有你自己知道。我能告訴你的是，要成為你所是的人，你必須停止當你不是的人。你需要放下不再適合你的人事物，不畏懼失敗，在失敗的經驗中發現什麼對你有意義，並且無論如何都關懷善待自己。要實現這三連環，重心需要放在康復，而不是改變。前者在各方面都是更難的一課。

只是在生活中做出實務的改變，那只是新瓶裝舊酒，失能的還是一樣失能。你不再和情感冷淡的侍酒師妮可交往了，但現在你和情感冷淡的分析師亞瑞安娜交往。你減少了用實物麻木自己的傾向，很好，但也不好，因為你現在換成用揮霍金錢來麻木自己了。這些物的改變形同交易垃圾。改變不是你強迫得了的；改變是康復自然的副產物。你可以改變，但沒有康復，但你康復不可能沒有改變。說到尋求改變，沒有哪一個策略能勝過康復，因為康復會使改變自動發生。

完美主義者不喜歡把重點放在康復，因為康復不是一件可以照規範努力的行動。我們更情願自己有某個地方出了很大的錯，或是許多中等程度或小的缺陷也行，因為這樣我們就可以按部就班一口氣消滅自己所有短處，完美重整之後繼續向前。

康復不在於根除我們最厭惡的部分，不斷取得成就也換不到康復。康復是明白此時此刻你作為你，已然完整，或稱為完美。這一刻，你值得擁有的愛、喜悅、自由、尊嚴、連結，不下於任何人值得擁有的。如果你能完全接受你無可動搖的價值，那就會是你需要的一切療癒。這聽在完美主義者耳裡會很洩氣。完美主義者喜歡有個計畫。

完美主義者想要步驟和時間表。我們想要方便的縮寫、六個簡單原則、三十日計畫。為改變找個明快有效率的途徑，能使人短暫產生振奮的感覺，以為化解問題只單純關係到自律。你要做的就是確實聽從建議，告訴你怎麼樣活出你最好的人生，即便那個人既不是你也不認識你。完美遵從具體建議，萬一沒做好務必怪罪自己，不要怪罪方法。永遠要怪罪自己——這樣子你才能保有控制，因為假如一切都是你的錯，那等你終於振作起來、變得完美以後你就能修正所有錯誤。

電視購物式的療癒是這麼的吸引人，要是真的有用就好了。真正有用的是脫離「你不是這樣的人」、走向「你是這樣的人」這個無形又冗長的過程。這個過程並不光鮮亮麗，你不會獲得任何嘉許，過程中沒有指引，也沒有終點線，因為它永無止盡。願你玩得開心。

區別「好的熟悉」與「壞的熟悉」

除非你有意識地決定想要康復，不然你永遠會熟悉和方便，而非驚喜和努力，因為人的生性如此。熟悉和方便給予我們控制，繼而帶來可預測的結果。只要能預測周圍環境，我們的生存機率就能提高。

生存並不要求你康復或茁壯；生存只要求你不死。如果你的目標僅僅是生存，你自有必要迴避一切風險。如果你的目標是把生存技能拓展成「茁長」的技能，學習如何承擔風險就很重要。風險並不自動代表危險，風險自動代表的只是不確定性。要承擔風險，首先你就得放下可預期的結果。放開可預期的結果是一件很有野心的任務，原因有二。第一、你會感覺自己失去掌控（因為你確實是，這是好事）。第二、放下熟悉的事物，改而嘗試新事物，這需要不斷的努力練習。至少在最一開始，你必須消化比平常多上更多的資訊：這東西我喜歡嗎？這是我想要的嗎？我是這樣的人嗎？這之於我管用嗎？我更高興了嗎？我現在該哭嗎？這對我的人際關係有何作用？這會怎樣影響我的工作？這值得我不安嗎？這裡有沒有供應點心？現在狀況是怎樣？

在這些心理計算背後，返回熟悉事物的演化本能也在作用。吸引你投入熟悉動態的誘因，是你不必再消化任何新資訊。就好像搭優步下車時不必為付錢傷腦筋，那種體驗之所吸引人，是因為它流程經過優化，明快又有效率。

你的大腦喜歡明快有效率；所以即使熟悉的事物正在傷害你而你也知道，你還是會被熟悉給吸引。比起不確定的未知，「你認識的魔鬼」對你的大腦更有吸引力。伴隨熟悉事物而來的誘人的輕鬆感，始終在你康復的背景發出竊竊低吟。你不想走回頭路，但當你置身於陌生的新疆土時，熟悉感就像家一樣令人安心。熟悉的事物可以是家，但若你熟悉的事物也正是傷害你的東西，那就不是了。

你不需要為了康復，拋棄一切舒服自在的東西。不過你確實有必要區分「好的熟悉」和「壞的熟悉」，因為兩者同樣是很大的慰藉，兩者都會吸引你。

你壓力愈大，愈難區別好的熟悉和壞的熟悉，你只希望盡快獲得安慰。壓力反應被觸發的情況下，凡是熟悉的事物都讓你覺得：就是這個，謝天謝地，我現在就需要這個。

完美主義者尤其容易找到理由，把沉溺於不健康的熟悉事物帶來的即刻滿足感給正當化，因為這一來，這麼做看上去就不是懈怠，而是更加努力。

巴黎型犧牲自己的需求，更加努力為他人付出。嚴格型發狠工作，加班加點更少休息，無視於收益遞減定律和徹底耗盡的風險。拖延型計畫制定一個學習如何制定最佳計畫的計畫。混亂型拿自己的目標玩起疊疊樂，不停抽換優先順序，儘管這樣下去遲早會崩塌。經典型往她看見的所有空白空間強塞結構秩序，包括原本用來當作呼吸孔的空間。

最後，請放下壞的熟悉所伴隨的即刻滿足，這只是起點。努力的結果你也得放下。

恐懼驅策的努力

我們終其一生都在面對兩個循環反覆的恐懼：

我永遠得不到我想要的。

我會失去我擁有的。

兩者的共同點在於，它們都取決於未來的結果。但作用的因素那麼多，很多是你不可能預見的因素，你不可能成功控制每個結果都如你所願。換句話說，你不可能控制未來。如果不能放下對結果的執著，你會把人生都耗在兩種恐懼之間擺盪。

長期處於恐懼之中，做任何事都是徒勞。受恐懼驅策的生活方式猶如火圈，是恆久的混亂，是令人暈眩的循環。想跳脫這個循環，你必須進入當下。而想要進入當下，就必須放下未來的結果，專注於你此刻所做的事——換言之，這叫作投入過程。

放下輸贏之心，只專注於「過程」，多數完美主義者一開始會覺得像是無動於衷，很討厭。我們不知道其他還有什麼方式，所以我們心想，不再關心能不能實現目標？那我們到底要做什麼？把除臭劑換成芳香精油，與大自然物我合一？不了，謝謝。麻煩你，我還是選火圈吧。我們會這樣想。

你永遠不會體驗到未來：你永遠只能活在當下。如果你始終等待未來能感到快樂，那你永遠不會感到快樂。

我們抗拒放下結果的一大原因，是因為不想失敗。我們不想失敗，因為我們不想當個失敗的人，但我失敗了和我是個失敗的人這兩句話是有差別的。前者只描述一件事，後者描述的是身分認同。你無法控制努力的結果，但你有力量選擇如何為失敗添附意義。

踏著失敗前進

假如任由挫折、拒絕、延誤或任何你視為失敗的結果對你這個人下註解，你將很難再繼續前進，因為你不再相信自己。你把自己阻絕於成長型思維之外。處於不適應狀態下，失敗對你的可能發展有最終話語權。

但若你不允許拒絕、延誤或失敗成為你這個人的註解，前進便很容易，因為你依然相信自己。你像跨過熟睡的狗兒那樣跨過失敗，繼續前進。當你處於適應狀態，你不會給予失敗任何力量。失敗不僅沒有最終話語權，它一聲都沒得吭。

踏著失敗前進，意思是允許自己從失敗中成長，然後在這個新展開的狀態上，再試一次。你投入這個過程是為了享受樂趣並從經驗中學習，不是為了未來獲勝的榮耀。

說是這樣說，做要怎麼做？你要怎麼做選擇，才是把焦點從結果移向過程？把焦點放在過程，首先你要開始推崇過程。推崇過程又可分成兩部分：肯認（acknoledgement）和慶祝（celebration）。

透過肯認慶祝過程

無數的人用各種方式教導我們，旅程即是目的地。我們不在乎。完美主義者一心求勝。我們在乎實現結果，因為我們認為只要實現結果，我們就會快樂。你想先聽壞消息，還是最壞的消息？

壞消息是，實現某個具體結果，比方說拿到一座獎、獲得升遷、確定一段關係等，不會使你快樂。令我們快樂的是創造意義，不是斷續的擁有和獲得。最壞的消息是，快速掠過過程讓你感覺更差，因為你把莫大壓力放在實現目標上，認定那是你快樂的唯一來源，但就算實現目標了，也彌補不了你在整個追求過程中，既沒有投入，也沒有感受到任何喜悅或連結。

反之，當你把焦點放在過程，你看見的是當下發生的勝利，你看見的是現在已經可享受的樂趣。肯認能帶給你力量，因為它拓寬你的視野、觸發正向心理、幫助你擴展及建構。比方說，假設我們要肯認你目前身處的過程，看起來會像是這個樣子。

關心成為真實的你自己，跟採取行動成為真實的你自己，兩件事是不同的。你在讀這本書，就證明你已經來到關心和投入行動的交叉點，這是個里程碑。數以百萬計的人都困在半途，沒能抵達此刻你所在之處。這可是大事。所有重大的進步都始於也延續於你現在正在做的事，那就是往前踏進一步。

你很努力才來到這裡。你誠實面對不適合你的事物，很煎熬，但你承受住了。你不再容忍以前樂意恭候的那些無稽之談。你必須克服這麼多考驗，才來到此時此地讀著這本書的你。你對那些教訓已經瞭若指掌，甚至忘了它們曾經令你輾轉反側。肯認過程，要的是你肯定自己一路來到現在所做過的努力。

想想五年前的你，從當時到現在你成長了多少。如果能回到過去，把你的大腦和學到的一切植入五年前的那個你，五年前的你絕對會震撼不已。曾經的天花板，現在是你的地板。以前揮舞手腳唯恐溺斃的惡水，現在你輕鬆飄渡。

你能不能領會自己走了多遠？獲得了多少寶貴的經驗？你能不能慶幸自己努力通過了多少不安和內省？你明不明白堅持度過你所遭遇的事，到達此刻你所在的位置，需要多少力氣和勇氣？有沒有可能，你一直在思考怎麼躍過那道牆，但其實你已經在牆的另一側了？

是否還有更多事要做？是的。有抱負的人不論已經有何成就，永遠覺得等待去做的事多過於已經做到的事——這就是他們有抱負的原因。

沒有抱負的人不會是完美主義者。你心裡隱約有的那個感覺，覺得還有好多事情等著你去做，永遠沒有完結的一天，你為自我提升努力這麼久，卻覺得好像連看待事物的眼光都沒有分毫變化——這代表的是你的抱負，而非你的失敗。

世界總教我們要低調謙虛，要不斷事後反省自己，活在這樣的世界，你仍在尋找成長茁壯的方法，而不是想辦法摧毀自己，這就是很了不起的事了。這一分這一秒，你主動選擇關注可能性，所以你才會在看這本書，而不是去做其他一千萬件你原本可以做的事。你的意識狀態本身就是一種勝利，沒有人能賜予，也沒有人能奪走。走出自我厭惡的反射反應，勇敢為你此刻所是的自己發出驚嘆吧。

現在推崇過程的循環，只差慶祝便完整了。

透過慶祝推崇過程

慶祝很容易被當成可以省略或揮霍放縱的行為，但若少了慶祝，有些重要的東西會跟著失去。慶祝當中包含的細微儀式，舉凡收到邀請、梳妝打扮、碰杯、合照等，都發揮了定錨的作用，把我們與生活中的喜悅和動力聯繫在一起。沒有錨，我們將漂流無依。

少了慶祝，支持我們度過一年四季的一種輕快感會漸漸消退。我們作為個人和作為群體消化改變的能力會受到擾亂。全球疫情就讓我們見到了這堂教訓。當我們失去安全聚會的可能，我們會本能爭取一切慶祝的機會，因為內心深處我們曉得那有多重要。我永遠記得當時沿路可見的告示牌：「請為我們二〇二〇年畢業的高三生鳴響喇叭。」

除了幫助我們消化人生推進的情緒，慶祝也能助長感謝，因為我們形同承認自己慶幸所發生的事。每個人都知道，心中有愈多感謝，你也會愈快樂，但慶祝也會增加我們的幸福感，因為我們有了這個機會，肯定所有曾經幫助我們且往後還會繼續幫助我們的人。強化支持和連結是慶祝當中很具意義但經常被忽略的一環。

畢業典禮、周年紀念、喬遷慶祝、婚禮等，這些慶祝儀式的用意，全都是為了讓我們宣布某個里程碑對我們有多重要。但過程的中間點呢？中間階段，經常是我們最需要連結、認可、支持和鼓勵的時候。

你為個人的目標投注了那麼多心力，但文具店裡沒有賣慶祝這種事的卡片。當你過上自我定義的人生，也必須由你自己在地上插竿宣布：「這很重要。這是大事！」過程的中間是悄然無聲也看不見的。如果不利用慶祝增加一些聲音和可見度，過程很容易靜靜過去不被察覺。不只別人不會察覺，你自己也不會察覺。舉例來說，沒人回特意走到你的座位說：「嘿！你去年減少了一二%的信用卡債，做得好！我們應該去喝一杯，慶祝你一點一滴穩定為財務自由努力。」

你必須自己為過程中間發起慶祝。這是完美主義者在適應狀態會做的事——在過程中，而不只是在勝利後，主動邀請喜悅、連結、支持和感謝進入她的生命。

辦一場努力派對

寫這本書中途，雖然全書還只是未完成的文字檔，但我帶著女兒艾比蓋兒去了派對用品店。廣施疫苗之後，世界重新開放，能去任何地方都很令人興奮，何況是派對用品店。我跟女兒說，我們要辦一場盛大派對，就「你、我，和爹地」。

想形容什麼東西數量很多很多的時候，艾比蓋兒會說「所有數字和字母」。她才三歲，她只知道數字和字母都很多。她問我，派對會有「所有數字和字母那麼好玩嗎？」「噢，絕對會喔。」我回答她。她聽了雀躍抱住我的大腿。派對的準備開始了。

我說我們需要特別的標語、五彩碎紙、氣球——所有最好玩的東西。過了幾分鐘，我和她正在試戴塑膠高頂帽，艾比愛兒問我：「媽咪，是我過生日嗎？」

「不是喔，寶貝，不是你過生日。」我說。「那是你或爹地生日嗎？」她又問。我蹲下來看著她的眼睛，口罩底下咧開大大的笑容說：「你知道我們為什麼要辦派對嗎？因為媽咪很努力在做一件事！我們要辦一場努力派對！」她的臉龐一亮，露出三歲孩子純真的快樂，然後挑了粉紅色的飄帶。

努力嘗試一件事是絕佳的慶祝理由，這並不是說你一定得有個理由。某一天下午，我正與一位當事人諮商，她是經典型完美主義者，她和我分享自己在做的練習，正好我也在做類似的事——我們都把自己喜歡的事物條列出來，提醒自己記得。她身為經典型完美主義者，當然也為她的清單加上完美的標題，就叫「喜歡清單」。

我的喜歡清單裡，在「樹隨風搖曳」和「看到有人把狗狗當成人類認真對話」之間某處列著：「寫著『不為什麼』的氣球。」就算是你備感困惑的時刻，不確定一件事是才要開始或行將結束，是即將獲勝，還是就要輸了，甚至不確定「過程」這個詞到底代表什麼的時候，也一樣積極邀請喜悅進入你的生命吧。寧可多多選擇不為什麼。

慶祝是有意識地讓這一刻充滿感謝和肯定，喚醒你意識到生命中的喜悅。而說到邀請喜悅，其實不限作法。慶祝不必一定要舉行派對，也不一定要花錢，甚至不一定需要另一個人。

你可以為自己煮一頓豐盛滋養的晚餐，享受平靜獨處的一刻，這也是慶祝。你可以與朋友散步作為慶祝，也可以在後院鬧哄哄地烤肉，或到海邊游泳、塗上紅色唇膏、去實體電影院看一場電影，或用一用你省著捨不得用的昂貴用品。俗話說得好，「好東西別留待特別的場合，活著就是特別的場合」。

慶祝永遠不嫌早

過自我定義的人生，代表成就的樣貌由你決定，要在什麼時候如何慶祝那項成就，也同樣由你決定。有的人不喜歡在過程中慶祝，因為他們不希望觸霉頭，不想「太早」享受這一刻，怕會損及實現結果的機會。

我們可能太常忘記一件事：這一生沒有什麼是能保證的。如果我們只在確定有把握、確定不會輸的時候慶祝，那我們永遠不會有動機慶祝。這個世界上沒有確切擁有某樣東西這種事情。

我們常選擇不要「太早」慶祝，用這種方式抵銷我們預期中的悲傷。你試圖控制此刻不要感受到太多喜悅，期使自己之後也能控制不要有太多的失落。

我執業到現在可從沒聽過誰說：「呃，我深深盼望的某件事落空了，但幸好當初我沒有太高興，所以現在也對痛苦免疫。我今天好像沒什麼能說的。」痛苦怎樣都會到來。

你就算從生命裡除去喜悅也控制不了悲傷。你無法控制悲傷，就這麼簡單。

從力量的立場對待喜悅，樣子就像承認喜悅無須有外在的標誌證明，你也能正式感受到。此刻你人生中發生的正向時刻都是真的，停留或消失都無損於它們此刻的真實。此外，這些正向時刻主題不必非得是成就，也可以簡單如全心在場品嘗早晨第一口熱飲。你的「喜歡清單」上的任何事都算數。

趕走只有受苦才能成長的念頭吧。經由喜悅，你照樣能有深刻的成長。「做內在功課」的重點，並不只是學習辨認及說出我們的悲傷、憤怒和憂慮。學習辨認、說出、慶祝我們的喜悅，也一樣重要。甚至後者往往才是更艱難的功課。對完美主義者來說尤其如此。

慶祝很重要，你很重要，你做的事很重要。你為之努力的計畫和關係很重要，不是因為它們能通向嚮往的結果，而是因為你認定它們值得你付出寶貴的時間和心力。過自我定義的人生，意思就是：體認到你選擇珍視的東西，它就是珍貴的，你決定在乎的東西，它就是值得在乎的。

試想你的人生會是什麼樣子，假如勝利可以在過程當中感受到，外在認可的成就只是情感上的紀念物，失敗則不曾預先存在於你腦中。

直覺是你最好的嚮導

當然，努力的過程可能包含幾個月、幾年，甚或是幾十年不懈地，一步步往實現某個構想邁進。在任何過程中，總有些事會出現毀壞需要修復。如果你認為總有些事會出現毀壞需要修復的原因出在於你，那我得說——這句話我是出自關愛說的——請不要自以為是了。這世界不是繞著你轉的。每個人無一例外，都會遭遇或大或小且出乎預料的挫敗。要能在放下、踏著失敗前進、遭遇預料外的挫敗之際體現你的力量，你需要磨練你的直覺、明辨你的意圖。

說到過上自我定義的人生，直覺是你最好的嚮導。我們常把感覺和直覺混為一談，但兩者其實不同，遇到做決定的時候，重要性也不能等同視之。直覺和感覺雖然都能投下一票，但直覺有否決權。

感覺是短暫易逝的，很容易受最基本的外在環境擺布，可能是下雨天、肚子餓、天氣熱、拿到免費樣品等。直覺不會被收買。直覺不會因周圍環境、你的心情或能量高低而改變。舉例來說，你知道目前的工作壓力超出負荷，環境也不健全，對你有害無益，你應該離職。這時候，你的公司舉辦員工感謝日，招待大家到新餐廳享用美味午餐，餐後還有快樂的郊遊。你的感覺可能會開始說：哎，這個工作其實也沒那麼差啦。也許我可以再堅持久一點，目前也還算不錯。但你的直覺不會因此放棄。

直覺從不對你說謊。留意那些不變的預感，那些就是你的直覺。假如認定直覺只會以明確的「該做或不該做」的樣貌出現，那是過度美化直覺。你的直覺有時候會要你等等看，慢慢來，往前一小步能探頭出去看看轉角就好。當你的直覺告訴你下決定前應該給自己多點時間，你可能會覺得自己對人生有些被動。但耐心不是被動。

知道你應該做些什麼，跟明確知道該做什麼是兩碼子事。我們只有在最幸運的情況下會同時確知這兩件事。直覺告訴你還沒準備好做決定，跟直覺昭告你該或不該怎麼做，是同樣合理也同等重要的。

當直覺提醒該走了，那就是現在

你就算把一件事的優缺點列出來寫二十遍，也無法強迫自己確定該怎麼做。曖昧不明的灰色時刻，是在引導你相信自己。如果你經常關懷自己，那當正確該做的事漸漸浮現時，你會認得出來。就像詩人奧登（W. H. Auden）寫的：「真相，如同愛和睡眠，厭惡太熱烈的親近。」

也有些時候，直覺只告訴你該遠離什麼，卻似乎沒考慮要給你後續的指引，告訴你該往哪裡去。沒有明確的前進指引是很令人灰心，但就算這種時候，你的直覺還是有用的。有時候你知道一件事，不見得叫得出它的名字。

比方說，你可能不記得上個月去的那間義大利餐館的名字了，但只要聽到你就認得出來。朋友問：「是不是叫瑟萊斯？」你說不是，你記得是別的……朋友又問：「還是叫伊布里甘特？」你說不是，也不是叫這個。話到嘴邊只差說不出來的這種知道，也是有用的，因為你能因此立刻認出錯誤的答案。在你不知道正確答案的時候，就發揮直覺認出錯的答案，然後遠離這些錯誤選項。離開那個總是令你覺得不舒服的人。離開對你沒意義只是虛耗你時間的事物。離開投注心力卻從無回報的關係。

專注於該離開的事物，有時候會讓你覺得自己很消極；但別把誠實當成了消極。你愈讓自己遠離錯的道路，愈有機會誤打誤撞走上對的道路。

跌跌撞撞才找到適合你的答案並不要緊，很多人都是這樣子的。如果你以為別人能夠盡展長才，都是如大雁行空般優雅，排成整齊的隊伍在神聖之夜從明月前滑翔而過，那你就錯了。說到尋找適合自己的人生，每個人在找到前都是笨手笨腳的。

有的人找到自己，是因為知道自己是怎樣的人，而後朝著那個方向前進。也有的人找到自己，是因為知道自己不是怎樣的人，然後盡量遠離那個方向。我們大多數人這一生的努力是這兩者的結合。

傾聽直覺對你悄聲訴說一些小事，與聽從直覺為了大事朝你大吼同樣重要。直覺的運作沒有分層級高低。你愈尊崇直覺，愈能獲得深層的慰藉。只有你能尊崇你的直覺，因為只有你聽得見。發揮直覺，你會成為最勝任的專家，了解你真實的自己。別人不會知道你知道的事，一定得由你來。

放下控制，走入你的力量之中，就像把「我該怎麼做」這個問題，換成「對這件事，我的直覺是怎麼說的？」

明辨意圖，用生活演繹它

意圖造就你的人生風格。目標代表明確界定可量化的成就，意圖則更複雜。意圖不表現在你做了什麼，而表現在你怎麼去做，不表現在你是否做到了，而是表現在你為什麼要做。目標是你努力爭取的東西，意圖則是你之所以努力爭取，背後的能量和目的。

目標可能帶有意圖，也可能沒有，反之亦然。比方說，當上職業演員是一個目標。希望吸引他人拓展同理能力是一個意圖。你沒有意圖也能當上職業演員，這時候凡是有酬勞的角色，你幾乎都會接；你可以整個職業生涯靠穩定出演牙膏廣告維生。你也可以懷著吸引他人拓展同理能力的意圖成為職業演員，這時候你會把重心放在你能演活人物性格的角色，期使觀眾感受到人物的心境。

就算沒達成目標，甚至連個目標也沒有，你一樣能尊崇你的意圖，方法是利用每一天的生活彰顯你的意圖。比如說，你當了演員可能從沒「大紅」，但你還是獲得了樂趣，因為你找到方法發揚當初驅使你追求演戲的意圖。

另一個表示你尊崇意圖的方法，是始終如一地活出你的價值觀。如果善良是你相信的價值，你不會只在有人在看的時候善良待人，你隨時都會保持善良。你善良不是因為能得到嘉許，你也不需要外在認可告訴你善不善良，你自己早已了然於心。

假如有一項專門頒給善良的獎，每年有一名得主，而這一年的得主是你，那當然很好，但同時你也覺得不重要。當你懷著明晰的意圖運思行事，最主要的犒賞源自於你發揚了意圖，而不在於你因此獲得榮譽。

立下意圖，形同給自己一個管道在過程中就能感受成功、滿足和樂趣，而不會只有在實現目標後的回憶裡才能感受到這些。

當目標有意圖支撐，就能享受過程

適應和不適應的完美主義者，很關鍵的一項差異就是適應完美主義者為目標努力的同時，會找到方法享受過程，不適應的則不會。這大概是因為，適應良好的完美主義者會同時立下意圖和目標，不適應的完美主義者只會設立目標。

只設立目標的時候，你的勝利只發生於一天，在你實現目標的那一天。若你立下意圖，你會從第一天就開始接連取勝，因為你不斷有機會能發揚你的意圖。

沒有立定意圖的人，為了實現目標，什麼不擇手段的事都能做，然後管自己這樣的行為叫「抱負」。會有這種事，不是因為他們是惡人，而是因為他們絕望到不顧一切想獲得認可。追求抱負與逃避絕望並不一樣。

適應完美主義者，實現目標的前提是要能發揚意圖，否則她也不想要那個目標，因為對她來說不值得。放棄一個目標看起來和感覺上可能像是失敗。但再好好想一想吧。早在發現為了實現某個目標，最終會傷害自己，故而決定放棄之前，我們常常已經先放棄聆聽直覺，也放棄讓意圖滲透在生活中。為了什麼？免得別人認為我們失敗，把我們當成輕言放棄的人？

想往發揮潛力邁進，你除了按照自己的條件行事之外，沒有其他方法。放棄不符合你價值觀的目標，不是半途而廢的放棄，是展現力量的放棄。就好比你的閨蜜終於與勾搭她室友還偷走她所有傢俱的荒唐又惡劣的前男友斷得一乾二淨。她沒有輸，她這是獲勝。鴿子飛離嘰嘰喳喳的鴿群，才聽見那道諭示：看哪，天光多麼燦爛。是的，她離開了她繼續不了的事。不，她沒有失敗。

展現力量的放棄很重要。如果你從來沒展現力量放棄某件事，那倒值得探討。對適應完美主義者來說，成功不是由贏或輸、留下或離開、挺進或放棄界定的。成功被感受為一種內在狀態。判斷自身成就高低時，不適應的完美主義者會問：「我有達成目標嗎？」適應良好的完美主義者則會問：「我是不是對得起我的意圖？」

你愈能具體詳述行動背後的意圖，愈有可能活出驅動這個意圖的意義。以下兩個意圖一個籠統一個具體，留意其中的差別：

A. 我每天晚間六點回家，為了能有時間陪伴家人。

B. 我每天晚間六點回家，為了能與我的孩子創造有趣的回憶。

我們不會自動獲得意義；意義來自於我們明白自己重視哪些事。你可以根據你重視的事，建構你對成就的想法，你也可以根據別人重視的事，建構你對成就的想法，但他們不活在你腦中、你的心中，他們活的不是你的人生。發揚帶給你意義的事物，這股力量握在你手中。

無論如何，別忘了關懷自己

每個人都需要同理關懷。你無法控制別人會不會用同理關懷對待你，但你有力量用同理關懷對待自己。行使自我關懷是我們最強大的力量，能夠改變你的人生。一旦你學會無論如何都能同理關懷自己，則你去到哪裡都有安全感隨行。

完美主義者容易覺得強調自我關懷很多餘。「嗯哼，對自己再好一點，我當然知道。」我們想聽到真正的解決方案。我們錯以為比起同理和喜悅，在處罰和受苦中可以學到更多，並不自覺按此觀念運思行事，不明白自我關懷才是主要的解決方案。

自我關懷不是在明明既有關係也遠非沒事的時候對自己說：「沒關係，沒事的。」我把這種浮泛的安慰稱為情緒安撫（emotional petting）。情緒安撫留下的感覺不是很好，因為我們知道那不是事實。自我關懷是誠實的。自我關懷帶來真正的寬慰。

聶夫博士（Kristen Neff）談自我關懷，專業就如同布朗博士談「脆弱的力量」。作為該領域的先驅，她專書討論自我關懷，也是從經驗立場探究自我關懷的第一人。聶夫對自我關懷的定義是這樣起頭的：「自我關懷，需要我們在自己煎熬、失敗、感覺不夠格的時候，用溫暖和理解對待自己，而不是無視自身的痛苦，或用自我批評來鞭笞自己。」按她的看法，自我關懷有三個組成要素：善待自己、人的普同經驗、正念覺察。

善待自己

聶夫說，練習善待自己，取代批判自己、數落自己或自憐自艾，首先你必須承認自己的痛。關心你犯了什麼錯不是首要之務，承認你的痛才是首要之務。聶夫解釋：「我們不可能同時無視自己的痛，還對痛苦傳達慈悲關懷。」

諮商師最基本的一項任務，就是提供簡單的權限許可：

你為那件事生氣是可以的。
你依然思念對方是可以的。
你不在乎了也是可以的。

自我關懷始於允許自己面對你感受到的心情。承認你的傷痛以後，你需要用善意代替批評去回應你的傷痛。是的，也許是你當初的選擇，部分造就了你此刻的傷痛，甚至你很確定你現在苦惱的事完全是你的錯。是誰的錯不重要。在這個練習中，責怪只會分散注意力。

想想上一章我們說過，你會責怪，是因為你在與某種難以承受的情緒搏鬥，你希望甩脫你的傷痛。矛盾的是，允許自己感受傷痛，反而才能夠緩解傷痛。

英語的 compassion，慈悲關懷，意思是「同苦」，由拉丁語字根 com「一起」和 pati「受苦」組成。我們對他人的煩惱產生慈悲關懷之心，是因為在某些方面我們與對方感同身受，我們允許自己連結對方正在經歷的傷痛，並且把對方看作是一個完整的人，許多方面和我們並無不同。正因為有這種連結——我們與對方同苦，使我們心中有了幫助的動機，幫助他們也是在幫助我們自己。

自我關懷與自怨自艾，只差在一個「善意」

沒有設法理解或連結對方的處境，僅僅只是為對方難過，這只是可憐對方，不是慈悲關懷。關懷是主動的，可憐是被動的。可憐某人，是每當你看到對方的不幸遭遇，心裡會想：「這永遠不會發生於我。」憐憫一樣是種評判，只是比較禮貌罷了。沒有人想被可憐，或被當成「救濟對象」，因為誰也不會想被判斷成不如人。關懷自己或可憐自己，道理和我們關懷他人或可憐他人也一樣。自我關懷讓你感覺受到理解和支持強化；自憐自艾只讓你感到可悲且無能為力。

自我關懷需要善意。善意的意思是行事寬容且不假預設。善意不是：我決定對你好，所以你最好今晚以前心情振作起來。善意是單純的：我決定了要對你好。善良是一個展現力量的選擇，因為它讓你卸下防禦機制，幫助你建立並拓寬前進的路。想想最近一次你受到某人善待，那不只是禮貌，而是善待。想想那份善良是如何融化了你心中的某些什麼。你現在就值得感受那樣的心情。

情感成熟的人明白，要如何對待自己是自己的選擇，並且會為選擇負起責任。不選擇善待自己，那你選擇了什麼呢？

人的普同經驗

聶夫提出的自我關懷第二個構成要素是人的普同經驗，定義是「認知到煩惱苦痛和自己不中用的感覺，是人類共有的經驗——是我們每個人都會經歷的事，而非只發生於『我』。」或像作家拉莫特（Anne Lamott）說的：「每個人都是搞砸的、破碎的、黏人的、害怕的，即使是看起來生活多少還有條有理的人也一樣。大家其實和你很像，遠比你以為的還要像。」

我們很容易假設有些人就是沒有「包袱」，就算有，也是小巧玲瓏肩負得起的尺寸。每個人都為了各自有意義的事而努力而煩惱。但若黏人、害怕、每瞬間都在犯新的錯誤的就是我們，很容易讓人感覺孤立。這種時候，我們的傷痛感覺不像普同經驗，感覺像倒楣的偏偏是我。

社群媒體推波助瀾，使我們的錯誤認識加劇到危險程度，當你放眼望去人人都快樂、性感、生兒育女、事業有成、環遊世界、身邊大群朋友環繞：你不會看到誰臉上長了痘，或誰的妹妹活在驚懼之中，隨時擔心未經診斷的躁鬱症發作，當然也不會看到他人為逃避婚姻寂寞所發展的地下戀情。IG上看不到家暴，也不會看到遭受性暴力的過去、經歷自殺念頭、不孕不育、為人父母的矛盾心境、負債、長年患病、被已讀不回分手、照顧者不堪負荷、任何一種物質成癮、離婚後開始新戀情的複雜難題、痛恨現在的工作……我們人生的實際經驗在社群媒體上，大多都消失隱形。

接納我們彼此屬於人的普同經驗，就是理解我們每個人都會遭遇傷痛、都會迷惘、家中都有各自難念的經——在看不見的幕後我們都還有很多事在上演。你愈把自身的煩惱看成只發生於你、與他人無關且不自然的事，愈會傾向自憐自艾，與自我關懷離得愈遠。

正念覺察

聶夫提出的自我關懷第三個構成要素是正念覺察——感知自己的感受，同時認知到你並不只是你的情緒。聶夫解釋：「正念要求我們不『過度認同』想法和感受，才不會困於負面反應裡，或是被負面情緒牽著走。」

英語有「活著，笑吧，愛吧」（Live laugh love）這句話，在諮商師之間會說「感受並非事實」，聶夫就是在用這話點醒我們。但對自己的情緒認同不足也同樣會產生問題；以正念之名壓抑你的感受，不是自我關懷會有的反應。就以失望來說，凡是完美主義者對這種感受絕對不陌生。有時候總感覺每個人和每件事都達不到期待。那是因為每個人和每件事確實都未達期待。

不論你希望心理諮商、感情關係，或是某句名人名言，或你的孩子、你的工作、你開的車、你生長的家庭、你組成的家庭、你的假期，甚或只是你買的美髮產品帶給你什麼——不論你希望生活中所有或大或小的東西帶給你什麼，它們總有某些時候註定不符期待。這是無可避免的事。你會感到失望，你會留下不滿意的情緒，你會希望你的人生過得與當下不同。

浮現失望不是因為你做錯什麼；失望是每個人都會具體遇上的麻煩。這時，自我關懷的反應會包含允許自己感到失望，同時承認「失望」並不是你唯一有的心情。

完美主義者耗費太多精力想把自己的失望混淆成別的東西。我們不斷自問：「怎麼樣我才能擺脫失望？」但更好的問法是：「我除了失望還感受到什麼？」

受不了自己的時候，怎麼自我關懷？

人都需要連結。失去與人的連結，形同活在苦痛中。見到有人痛苦，普世共同的關懷回應是：你不孤單，還有我在。請注意這個回應與解決問題的實用性並無關係。慈悲關懷的回應，不是提出計畫，也不會想方設法控制場面。慈悲關懷的回應，是一種提供連結的回應。

也請注意，關懷的回應不會宣示對誰的愛或喜歡。這是自我關懷和愛自己的關鍵差異。向他人付出關懷時，你不是在對那個人宣稱：我愛你，我喜歡你，我覺得你很有趣，我覺得你很迷人，你的髮型很好看，我對你的心情感同身受。你表達的只是最後那一句話：我對你的心情感同身受。關懷的回應是說：我與你同在。

自我關懷不是強迫自己非要喜歡或愛自己。自我關懷是心理復原力的一項能力，包含承認傷痛、持守觀點、基於善意行動。就算是討厭死自己的時候，就算你都受不了自己了，你還是能做這三件事。

並且，自我關懷要有效，不必一定要對人格進行全面改造。你對自己展現的關懷量，與往後因此展開的康復並不等量。給自己一點同理，就像在昏暗的房間點亮一根蠟燭，火光雖小，卻能照亮整個空間。自我關懷是對自己的些許恩慈，可以如羽毛般輕盈，只須五秒，你甚至不必離開你心愛的床。

傷痛不是燙手山芋，沒有人需要被責怪

有些人的完美主義始自於童年創傷的對應機制，這些當事人而後會慢慢體認到的有兩件事。第一，他們會承認兒時讓自己彷彿感覺有力量的控制策略，像是過度努力爭取成績、討好別人等，其實是虛幻的。小時候他們並沒有力量，豐富的想像力是他們唯一的後盾。

孩子會假裝自己是無敵的、無所不能或表面上很完美，因為孩子能做的也只有假裝。在無能為力的處境下，遁入想像之中或與現實解離是一種適應手段。但同樣一套反應，在你沒有力量的小時候能助你適應環境，往後人生中待你有了力量以後，卻會變成不適應的表現。

當事人體認到的第二件事，是他們渴望的其實從來不是完美，只是希望被愛罷了。如今長大成人的孩子一直以來的執意盼望，是單純希望被看見、被接受、被無條件的接納，而不是完美。從小到大，如果你並未獲得情緒上的安全感，它會是你最想得到的東西。相比玩具糖果、豪宅美墅或漂

亮衣裳，你心心念念盼求的，是愛。

你能不怪罪任何人而接受這個事實嗎？包括不怪你的父母親，也包括不怪你自己。我們已經學會，不再把傷痛當成燙手山芋扔出去了，記得嗎？沒有半個對象應當受到指責。你的力量源於練習自我關懷，並掌握起你現在人生的主導權。

你遭遇的事讓你很熟練於切斷連結，而不是與人建立連結，後者你現在不時還是會覺得棘手。這是很能夠理解的事。這不代表你壞。每個人多少都對某件事有些障礙。重要的不是已然發生的事，而是為此你做了什麼。

從斷離模式轉換到連結模式，就想學習一門新的語言。只要你堅持學習，新語言漸漸會成為你的一部分，改變你也改變你經驗世界的方式。而學習新語言需要時間。學習新語言慢得不可思議，但開竅往往像一瞬間的事。在彷彿無止盡的過程中，你一直由外而內感受這門新語言，但只要堅持下去，終有一天你會由內而外領悟它。某天晚上你會忽然在夢中講著新的語言，再過不久甚至用它講起笑話。

怎樣堅持學習連結的語言？透過自我關懷，透過讓身邊圍繞的都是能夠流利表達連結的人。

明明知道但做不到自我關懷時，這樣做

且讓我們回到艾娃。她在團體諮商結束前對我投出炸彈後，我和她談了大概有十五分鐘。我們一起嘗試聯絡了四個人，希望有人願意到勒戒中心來接她，陪她度過今晚，或在她走回家的路上陪她講電話，什麼都好。但沒有人接電話。

我給她暖心專線的號碼，又聊到幾個她立刻就能參與的線上戒酒團體。我也和她約好明天上午會打電話給她確認狀況。我希望她今晚能借重我的觀點，所以盡了全力誠實分享對她的看法，並且都是正面之至的看法。她答應說會回家，但我覺得沒把握。我若告訴你，如果不信她會沒事，我一點也不想推門離開，那我就是真的不想推門離開。

團體諮商另外五位成員全都坐在外頭走廊地上等她，雖然未發一語，卻表達了「我們與你同在」。如此清楚展現的同理關懷，剎那間讓我大受撼動，我瞬間覺得心情好很多。艾娃也同樣被那一刻撼動，只不過她瞬間心情更差了。

艾娃為羞恥感所困，無法敞開心接受一丁點關懷，不說她自己的，也不說我的，誰的關懷都一樣。她本已覺得自己無可救藥，現在更覺得其他人為她浪費了更多時間，這又加重她覺得自己是每個人的負擔。本就疲憊不堪的艾娃，一看到其他五人在走廊等她，立時悲從中來又火冒三丈。她覺

得自己現在虧欠他們一些原本她不必給予的東西。

當晚，艾娃回家心情並不好也不覺得自己值得。她後來沒有泡熱水澡，不過也沒有喝更多酒。那一晚剩下的時間，以及接下來幾天，艾娃一直與她自己斷開連結。自我關懷像是不切實際的奢侈，艾娃並沒有付諸實踐。但她做到一件事，就是繼續選擇連結。

艾娃選擇出席團體諮商，選擇透露自己喝了酒，選擇諮商結束後與我留下來，就是選擇連結。回家的時候，雖然她氣得半死，一路都沒說話，但她也選擇了連結，同意讓一名諮商團友陪她走路回家。

隔天早上，艾娃再度選擇連結，接起我打的電話，雖然只說了句「我的心情還是像坨屎」就掛斷了。但我再打回去，她還是接了，並且願意維持通話。

這些連結當下都沒有讓艾娃覺得心情好轉；事實上，連結有時讓人覺得敷衍且無用。在你與自我斷了連結的時候，與他人連結有時彷彿也沒有意義。但不是的。

與人連結，借助他人之力

經由允許自己與他人連結，且不求這個連結能帶來立即的變化或平靜，艾娃熬過了酗酒復發。雖然當下她很討厭那樣，但現在回想起看到諮商團友在走廊等她的那一刻，艾娃承認那是她這輩子感受過最關愛、最牽絆的表現。連結有反溯既往的作用。有益的選擇可能在當下覺得沒什麼，卻能在往後讓你感到安全、堅強、喜悅、感恩。

同理關懷自己不是一個按了就啟動的按鈕。我知道很難，有時候關懷自己感覺就像不可能的事。你控制不了那種時候何時會出現，又會持續多久，但就像艾娃一樣，你還是可以選擇連結——你永遠有選擇連結的力量。就算連結在此刻沒有預期中的效果，也不代表效果不會回頭在日後產生。

向他人求援不必一定得是多戲劇性的大事，可以簡單到只是說一句：「你願意和我保持通話，我們不必說話，但一起看同一齣節目嗎？」或是：「你能不能替我帶點吃的？」或「你今天能不能多發一些愚蠢的迷因給我，我需要提振一下心情？」當然，伸手求援也可以長得像直白地說：「我很煩惱，我們能聊聊嗎？」或：「我真的需要幫忙。」或「我擔心我現在不適合獨處。」

你也可以匿名或比較間接地與人連結，例如加入應用程式創建的社團或線上論壇。擬社會人際關係，是一種你與某個戲劇角色或公眾人物感覺親近的關係，雖然你不認識對方，但對方提供你一種連結、支持、安慰之感。例如晨間新聞或脫口秀節目需要容易給人親近感的的主持人，那種親近感就是擬社會連結。

擬社會關係替代不了現實生活的人際關係，但仍是有意義的連結。例如感覺自己對外失去連結的時候，你可能會發覺自己一再重看某些影集節目。《新鮮王子妙事多》（*The Fresh Prince of Bel-Air*）就是我的重播首選，但你可能喜歡《六人行》（*Friends*）？《實習醫生》（*Grey's Anatomy*）？《週六夜現場》（*Saturday Night Live*）？研究顯示，人情緒低落的時候，會直覺趨向看重播節目，因為這能提高我們的群體歸屬感，減低孤單的感受；這時候就是擬社會連結在安慰我們。《實驗社會心理學期刊》（*Journal of Experimental Social Psychology*）一篇研究指出，看喜歡的重播節目能「緩衝自尊心下滑和心情低落，中和親密關係受威脅時經常引起的被拒絕感」。其他擬社會關係的例子還包括重讀你喜歡的書、聽你仰慕的主持人經營的播客，或瀏覽帶給你鼓勵啟發的公眾人物的粉絲專頁。這些連結都算數。你周圍無處不是與人連結的機會。

如果你實在做不到向他人求援、接受別人表達的關懷，也無法透過匿名或間接的方式建立連結或依賴你社會關係，這時候先穩住，靜一靜。我說「先穩住」有兩重含意。第一，先讓身體靜止幾秒。對諮商當事人解釋時，我是這樣說的：「有時候你需要的只是停下手邊的事，躺在地板上。」或在你的桌面或任何平面上，掌心朝下把十指張開，或單純站直坐正，拉直你的姿勢。深呼吸，靜一靜。

第二，意識到你正處於一個隱含力量的閾限空間。

意識自己身處閾限空間

「閾限」Limen一詞源自拉丁語，意思是「門檻」。當你身在閾限空間，形同處於一個過渡狀態，已經離開了一個地方，來到下一個地方的入口附近，但還沒真正進入那裡。以建築來說，走廊就是一個閾限空間。從人類學來說，閾限（liminality）的定義是「模糊曖昧或方向不清的特性，發生於成年禮的中間階段，此時參與者已不具有儀式前的身分狀態，但又尚未開始過渡進入儀式結束後將會持有的身分狀態」。

心理學上，閾限空間感覺像是同時身在兩個地方，但也哪裡都不在。大多數是後者。不知道有閾限空間的人，身在其中可能會覺得哪裡都不是自己的歸屬，覺得自己失敗了。其實，雖然感覺不像，但你正處於轉變的邊緣，即將變成一個力量更穩定強大的你。

身在心理閾限空間，你的首要考驗是要允許自己感覺空虛。處在閾界裡，你感覺到的空虛，與你的潛力是同一件事。阻止空虛感存在，也就阻礙了你的潛力發展。我寫過最早的一篇部落格，標題引用老子的一句話，所省思的就是這個道理：「埏埴以為器，當其無，有器之用。」很顯然，我當時不懂什麼叫搜尋引擎最佳化，才會下這種標題。

你必定消化過很多悲傷，才會身處閾限空間。悲傷向來是重大轉變的入場費。你必須拋棄自己身上成長後不再適用的部分，然後，迎來空虛。但我們渴望感覺豐盈，不想感到空虛。

例如「療癒食物」不是讓你覺得輕盈、活力或洗滌的食物，而是讓你感覺充實飽足的食物。空虛不是一種療癒。空虛是虎頭蛇尾，是乏味、沉默的感覺。在如今這個同時開啟三個螢幕、串流影集隨時在線的生活中，可以想見我們有多麼討厭空虛感，我們幾乎甘願拿任何東西來填滿自己，即便知道那東西正在傷害我們也一樣。

身處閾限空間，感覺就像在一間等候室裡，手機沒訊號，除了翻翻過期雜誌沒別的事可做。你頂多放鬆個四分鐘，接著就開始坐立難安。平靜令人不安。你需要一點事件來「填滿」注意力；你希望發生點事情來「填滿」時間。無聊，是判斷自己身在閾限空間的好徵兆。

一個人要成長，閾限空間是必要的。身在閾限空間，你必須允許自己存在於兩個分立的空間，同時不逼迫自己選邊站。對於正在放下控制獲得力量的完美主義者，這會像是允許自己存在於過渡空間，不再覺得你的價值繫於外在認可，但也還沒有充分把握相信自己值得這個世界所能給予的一切愛、喜悅、自由、尊嚴和連結。

在閾限空間裡獲得力量

在閾限空間裡要獲得力量，你必須記住，你並不是無緣無故被動感覺消沉、空虛、無聊的。是你主動選擇堅定站在成為一個無所拘束、更真實的自己的門檻上。進入閾限空間不要退縮。或像那些康復中的人說的：「不要在奇蹟發生的五分鐘前放棄。」

簡單說，只因為你無法容許自己去泡個熱水澡，不代表你就得摧毀自己。向外求援，安靜穩住。詩人兼思想家內普（Mark Nepo）將此形容得很美：

用生活度過你的煩惱，
你的靈魂會從燥熱中醒來，
你會想與他人為伴，如同想喝一碗湯。

實踐自我關懷的機會一生難得。我不是刻意作詩，不過機會永遠在你掌握，因為選擇始終在你手中。用關懷代替處罰來對待自己，不是選擇過一次就能一勞永逸。你必須一輩子重複不斷做出選擇。有時候，選擇自我關懷就像累了一天倒頭就睡那麼容易。也有的時候，就像最煎熬疲憊的一夜過後想從床上爬起來一樣難。但無論何時，不管是困難是輕鬆，自我關懷都會是值得的。

第7章

不夠完美的我們最需要的是……

十個思考轉化練習，
告別焦慮、過度自責等「完美」副作用

轉念的力量

參賽就是獎勵。

——魯・保羅（Ru Paul）變裝皇后、歌手

你的思考方式建立於認知習慣。認知習慣和行為習慣一樣，可以有益，可以無利無害，也可能不健康。例如以解決問題為重，就是一個有益的認知習慣。

你如果有以解決問題為重的認知習慣，遭遇難關時，你的思緒會經常集中在有用的問題上面，例如：問題究竟出在哪裡？誰能協助我釐清選擇？我的目標是什麼？

相較之下，思考過度則是徒增煩惱且不健康的認知習慣。你如果有想太多的習慣，遭遇考驗時，思緒常會集中於循環反覆又沒用的念頭，像是：太糟糕了，我怎麼會那樣做，真是太糟糕了。要是從來沒發生就好了。

想太多是毫無力量的舉動。思考過度有兩個方向，不是一再回想已然發生而你無能為力的事件

（稱為反芻，ruminating），就是煩惱尚未發生但理論上可能發生的事，擔心最壞結果發生（稱為災難化思考，catastrophizing）。陷於反芻的時候，你錯把重播當作反省。陷於災難化思考的時候，你錯把擔心當作提前準備。

想控制思維習慣，方法是盡量逐一改變你的思考想法。控制想法會消耗大量心力，因為你必須監督管理每一個進入腦海的念頭。你可以藉由採納更開闊的觀點來行使力量。一旦觀點轉換了，你會自動以新的方式看待事物，並且從此難再無視。觀點轉換能一舉改變你的思維。

開拓觀點並不會讓你舊有的思維消失，也沒這個必要。舊思維可以與新思維並行存在。重點不在於由一種思維模式主宰，重點在於保持足夠開放的心境，明白觀點是你的選擇。你能做出最強大的觀點轉換，是領悟此刻的你已經是完整而完美的了。也許偶爾需要藥物或咖啡、音樂、諮商，或其他類型的改善修補才能打起精神，但這不代表你是破損的，這代表你是活在世上的人。

接下你將遇見的十個觀點，是值得完美主義者關注的影響最鉅的觀點轉換。本章你的任務是對這些觀點開放以待，之後沒別的事，保持心態開放是全天候的工作。

1. 多行動少情緒

反事實思維是你的大腦為已然發生的事件創造替代情節，比方說，假設你開車通過十字路口時，另一輛車闖紅燈，直直撞上你。你的車旋轉出去被第三輛車撞上。十秒鐘過去，車禍結束了。你渾身顫抖到不行，所幸沒有什麼傷勢，你逃過一劫，只有些小擦傷。發生車禍但平安脫身是事實。反事實思維（與事實對立的想法）可能是：我差一點就死了。

若想到的替代情節比現實結果更吸引人，稱作向上反事實思考（upward counterfactual），例如：我要是早點下班，就不會出車禍了。想到的替代情節若不比現實吸引人，則稱作向下反事實思考（downward counterfactual）：我很可能死於車禍。我們每個人都擁有反事實思維，它是一種認知反射。

據研究指出，我們投向反事實思維，除了幫助自己未雨綢繆，也有助於調整心情和行為。例如想到事情原本可能更悲慘，會增加我們對現狀的感恩。這種感恩之心在負面事件後，產生的想法：我很可能會死，謝天謝地我還活著，有重要的「心情修復功能」。我們在不幸事件後之所以能平撫自己的心情，是因為大腦用認知的力量加工處理腦中開展的替代情節。這個力量就是反事實思維。

某些情況下，向上反現實思維也能提振心情，幫助調整行為，特別是與表現好壞相關的時候。比方說，你擊球觸網，輸掉了網球賽。接著你經歷到向上反事實思維：「要是我拉長擊球的拋物線，別為了取勝這麼急躁，我可能就贏了。」這個念頭能提高你再嘗試的動力，因為你看見自己哪裡犯了錯，像是你為了快速反擊把角度打得太刁鑽等，也意識到怎麼改正，舉凡調整行為，拉長擊球的拋物線，之類。所以雖然輸球，你仍期待下次回到球場，打得更有策略。

你需要向上反事實思維來刺激進步，因為要是想像不到能產生更好結果的情境，你也不會嘗試改進。但向上反事實思維必須聚焦於具體修正（稱為 specifity，特定性），且是你有能力改變的（稱為 personal agency，個人能動性），並且前提是該一動態有可能再度發生。

特定性和個人能動性才是提升行動意願的關聯因素，向上反事實思維本身並不是。

向上反事實思維沒有助益的例證

舉例來說：我本來能贏的。這個向上反事實念頭沒有幫助，因為欠缺特定性，並未關注任何具體修正。

要是我早點下班，就不會出車禍了。這個向上反事實念頭也沒有幫助，因為不管幾點下班，你都控制不了在你開車的時候會不會有另一輛車撞上來。或許你當天如果提早下班，可能確實不會發生車禍，但你為個人能動程度添附的因果推論並不正確。車禍不是因為你準時下班造成的，你就算提早下班也預防不了未來再發生車禍。你是在假裝自己當時對事件有得控制，這樣便能假裝對未來也有得控制。車禍是一起隨機事件，重複發生機率不高，所以在這個情境下，向上反事實思維的壞處大過於益處。

向上反事實思維也有未雨綢繆的功用。你去登山，雙腳全程凍得難受。你不停心想：「要是我穿了保暖的襪子就好了。」猜猜下一次是誰會記得多帶幾雙保暖襪子？我敢保證你還是不會穿保暖的襪子去登山。

基本上，反事實思維又可分為基於問題或基於性格：

基於問題：要是我有更多方法降低生產成本，我就能維持營業利潤了。

基於性格：我要是不那麼笨，我就能維持營業利潤了。

用加法取代減法反事實思維

此外，反事實思維也可以分成加法的「你想到添加一些作法以改善情境」，或減法的「你想到減去某個作法以改善情境」。減法思考只能產生減去X這個單一方案。加法思考仰賴發揮創意解決問題，是更好的對應策略，因為能產出多個可行的方案，既提高個人能動性也提高行動意願，兩者相輔相成。

注意以下有底線標示出來的減法反事實思維。也請注意反事實思維可以多麼自然就引導出，懲罰自己的自我對話：

要是我沒在會議上衝動發言，我就能被指派當組長了。我以後開會最好別再發言。我每次都說錯話。我什麼才能學會在會議上閉嘴？

以下是加法反事實思維的例子也以底線標示，伴隨的是自我關懷的回應：

要是我沒在會議上衝動發言，我就能被指派當組長了。從現在起，我可以在開會前具體想好問題或評語，或者會後再用電子郵件把想法發給團隊，這樣我也有時間消化一下哪些評論有用。我常常沒能在對的時機說對的話，不過這種問題人人都有。唉，我覺得好尷尬，這種感覺真難受。我能做什麼幫助自己熬過這一刻？對了，傳簡訊跟麗莎說吧；她永遠能逗我笑。或許下班後順道去一趟超市，今晚煮頓豐盛的晚餐。回到家我要放音樂，那樣肯定不錯。明天又是新的一天，會沒事的。

認識對比效應

研究顯示，反事實情境的開展愈是容易想像，愈能影響你往兩極方向（負向或正向）的情緒反應。舉例來說，你發生重大車禍，車輛翻滾三圈，但你生還下來，比起只是發生小擦撞，你會更覺得慶幸，因為你更容易想像重大車禍可能導致你死掉。同樣道理，相比差十五分鐘錯過公車，差二十秒錯過公車，你會更容易覺得沮喪。實際上兩者都會得到一樣的結果：你都得搭下一班公車，但你的情緒狀態並未建立於結果，你的情緒建立在反事實思考的強度上。

認識對比效應（contrast effects）這條心理原則，有助於釐清反事實思考如何影響滿意程度。對比效應，是指你的認知或感受會根據當下最顯眼突出的資訊而改變。比如，一間商店裡如果每樣商品都超過一百美元，唯獨一條圍巾賣三十美元，這條圍巾就會讓人覺得實惠。但同一條三十美元的圍巾，在十元商店就會顯得貴。你習慣抱三歲大的孩子，抱起六個月大的嬰兒，就會感覺嬰兒很輕。你連續和三個男人相親，每個都粗魯無文討人厭，下一個相親對象只是吃東西知道閉著嘴巴，你也覺得像白馬王子。

一九九〇年代有一篇著名研究，研究者以一九九二年夏季奧運的銀牌和銅牌得主為對象，調查反事實思維和對比效應。他們發現，拿銀牌的感受往往比拿銅牌來得差，因為拿到銀牌者最突出的反事實念頭是我差一點能奪金，相較之下，拿到銅牌者最突出的反事實念頭是我本來可能沒名次。

研究者總結說：「想像原本可能的結果，可能導致表現較佳者感受比輸給他們的人更差。」

我與高成就完美主義者諮商時，常拿夏季奧運這篇研究出來強調，希望他們藉此也能允許自己感受以及後續關懷自己，與渴望的目標就差一點卻未能獲得的痛苦。不管是實際上或比喻上屈居次位的人，對他人講述失望時，明明是誠實描述挫敗的心情，往往卻招來他人的規勸，例如：「你應該高興才對呀！你瘋了嗎？能走到這裡很了不起了！」這些意見在這種情境下沒有半分幫助。

銀牌之痛是很真實的感受，可以想像那真的很痛。你必須承認它痛，才能關懷自己然後向前邁進。否則，你會困在自我懲罰的迴圈中。你可以這樣想：我知道我表現很好。很多人有這樣的結果就高興上天了，我不該失望才對。我現在開心不起來，以後怎麼可能開心。我怎麼會這樣？好討厭，我討厭我自己。

諮商師經常提醒當事人留意自己的反事實思維，因為反事實思考影響一切：我們做的決定、滿意度、個人能動感、再度嘗試的動力，以及挫折、感謝、後悔、不甘心的感覺等，這可以一直列下去。反事實思維影響我們生活的各個方面。

我們無法控制，但能有意識地回應

完美主義者若沒有意識到自己的反事實思維，就如同在路上逆向行駛。因為絕大多數時候，完美主義者是會注意到理想與現實差距的人，完美主義者的生活，幾乎時時刻刻在與反事實思維交戰。

與反事實思維交戰不是壞事。研究顯示，向上反事實思考在適應狀態的完美主義者身上能提升動力，相比不適應的完美主義者，適應完美主義者能運用比較具體且屬於加法的反事實思考。只有在你不承認它是認知反射，也不知道你有力量將它化為助益的時候，反事實思維才會變得不健康，而帶來負面影響。

假如不承認反事實思維是認知反射，完美主義者會浪費心力強迫自己，別再去想原本可能的結果。就像你看到一個字，大腦會自動去辨讀，大腦也同樣無法不產生反事實思考。你不會看到個別字母並排在一起，然後才決定自己想不想讀出這個字；你看到字的同時也已經辨讀出那個字。

負面事件與反事實思維會接續展開。事實上，比起事情順利開展未遇意外，在失敗或遭遇挫折之後，你更有可能出現反事實思考。無論如何，反事實思維會出現是事實，你控制不了，但你有力量加以利用，以助於提升你的滿意度和動力。

反事實思維會以連續體的方式運作，範圍包含自動運作到詳盡闡述。自動的反事實思維是對事件的反射反應，闡述的反事實思維則是根據你決定如何經驗那個情境，有意識地引導思考。比方說，反射感受到銀牌之痛後，你可以選擇闡述你差一點就得到什麼，也可以選擇闡述你進不了多少、獲得的能力、過程中感到多麼快樂有活力、一路上交到多少朋友、為目標努力所展現的氣勢等。

反事實思維是你的大腦初始整理資訊的方式。之後要怎麼根據這個資訊建構意義，取決於你。現實是除非你的人生甘願只在小圈子當大人物，否則你不可能隨時把每件事做到最好。只要你有勇氣冒失敗之險，你遲早會對上強勁對手並且敗下陣來。落敗證明你沒有讓自己先被未知的結果嚇到不敢行動，你有足夠的膽量去嘗試，而且允許自己在失敗中成長。是的，你的反射會冒出來；反射本來就是這樣。你無法控制你無意識的反應，但你有力量選擇有意識的回應。

以下問題能幫助你覺察自己的反事實思維模式，這個反事實念頭是：

- 向上或向下？
- 籠統或具體？
- 根據不太可能再度發生的隨機事件，還是你個人能左右的重複動態？
- 加法的或減法的？
- 基於問題或基於性格？
- 自動的或闡述的？
- 容易想像發生，或難以想像發生？

- 激起自我關懷的對話，還是自我懲罰的對話？

你可以有意識地用替代想法中斷反事實思考模式，這並不需要你抹滅所有與比較無用的反事實念頭相關的負面感受和想法。你經驗的感受可以是多層次的。你可以既失望也自豪。你可以一邊好奇可能的結果，一邊也感謝現在的狀態。

所有建構在對立想法和情感之上的心理都是這樣的，對於自動反射的或詳盡闡述的想法，你可以兩者都選。

2. 支持有許多種面貌

艾莉西亞在我們的諮商中途打起了瞌睡，這不是第一次了。會在與我諮商時打瞌睡，原因在你，不會在我。我閒聊問艾莉西亞怎麼回事，她只淡淡說她身體疲累。她剛生下第三胎不久，上個月重回職場工作。

當時她每句話最多也就五個字：「這裡沒嬰兒。沒人需要我。你有茶欸。」她閉上眼睛，仰頭靠上沙發：「我愛這沙發。想要這沙發。」我笑了，但她沒有。她依然仰著頭閉著眼睛，這時我注意到她的手。她的手掌張開，雙手垂放在身體兩側，樣子讓我不禁想為她蓋條毯子。

那時諮商時間剩下二十分鐘，我說：「聽起來，你只是真的需要睡個覺。我拉上窗簾，到外面等候室三十分鐘再回來，讓你休息一下會不會有幫助呢？我的每一節諮商都有十五分鐘間隔，你在裡面休息，我可以到外面寫我的紀錄，彈性延長時間。我會確保不會有人闖進來。」

我難以形容艾莉西亞臉上的表情。

「什麼？好啊，當然好。」她說。我起身拉上窗簾，轉身回頭，她已經躺下閉上眼睛了。我天人交戰了一秒，猶豫要不要悄聲請她脫鞋子再躺沙發，但我深吸一口氣，決定就這樣吧。我躡手躡腳溜出諮商間，過了三十分鐘才再敲門。

下一次諮商時間，艾莉西亞搶著答完我的例行詢問，說：「我很好，一切都好。太感謝你了。今天可以再像上次一樣補眠嗎？」往後兩次諮商時段，艾莉西亞都一樣，一進來就加速答完問題，然後小寐補眠。

儘管我心裡五味雜陳，想著鼓勵艾莉西亞利用諮商時間睡覺，究竟道不道德又有沒有效率，但最後我決定至少以眼前短期來說，這是我能提供的最大幫助了。我們當然談過她在諮商室之外也得多挪出時間睡覺，但那一個月她是辦不到的，她剛重回職場，同時要擠奶哺乳、產後惡露尚未結束，又要照顧另外兩個幼小的孩子，還要面對產後荷爾蒙驟降引起的情緒變化，這個女人需要休息。

後來我們提到這幾次補眠諮商都感覺特別親暱，這讓我想到以前做過的危難救助工作，心理輔導時間大多都用在確保住宅、申請食物銀行、準備履歷等。周全的心理健康支援是因時因地而異、多管齊下、而且高度個人化。

六個方法，更有彈性地支持自己與他人的心理健康

消化你的想法和感受自然很重要，但在此同時，有時候你為了照顧心理健康最能夠做的事，不見得像是心理健康支援會有的樣子。我有很多諮商時段投入於協助找工作、協助慘痛分手後的人建立約會軟體的個人頁面、審閱申請論文，或是進行家訪，協助突然需要照顧家中長輩的人整頓一時陷入混亂的空間。我們每個人的生活中都有那麼多事情發生，每一個人都不例外。接受諮商是獲得心理健康支援的方法之一，但不是唯一的方法。

照顧心理健康就像飲食，你每天都得吃東西。不可能星期天吃一頓大餐，就期待能飽足一個星期，你也不可能一週接受一次心理諮商，就期待短短四十五分鐘的諮商時間，能滿足你心理健康的胃口。以下提出六個具體可考慮的作法，為你自己和他人提供更有彈性的心理健康支持：

- **有形支持**：在你陷入憂鬱情緒的時候，凡事可能都感覺很難。回覆簡訊很難。入睡很難，醒

來也難。起床後記得刷牙是一大勝利，還能洗臉的話，那已經是太了不起了。

像這樣處於低谷，萬事皆難的時刻，我們往往迴避向外與人交流，因為我們心想：別人究竟說什麼能讓我心情好些？沒有。也許當下這是真的，也許不管誰說些什麼，都不會改變已發生或未發生的事，也改變不了你的感受。但只因為他人給予不了情感支持，不表示不能到你家一趟幫忙打掃廚房。

有形支持，是務實的幫助。答應每星期替你遛狗兩次。每週四送來健康的晚餐。每週六固定在某三個小時幫忙照顧孩子。為二樓漏水的浴室聯絡並安排水電師傅來修理。這些例子都是他人能為你提供的有形支持。

很多人是願意為你出力的，所以當有人說：「有我能做的，儘管讓我知道。」就讓他們知道吧。有形的支持，特別是規律固定的援助，能對你的心理健康發揮奇效。

歸屬於某一群體的時候，有形的支持很容易自然而然推展，但在我們這個浮華的現代世界裡，群體歸屬可能像是得之不易的奢侈。如果此刻你的生活中，並沒有一個會主動詢問是否需要幫助的圈子，你並不孤單。主動開口求助令人忐忑難受，但在你寶貴的這一生當中，耗費一大段時間感覺疏離困頓，豈不是更加忐忑難受嗎？

你可以依賴他人的慷慨善意，你也可以付錢為支援買單。只要你負擔得起，別怕把錢揮霍出去，雇用規律穩定的有形支持。一週請人來家中打掃一次，看看有沒有鄰居孩子樂意幫忙照顧寵物，或是把洗衣服交給洗衣店代勞。

- **情感支持**：加入談話諮商、諮商應用程式，與信任的朋友真誠對話、撥打熱線或暖心專線——情感支持包含任何你能安心表達感受並收到肯認、正向鼓勵，以及通達觀點的傾吐出口。如果你覺得諮商費用太貴，或者你忙得沒時間去，請記得以助人為業的專業人士非常樂意提供協助。諮商師大多數能提供浮動計算費用，以及可配合上班時間的諮商時段。不用怕失禮，詢問你有意諮詢的諮商師是否有浮動式收費，或是否認識有此服務的優良諮商師或諮商中心，是完全合情合理的事。

- **身體支持**：告訴你一件我的諮商師提醒過我的事：「動，能改變你的神經系統。」我追問：「怎麼樣的動？像打太極嗎？我不太確定你想說什麼。」「任何的動。」你知道那種感覺吧？最厲害的諮商師可以只說兩個字就閉上嘴，留下你感覺自己彷彿聽見他／她在五秒內揭露了能破解人生所有奧祕的鑰匙。我的諮商師說那句話的語氣就像那樣。

事實是，即使簡單的伸展也能釋放多巴胺，走路的奇效就更不必待言。健身運動、呼吸運動、走路社團、運動社團、瑜伽、單車等，一般體能活動都是支持心理健康的好方法。也有特別設計於支持心理健康的身體活動，如聶夫博士的「支持撫觸」（supportive touch）法。

她解釋：「心情不佳時，有個關心及安慰自己的簡單方法，就是給自己支持撫觸。觸摸能啟動身體的照顧機制和副交感神經系統，幫助我們平靜下來，感到安心。剛開始你可能會覺得奇怪或尷尬，但你的身體不會知道……我們的皮膚是極度敏感的器官。研究顯示，身體撫觸能促進催產素分泌，提供安全感、平撫悲傷情緒、緩和心血管壓力。所以試試看何妨？

聶夫的網站（self-compassion.org）上列有多種支持撫觸方法，我們這裡簡單介紹兩種：

手撫心：將一手置於胸口（可以的話，皮膚互相接觸，不要隔著衣服）。深深吸氣。持續深呼吸，盡可能感覺你的心跳。

手撫臂：慣用手放在另一手肩膀到手肘之間的手臂上，上下來回輕撫，透過身體給自己一些安慰。

● **金錢支持**：這是個敏感話題，原因很多。能夠幫助我們度過危機並重拾穩定的，有時候是金錢。如果說開口求助的羞恥感，像城堡外的護城河，那開口尋求金錢資助，就是把護城河再拓寬好幾十倍。

從另一面來說，把提供金錢當作給予支持，或多或少讓我們覺得自己選擇了偷懶省事。我們可能會覺得自己沒給予「真正的幫助」。甚至，給錢會不會反而助長對方的失能行為呢？

有了你給的錢，更方便他繼續困在老問題裡不用走出來，對方如果持續表現出這種態度，這時候你一再給予資助，確實不是一種支持。每個狀況不盡相同，但人生中有些時候，為錢開口向人求助並允許自己接受金錢資助，是我們能做的最健康、最堅強的事。同樣的，我敢向你保證，掏錢並不是逃避提供「真正的幫助」，而是慷慨且立即能夠給予支持的一種方式。

除了基本日常所需，我們偶爾都需要一件新衣服，或一個繽紛的花盆來點亮家中氣氛，或與朋友出去交際一晚。這些是底限的必要嗎？不是。我的意思是多多購物消費增進心理健康嗎？也不是。我想說的是，這些為金錢有餘裕的人帶來一點喘息空間的「小東西」，我們每個人都會需要。這些小東西多少具有不可或缺的意義。

金錢壓力和心理健康有密不可分的關聯。「正常化」（normalize）一詞現在已氾濫到不只煩人能形容，但且容我們把求助金錢和提供金錢（當然必須有界線）的觀念正常化，當作是一種支持心理健康利己利人的好方法。不光為了車貸或月經生理用品等生存之所必須，也為了「成長之所必須」。

教科書裡不會寫，但實情是，人生中有些時候，例如你的生活正在分崩離析的時候，做個美甲的效用可能還遠遠超過一些比較典型的支持方法。

讓他人更容易資助我們的一個辦法，是具體說明這筆錢能如何幫助我們緩解壓力。但記住，你有權詢問，他人也有權拒絕。

● **團體支持**：歸屬感是心理健康的一項根本特徵。我們需要團體歸屬，就這麼簡單。這個團體不必要有多奇特，也不一定得有正式名稱或宣揚某種使命之類的。

團體始於一個人發出建立人際連結的邀請。團體是能以你認為有意義的方式，固定付出和給予的任何空間。團體可以是只有三個成員的群聊，是你訂閱互動的電子報、公園遛狗會遇到的熟面孔，或與外連結的社群平台頁面。

更正式的團體環境比較有好處嗎，例如教會或新手媽媽社團？當然。與高度彈性、匿名、沒有固定義務，或其他非傳統的團體建立連結也很好。有眾多選項存在，並非要求你在其中作抉擇。只要你樂意，參與多少個團體都行。

團體能打開一整個世界，即使你一年「只」與一個人建立真摯的連結，那也是大事一樁！那個人定然屬於另一個團體，充滿新的人、新的資訊、新的可以探索的地方、新推薦的美食、啟迪心智的書、看待處境的不同觀點。但最重要的是，你有了連結。取得團體支持、投入相互依賴，會是你照顧心理健康的絕佳方法。

● **資訊支持：**這可以包括聯繫已經歷過你即將要做的事的人，或者針對特定狀況能提供你明晰資訊的人。資訊支持也可以透過獨自研究獲得，例如閱讀特定主題的書，或報名線上課程。資訊來源如果是人，這些人能否提供情感支持並不是那麼重要。舉幾個例子：

一、你有意凍卵，想了解更多過程詳情，於是安排與生殖專科醫師會面。你也請朋友介紹你認識她的兩個去年做過凍卵的同事。

二、你考慮離婚，於是與離婚律師或家事調解員會面，了解與離婚相關的眾多選項與事務。

三、你有興趣轉職教學，所以往人脈發出電子郵件，拜託朋友介紹目前從事教學的人。

四、你希望增進表現自信的能力，所以買了講授自信技巧的自助書。

如果你正在接受諮商，當然也可以與諮商師討論凍卵、離婚或轉職教書，但你的諮商師可能沒有相關流程的第一手知識，就算有，也只是一人觀點。

你目前如果有心理健康的煩惱，請別認為是因為你哪裡有毛病，請認定這是因為你未獲得需要的支持。接受諮商永遠滿足不了你所有的需求，做到上述任一件事也滿足不了你所有的需求。

要記住，支持的面貌形形色色。認清你需要的是哪一種支持，然後盡力使其到位。你不一定每次都能取得恰正需要的協助，甚至是需要的一半，但這不代表你不應該設法取得。支持不是累積加總，而是混合變化的。盡量取得協助，然後從那裡開始建立基礎。

別覺得自己到現在早該能熟練克服問題，所以抗拒尋求支持。你可以很擅長某件事、在某件事表現突出、熱愛做那件事、該怎麼做都了然於心，但其中永遠會有某些部分依然很難。

人的一生都需要支持和連結。包括事情進展順利的時候。包括我們已經知道該做什麼的時候。在順利的時候為自己尋求支持，有助於延續進步。撇開進步和成長不說，尋求連結和支持其實不需要理由，正如同你坐著的時候用腳尖打節拍又何須理由。

常有人說，靈活彈性是心理健康的基石；那麼，在我們向外尋求及對外提供的心理健康支持上，表現一點彈性，豈不正合適嗎。

3. 維持即是勝利

很多人在一個無用的假設下運思行事，以為改變是個一步到位的過程，只要停止做某件事或開始做某件事就算實現。比方說，你想規律運動，只要去做就行了。你想戒菸，戒掉就是了。

把改變縮減成一個步驟，能讓改變看來容易實踐，短期內對我們有幫助，例如推測未來能成功使人有動力嘗試；長遠而言卻會妨礙我們，比如我們想不通何以那麼簡單的事那麼難做到。

一九七〇年代，心理學者波夏斯卡（James Prochaska）和迪克萊門特（Carlo DiClemente）在研究過吸菸者何以有些人能戒菸，有些人則難之後，建立五階段變化模型。養成新習慣和戒除舊習慣，代表的是變化的第四階段，而非唯一的一步。

波夏斯卡和迪克萊門特的五階段變化模型，揭露了心理健康界最隱密的祕密：不做任何一件事，單單只是想著想要改變，也是變化的一個階段。

單純想著想要改變，也是正當且重要的變化階段，事後想來是如此合理且顯見的概念。當然，在實際做出改變前，還是需要先想過你想改變什麼、希望怎麼改變。但是，我們很多人在評估進展的時候，會遭遇下述心態：

我只是想著要改變X，嘴上說著要改變X，但卻從來沒去做。

你應該能想像，這種心態勢必不會鋪開紅毯歡迎自我關懷的反應進入你的腦中。

對於任何自責自己還沒開始改變最想改變之事的人，特別是拖延型的人來說，開釋在此：其實，你不只已經踏出第一步，你可能也已經準備好進入第三階段了。

簡短概述波夏斯卡和迪克萊門特的五階段變化模型：

A. **思慮前期**：你沒在思索改變，只是單純過生活，累積經驗。

B. **思慮階段**：對於至今累積到的些許經驗，你開始反覆萌生特定想法與感受。有些事物很適合你，有些則否。你開始思索自己是不是有意改變、希望如何改變、想在何時改變、為什麼想要改變等等。

C. **準備階段：**到這個階段，你已經決定想要改變，並且準備實際執行。你可能會四處打聽他人如何順利做出類似改變。你可能會開始買書來看或參加工作坊。你可能會添購能執行改變的用具，例如健身壺鈴。你可能會向周圍的人宣布你打算做出改變。

D. **行動階段：**行動階段的特徵是行為有所變化。這也是最多人與改變劃上等號的階段，因為這也是最顯而易見的階段。如果你已經來到這個階段，代表你已投入了莫大的心理能量、時間、反省、練習，也承擔許多情緒風險。不論接下來如何發展，都很值得你引以為傲。

E. **維持階段：**關鍵但常被忽略的階段。決定想要改變的事可能會花上很長的時間，做出決定後，你必須準備改變。準備後，你必須實際執行。等到你實際做起說好要做的事以後，很容易以為辛苦都過去了，從現在起只須按下自動導航。諷刺的是，維持才是最需要支持的階段。故態復萌是成長自然的一環。你會故態復萌，這個時候，你需要周圍有支持提醒你，故態復萌並不等同於失敗。故態復萌後如果周圍沒有支持，回到正軌感覺會像是又得從頭重新來過。短暫的改變很容易，維持改變才是真正的考驗。

除了思慮前期，每個變化階段都需要相當的苦心、關注、時間和精力。思索也包含在這些苦心當中。

對於想要達成的事物，以自己的價值觀和目標權衡想法的時候，難免會遇上矛盾，這時候特別難熬。我們的身分、責任、角色、渴望都是流動的，需要持續校正，即不斷思考。這些校正需要時間。

我常常問當事人：「聽到有人說這些事很花時間。你覺得是什麼意思？」我得到的答案通常圍繞一個觀念，認為改變不是一夕可及的事：「我知道，羅馬不是一天造成的。」或「改變非一朝一夕之功。」我會接著問：「是的，但在你來說，非一朝一夕是多久？」

我想知道，我的當事人想的是天、星期、月、季，還是以年為單位？對活在紐約市的完美主義者來說，「非一朝一夕」意思是「到下一個工作天」，或者情緒上寬容點的話，是三個工作天。如果你承認改變不會一夜之間發生，那你把什麼時間單位設定成合理的參考點？你要知道，只要預設了時限，不論是多長的時間範圍，超過時限而未完全通過變化五階段，即便其實每件事你都做對了，還是會讓你感覺自己失敗了。

你有可能會在某一個階段停留好幾年。只要你是有意識地置身於任一改變階段，所花費的時間並不能拿來衡量是不是沒效率，你花時間譴責自己在某一階段太久，才是無濟於事。

比方說，某個在第一階段用去八年的人，可能會花好幾個月糾結於這個無益的念頭，老想著：我到底怎麼會花了八年才意識到我不喜歡我的工作。我們誰都希望能早些想通早些覺悟。

身為完美主義者，你會經常浮現許多疑問，根本上問的都是：「我做得夠嗎？」請把這個問題當作搖響鈴聲提醒你，你的自我價值並不維繫於你的產出，此外也請盡量記住，重點不見得都在於你能實現什麼新目標，重點也在於你能維持哪些過去實現的目標，維持在美好狀態的感情關係、工作上持續有好表現的環節、任何你堅持力行的健康生活習慣。

不管「成就」二字對你代表什麼，取得成就和維持成就是兩件迥異的事。對「我做得夠嗎？」這個疑問，我的回答包含一句從變化五階段衍生的個人座右銘：維持即是勝利。

4. 把「好壞」換成「不同」

每年夏天，我們一家人都會到北卡羅來納海岸一處小海灘遊玩避暑，那地方恰如其分就叫卡羅來納灣。幾乎每天早晨，我和女兒會一人拿冰咖啡、一人捏著盒裝蘋果汁，兩人走在覆蓋細沙的木棧道上散步，走到木板被太陽曬到赤腳受不了為止。附近有一間很早開店的衝浪店，我們喜歡沒事進去晃一晃。

我們一進去，名叫克林特的店員，總會在收銀臺後方對櫃檯上的藍色大碗點點頭，示意我們自己來。波浪造型的碗，裡面裝滿太妃糖。「自便呀，放在那裡就是要讓人拿的。」他說。那些太妃糖在室溫下融化又復原過很多次，我們從來沒辦法完整撕下包裝紙，但我們還是會吃。

我們會在店裡逛個十來分鐘，搖一搖聖誕老公公裸上身穿拖鞋的玻璃雪花球，試戴棒球帽，就只是隨意閒逛。克林特在店鋪後方建了一間寄居蟹庇護所。

很顯然，寄居蟹是需要非常用心照顧的生物。克林特從誤以為很好養的飼主手中救下這些寄居蟹，還為牠們打造木作小家具，像是迷你沙發、迷你靠背椅凳！

其中一口水族缸的玻璃上掛著手寫招牌，用刻意努力想寫得華麗的字體寫著：「寄居蟹不動產仲介公司」。克林特每次都會開同一個玩笑，說寄居蟹房市最近不景氣，但他都搞不懂為什麼。他會對自己的笑話開懷大笑，在我看來是很棒的人格特質。卡羅來納灣充滿許多有美好人格特質的人。

木棧道旁有個流動遊藝團，雖然規模很小，但表演很好。每日午間特餐有新鮮捕撈的魚，我老公會把魚調味炙烤到完美。入夜後，海邊空無一人，整片沙灘全由你獨享。只有一輪明月倒映在幽黑的水面，海浪拍岸的美妙聲響陣陣傳來。

那一整個星期裡，我們身上早晚飄有一股防曬乳的椰子香、營火的燻味，混著海的氣味。我的暑假只想待在北卡羅來納海岸，世界上沒有哪個地方比得過這裡，這裡何其完美。

我為什麼要說這些？因為卡羅來納灣並不是全世界數一數二的旅遊勝地，但在我心目中是。很多人會急著來告訴你，卡羅來納灣哪裡比得了例如巴黎那樣的城市，他們說得或許有理，可是忽略了一點：反過來巴黎也比不了卡羅來納灣。

我們會迅速做比較，腦中自動將事物按照等級分成一等、二等、好的、差的等。擺脫好或壞的思維，換上只是不同的思維吧。巴黎不比卡羅來納灣好，只是不同。卡羅來納灣也不比巴黎好，只是不同。

拿自己與他人比較是徒然浪費心力。你作為一個人，你是全世界許許多多大小城市的匯集。你變動不居，不斷變化，不可能拿他人來度量你自己，況且每次這麼做，你只是在幫倒忙傷害自己。你不會適合每一個人，這不代表你就需要改變。

我們常常卡在自覺不足的地方，然後拿自己與一個不存在的幻境做比較：

我沒她那麼聰明，永遠不可能做到她做的事。我的外型沒有他們好看，永遠追不上他們。我不像其他上臺的人那麼風趣，我永遠不可能站上舞臺。

畫地自限，認定你能或不能做什麼，能或不能成為什麼人，這其實是控制策略。你是想抑制自己的脆弱，避免受傷。活在安全的小世界裡是一種保護機制，會這樣做是因為部分的你尚不明白，你若能與自己的內在價值建立連結，形同擁有了內建保護系統。是的，你會失敗落空。是的，你會感覺到失敗落空。但因為你清楚自己的價值，失敗落空也定義不了你。

你是不是被選上的人、你在別人眼中是不是「最好」的，甚至是不是「好」的，這當中牽涉太多主觀因素，說實在的都很無聊，絲毫不能代表什麼。重要的是你有沒有依照自己的價值觀過活。與別人攀比沒有意義。一來，你不知道別人私底下生活裡上演著什麼，二來，沒有誰擁有和你完全相同的一套價值觀。行使你的力量會像是慈愛地告訴想躲在小世界裡的你自己以下這句話：比起失敗落空，不能充分活出自己讓我更痛。

不論你想做什麼，踏出去做吧。你的做法不會和別人一模一樣，但也因此而珍貴。巴黎永遠不會是卡羅來納灣，這並不可惜。巴黎就是巴黎。卡羅來納灣永遠不會是巴黎同樣也不可惜。卡羅來納灣就是卡羅來納灣。唯一可惜的是某一座城市試圖變得更像另一座城市，因為那麼一來，它就不再那麼是它自己了。

5. 快樂感有三階段，壓力也是

我不知道你每天起床固定的習慣是什麼。喝咖啡？喝茶？按掉鬧鐘賴床？會不會像我一樣不吃早餐？我能確定的是，你醒來後必定會在某一刻進行一項心理活動，叫作情感預測（affective forecasting）。情感預測是你扮演起靈媒，預測你未來的情緒，我們每個人每天都會做這件事。比方說星期六一早，你大概會預測今天大半時間你都會很放鬆。重要發表當天，你大概會預測你要到發表結束後才能放鬆。

之所以有必要認識情感預測，是因為它不只影響你當前經歷的這一天，還會影響你對未來事件的看法。比方說，如果你計畫兩個月後要去度假，你八成會預測假期過得很開心。即使你正坐在書桌前，沒發生特別開心的事，你對未來的情緒預測也會在此時此刻產生快樂的感受。在研究界，因預測未來事件有正向結果所產生的愉悅感，稱為預期快感（anticipatory pleasures），有時也叫預期喜悅（anticipatory joy）。

反過來，如果你預期會在未來事件，例如即將發表簡報的會議上等，經歷負面情緒，你的預測會導致當下也形成壓力，雖然此時此刻你並未主動在做有壓力的事。基於對未來壓力的預測而感受到壓力，稱為預期焦慮（anticipatory anxiety）。

預期喜悅和預期焦慮的作用強大。預期的情感方向，經證實能影響人的記憶、動機、社交焦慮、計畫能力、相應的情緒狀態、此外也會影響腦中神經機制的運作。研究者席薇亞·貝勒札（Silvia Bellezza）與馬內·包塞爾（Manel Baucells）博士，將預期的力量描述得簡明扼要：「預期是快樂和痛苦極其重要的源頭。」

檢驗預期的力量同時，貝勒札和包塞爾博士指出，不光是預期，還有事件本身，例如度假或發表簡報，以及對事件的回憶，三者共同建構了一段經驗的「總效用」（total uitlity）。換句話說，快樂的感受有三個階段：預期（anticipation）、事件（event）、回憶（recall）——這就是貝勒札和包塞爾提出的ＡＥＲ模型。

我們往往以為快樂主要存在於事件本身，但其實從預期事件發生和對事件的回憶（緬懷）當中，我們也能獲取很多快樂。預期心理是幸福感的一項重大考量，因為我們花費很多時間預期生活中的事件，然後才實際參與其中。

那場約會你期待了五天，約會本身只有三個小時。這個假期你期待了好幾個月，假期本身僅為期一週。電影、大餐、親吻、績效獎金、與朋友相聚、週六早晨——要是快樂期待這些事件的能力被拿走，會怎樣改變你的生活品質？

行為經濟學者兼著名心理學者康納曼（Daniel Kahneman），在他二〇一〇年ＴＥＤ演講「經驗與記憶之謎」上，對觀眾提出一個問題：「如果你對假期的記憶會被抹滅，你會計畫怎樣的假期？」任意回想事件的能力能帶給你快樂，這也是你的心理健康的重要層面。我們可以製作回憶的提示，像是裱框照片、展示紀念品、與人聊聊美好的時刻，或私下沉緬往事，實際上事件不需要持續進行，你也能持續從中獲取樂趣。

壓力在ＡＥＲ模型中，運作方式也是一樣的。我們在答應不想做的事以後，往往為自己找藉口，過度指向ＡＥＲ模型中的事件面，而把另外兩階段的影響縮到最小。

舉個例子，我們答應和某人喝咖啡，但實際上一點也不想見到那個人，這時我們會替自己找藉口說：「也就半個小時，之後我就走人。」不對。到那半個小時之前，會有一整個星期的預期焦慮，然後是那半小時本身，事後你還會懊惱地回想，當時是怎麼一坐下來立刻感到氣憤煩悶的。你不想待在那裡，對她的話不敢置信，即便她一直都是那樣說話，所以你才打從一開始就不喜歡和她來往。

快快喝杯飲料交換近況也好，快快打個電話或快快開個會也好，只要是答應去做不想做的事，根本沒有快可言。對負面事件的預期心理很容易特別突出，然後就像作家兼心理學者拉瑪妮・杜瓦蘇拉（Ramani Durvasula）指出的：「有可能受傷和實際受傷，到頭來往往被當成相同的經驗。」什麼也沒發生，你卻苦惱萬分。

透過有意識的計畫和有意識的回想，你有力量利用ＡＥＲ模型延長正面事件的樂趣。透過增加覺察和設立界線，ＡＥＲ模型也能用來減少乃至於徹底迴避與負面事件相關的憂慮苦惱。

6. 多一根羽毛也很重

每當有當事人衝進諮商間，宣布自己有了重大改變，覺得心情已經輕鬆許多、心態轉換原來這麼容易、不敢相信自己忽然就克服了問題、完全戒掉糖分攝取、不再「允許自己」憂鬱，諸如此類。這時我總會用雙手撫平上衣，深吸一口氣。

長久持續成長的策略，特點在於隱微，不在於冒進。漸進調適（incrementalism）——穩定實在地累積小幅度的改變，終至獲得顯著進展——這個概念就是成長於隱微的一個例子。

隱微中見強大。愈是隱微到難以察覺，隱微的力量愈強大。有效的康復與有效的隱微一樣，會在不為人察覺之下展開。康復很少是大膽昭著的事，更常是微小安靜的發生。事後回想，你會看出進步的跡象一直都在。但在當下，康復慢到感覺不算是合理的成長。康復是一連串細小的演化，源自看似無關緊要的選擇，日復一日進行，最常展現在除你以外沒人目睹的時刻。奇蹟就發生在這些小到看不見、彷彿「沒什麼」的時刻。

康復是你靜靜在腦中誠實承認——我很寂寞、我準備好了、我很害怕。康復是放下手機去休息，而非握著手機睡著。康復是允許自己不想笑的時候不用硬擠出笑。康復是寧可喝半杯水也好過不喝水。康復是花個十分鐘感受你的情緒，代替麻木自己三天。康復是洗掉水槽裡堆積的碗盤。康復是任由自己看電影看到哭。康復是你以最真實的自我去做的任何事。

康復需要大量投入心力，但並不需要用鞏固強化的方式去感受投入的這些心力。激勵、控制衝動、支持、脆弱、自我關懷——你並不需要這些東西都宅配到你家門口以後，才準備好開始康復。更始終一貫，而不是完美地承受一根羽毛的重量——康復需要的只是這樣。論及康復，多一根羽毛的重量也重很多。

當前身心健康界盛行著激進的趨勢：激進的自愛、激進的寬恕、激進的自我照顧、一切都激進。漸進調適的運作方向與此正好相反。激進的態度就是極端的態度。對康復持激進態度，乍看也許很適合完美主義者，完美主義者很容易趨向極端，但事實往往證明相反。

激進康復的概念，對完美主義者是個不穩定的概念，完美主義者很容易馬上期待這個概念能產生「激進的結果」。假如等量的正面結果未能緊接在付出之後出現，事實上也不會出現，因為康復並不是一個直線過程，完美主義者到頭來會自覺失敗得徹底。

激進法雖然對很多人有用，但請記住，康復的方法有無數種，激進法只代表了其中一種。任何東西激進，聽起來都很大膽迷人，像是很酷的人會做的事。相比之下，漸進調適沒有魅力，不刺激，也不潮，與別人聊起來沒有半點激情——很多時候甚至看不出來。

漸進調適是一點一點、一步一步，緩慢但確實、沒有絲毫儀式感的事。漸進調適很難賣出去，但它有效之至。康復有時候很無聊，而沒有人告訴你這件事。單調冗長之下，我們尋求捷徑，但我從未見過現實中有誰是走捷徑康復的。你見過嗎？俗話說得好：「努力不懈才是捷徑。」

7. 是困境或挑戰，差別在於人際連結

某件事是我們遭遇的困境，還是我們迎接的挑戰，差別不在於事情本身，而在於我們解決這件事的時候，連結了多少支援。同樣是做一件沒把握的事，如果我們覺得有人指引、受到理解，那件事就是挑戰。如果我們覺得漫無指引，也沒人理解，那就是困境。

挑戰帶給人活力，因為事情雖然困難，但我們與人相繫。連結能積累能量。困境使人精疲力盡，因為我們孤立無援。孤立會榨乾能量。

孤立很危險。孤立與孤獨並不相同。後者可以是健康的——孤獨可以是一種孵育智力、創意、體能、性靈或情感的形式，待到孵化後，你會獲得恢復，重新充滿活力。孤立則不然，孤立從來都不健康。不論你是否察覺，一旦你孤立隔絕於人，你會感受不到安全。我的當事人聽到這裡常會抗議，說詞不外是：「哪有，我一個人的時候覺得很安全啊。只要我一個人，就沒有人能傷害我。」

感覺「比較不危險」和感覺安全是不一樣的。安全感需要連結。在你孤立於外沒有安全感的時

候，你的每個決定都會出自一種防禦姿態。而後你的決定（以至於你的生活）反映的都將是恐懼，而非反映你真實、安全、完滿且完美的自我。

我們也有必要澄清，受苦本身並不是能增進美德的經驗。聽到「殺不死你的會使你更堅強」這句話每每令我寒毛倒豎。這句話不對。

殺不死你的，有可能使你受創嚴重到記憶混亂。殺不死你的，可能把你推向物質成癮。殺不死你的，可能使你產生自殺或準自殺傾向。殺不死你的，可能導致你對孩子身體虐待或情緒虐待，因為你不知道如何消化滿腹無法排遣的痛苦。困境並不保證能夠養成復原力。更準確的陳述會是：「殺不死你的會將你逼入一個地步，你必須選擇連結或者孤立，而選擇連結能使你更強大。」這句話不適合當成勵志標語，但是準確。使你更堅強的從來不是發生於你的壞事，而是你為了消化壞事，進而運用的心理復原力建設方法。殺不死你的是有可能使你更堅強，前提是你能感受你的情緒，消化你的經驗，亦即想清楚這個經驗對你的意義，並善用你身邊的保護因子。其中最重要的，就是連結的力量。

支持並不只是交換資訊或交換幫助；支持也是交換連結。交叉手指祈禱，交叉腳趾祈禱，交叉所有能交叉的部位祈禱——但願心理學這個領域會持續往檢驗人作為相互依賴的群體何以成長茁壯的方向發展，而不只是分析被認定生病的個體承受了怎樣的痛苦。在這個集體向陽的過程中，比起問：「你哪裡生病了？」心理領域會問：「我們可以怎麼與彼此建立更好的連結？」而之所以這樣問，是因為困境雖然不能自動促進心理復原力，但事實表明，與人的連結可以。

歐普拉與精神科醫師培里博士（Bruce D. Perry）《你發生過什麼事？》（*What Happened to You?*）這本見聞豐富又鼓舞人心的書中指出，建立心理復原力的是人際連結，不是困境。對創傷和壓力，人際連結具有培里博士形容的「緩衝力」。

培里在研究中最顯著的發現是，比起你遭遇的困境，從你的「關係健康度」更能夠預測你的心理健康。培里這樣定義關係健康度：「一言以蔽之，就是人際連結程度——也就是與家庭、與群體、與文化連結的性質、品質、數量。」培里的意思是，到頭來決定你能不能喜悅與成長的，不是你過去經歷多少的狗屁倒灶，而是此刻你為你的人生建立的人際連結品質。

人際連結是心理健康最終的仲裁。與人缺乏連結，你便不能痊癒或成長，只能麻木萎靡。人際連結不會自然發生於你，而是你所做的選擇。

這一生你會遭遇無數考驗，有意料之外的，也有自己選擇的。身為追求實現式幸福的完美主義者，你也寧可是這樣。考驗無可避免（而且你欣然接受），但困境卻不必。

另一句令我打哆嗦的諺語：「上帝授予我們的，必是我們能承受的。」如果這句被說到爛的話其實也不正確呢？上帝、生命、宇宙、智慧設計——隨你怎麼稱呼，用語在這裡無關緊要。

也許生命會帶來超出我們能承受的事，好讓我們別無辦法只能向外求援，與彼此形成連結。不然，我們說不定只會在輕鬆或有直接好處的時候才與人來往。也許應該說，上帝授予我們的，必是我們能一起承受的。

8. 肯認小勝利

人有一個特長，很會把簡單弄得複雜。我們把簡單的事搞大，人就是這樣。就拿傾聽來說吧，聽是一個簡單的動作，「Listen」這個詞與「Silent」由相同字母變換排序構成，而 silent 就是安靜，就是不說話。很多人做不到。

肚子不餓就不吃東西聽起來夠簡單吧？身邊的朋友十個有十五個會同意，不要回覆前任無聊沒事／半夜寂寞／酒後興奮／糾纏不休發來的「在嗎」簡訊明明很簡單。挑一個節目看很簡單吧，看電視這個休閒活動總不可能被我們搞成壓力吧？噢，我們就是可以。

怎麼把生活過得更好從來不是什麼大祕辛，我們全都知道：早點就寢，每天攝取五份蔬果、結交正人君子而不與小人來往、多爬樓梯。「只要」開始規律做幾件簡單的事，我們的生活都能有大幅改善，這我們心裡都知道，可我們依然沒去做。

做正確的事很簡單卻也不容易，這是普世人共有的經驗。不管是怎樣簡單的事你正在為之努力，卻還沒摸索出方法，那都不要緊。每個人都列得出一些明明簡單、自己卻難做到的事。簡單並本就不容易。

身為完美主義者，我們一方面鎖定複雜、遠大的目標，同時也在執行一些很基本、很基本的目標。你若忘了簡單並不見得容易，或從一開始就不曾體認過這點，你不會明白自己為什麼老覺得諸事不順。你認為簡單的事做起來理當輕鬆不費力。

若你把簡單與容易混為一談，在做些簡單的事的時候，你不會從耐心或自我關懷的起點出發。為簡單的事再舉些例子，包括像在就寢時間關上電視、陪孩子玩時放下手機，還有我個人也總難做到的——多喝水。少了耐心或自我關懷，一旦你在簡單的事上遇到困難，你會以自我懲罰回應：

我怎麼會這樣？不敢相信這麼簡單的事我還做不到。我差勁透了。我是有什麼毛病？

因為處在懲罰狀態，你的「思考／行動劇目」會縮減，負面感受會增長；因為不滿意現狀，你會陷入無益的反事實思維，沉溺於本來可有的結果；因為本來可有的結果看起來好太多了，你會開始覺得自己失敗；因為你自認失敗，你會覺得有理由破壞自己之前向其敞開的一切好事，因為你想不通這些好事還能怎麼融入你這差勁、失敗、悲哀的生活。

但這一切只存在於你腦中。同時，當你假設簡單理當容易，在你做到對你而言容易的簡單事情之後，你不會給自己任何肯定。推崇簡單並不容易這個觀念，不只讓你更能同理自己，也能幫助你看見自己的長處。

我有一個好朋友很會安撫嬰幼兒吃蔬菜水果。許多年來，她並不覺得自己這個能力有何價值，因為對她來說，她的方法既簡單又容易：訴諸孩子的感官和想像力，代替和孩子講道理；確定小朋友坐下之前肚子已經餓了、邀請他們一起開心參與備菜。

直到左右鄰居紛紛開始求她傳授安撫孩子好好吃飯的訣竅，她才意識到：「哦，我覺得這件事很簡單很容易，原來對別人是很棘手的事。」

完美主義者往往容易因此犧牲發揮天生長處的機會，把心力集中在設法改善弱點。完美主義者會想：「只要我把所有弱點都鍛鍊為長處，我就會完美／準備充足／更好／勢不可擋／更值得。」只要你還是個人，就必然會有弱點和侷限。心理健康的重點不在於想出怎麼擺脫弱點，而在於接受弱點，好讓你能把心力放在極致發揮你的長處。

用劃定界線與尋求支持管理弱點

我們被訓練成習慣從病理缺陷觀點看心理健康：我哪裡有毛病，該怎麼治好？這種思考方式正在淡出。三十年後，心理諮商將會著重於探討你哪些部份發展得很好、又是為什麼。你不用等學界跟上使用以長處為本的分析模型，你現在就能問自己以下問題：

哪些事你很容易就能做好？

其中用到哪些能力？

這些能力如果用在生活其他方面會怎麼樣？

總有某些事是做得好的。沒有人時時刻刻都能把每件事做好，但更重要的是，也沒有人時時刻刻都在犯錯。把目光看向你的長處吧。

但就不用取得洞察和自覺了嗎？我如果放棄盡力改善弱點，要怎麼努力發掘潛能？

有效的自我提升，需要考慮到收益遞減法則。要說認識自身的缺點，基本的洞察就已經足夠，細究自己為什麼不擅長某些事既無必要也沒有用。你沒有必要寫出一本詩集，感嘆你的弱點誕生於四月清晨的朝露，永愛青草的冷冽芬芳。

用劃定界線和尋求支持來管理弱點，同時把心力放在極致發揮你的長處。對一件你做不好的事懷抱真摯熱忱，這和弱點不一樣，這只表示你還是新手。還在努力為你懷抱熱忱的事尋求進步，這不叫白費力氣，因為你是受到吸引，不是被誰所迫，兩者是不一樣的。精進你本已擁有的長處。倚重你的天賦才能引爆你的潛力。試圖分析弱點而忽略你的天賦，只會阻撓自我成長。

你做起來既簡單又輕鬆的事，就是你的天賦。我們常小看天賦的價值，因為那些事感覺信手捻來。每次初見新的當事人，我都會默默問自己：「有什麼事是這個人做得很好、很自然、很容易的，連他們自己都沒意識到是天賦？」我還沒見過誰是沒有半項天賦的。

同理自己不容易做到某些簡單的事，這是你有能力做的選擇。肯認自己具有某些天賦，所以能輕鬆做好某些簡單的事，這也是你有能力做的選擇。

9. 能量管理強過時間管理

幾年前，我在《哈佛商業評論》（*Harvard Business Review*）雜誌上讀到一篇改變人生的文章，題為〈該管理的是能量，不是時間〉（*Manage Your Energy, Not Your Time*），作者是麥卡錫（Catherine McCarthy）和史瓦茲（Tony Schwartz）。文章論及我們把時間管理當作搞定事情的終極關鍵，同時卻忽略身心健康，因此榨乾自己的能量。麥卡錫和史瓦茲指出的是，解鎖發展成就的關鍵不是時間管理，而是能量管理。

時間不夠用是現代人最常抱怨的事，每個人都說但願有更多時間。只要有更多時間，我們就能更常與家人朋友見面、規律運動、計畫旅行、寫一直想寫的書、調理飲食、補足睡眠、換工作，或開始戀愛交往。

拿特定時間單位當作決策的首要驅動力，這是工業革命留下的集體心理回響。不好意思，你現在還在拉動蒸汽引擎嗎？沒有吧。你現在還在穿帆布色寒傖的圍裙嗎？沒有吧。你下個星期五晚餐會吃羊肉燕麥粥嗎。也不會吧。工業革命時代早已過去。

你並沒有那麼迫切想找到十五分鐘空閒，你昨晚才花了一小時看垃圾電視節目，然後又把ＩＧ上的貼文滑了好幾遍。你想做某件事，但你渴盼的不是有時間去做，而是有精力去做。

經濟學者穆萊納森（Sendhil Mullainathan）與同為經濟學者的米爾克曼（Katy Milkman）在一次對談中解釋：「覺得自己『缺時間』的人，以為自己該做好時間管理，但其實他們該做的是頻寬管理。頻寬（bandwidthe）運行遵照的是與時間不同的幾條規則。」

穆萊納森指出，不同活動需要不同強度的心理投入，「頻寬不只像時間那樣切換。你得把安排時間想像成安排牆上的美術畫作，你要想『這幅畫的概念放在這個旁邊合適嗎？』而不是『這個還擠得進去嗎？』」

多少次我們其實有時間去做一件事，但才光想到開始去做，就敗給算了，我做不到的啦這種洩氣的心情。你的挫敗來自於你沒有力氣，不是因為沒有時間。當然，我們有時候確實找不到時間，這也是事實，但誠如知名創業家高汀（Seth Godin）所言：「如果相同處境裡，不是人人都有和你一樣的理由，那就只是你的藉口。」

心理學者向來都知道，拖延不是時間管理的問題，而是情緒管理問題。如果不注重能量管理，一整天下來我們既沒設定界線也沒有恢復的時段。等回到家以後，各種未被消化的情緒團塊與各種心理上的小小不適糾結在一起，我們連開始動手去解開它們都做不到。

我們覺得能盼望的頂多就是一點「自己的時間」，而這段時間與麻木和逃避異常相似，因為它就是麻木和逃避。種種麻木和逃避的模式不會讓任何人覺得自己有產值，但完美主義者尤其更是。簡單來說，這就有問題。

完美主義者喜歡自己有產值。我們屢次發誓不再去在乎或強調產值，但同時又默默在乎並重視產值。每天判斷自己這一天的勝負成敗，產值就是我們會抬頭觀望的最大計分板。

要怎麼改變這點？不用改變。產值（productivity）正快速（但很不公平）成為身心健康領域的髒字。諷刺的是，說產值的壞話不也是在浪費時間心力嗎？有產值並沒有錯。若你在做的是契合自己價值觀的事，有產值的感覺妙不可言。

但當你努力的是你不在乎的目標，或做的方法違背你的誠信，這時注重產值就變得無益。又或者你拿「時間」當X軸，用「事情完成數」當Y軸，以此當作產值的唯一度量，注重產值這時也會造成問題。

任何你做來保護、節省、恢復、累積能量的事，也是有產值的事。有產值的活動包含且不只限於睡眠、聽音樂、逛書店、熱水澡、洗車、完成工作指派的作業、快樂聊天、做菜、重新擺飾家裡、看電影、修指甲、打棒球、看書、散步、邊淋浴邊唱歌。

任何能幫助你用優質能量運作的，都是有產值的事。只要有優質的能量，你運用自己能力的方式，會是「耗盡的你」永遠比不上的。一個小時的優質能量，對你的幫助更勝於在倉促、厭煩、抽離、倦怠狀態下忙活十個小時。花兩倍時間把事情做了個半吊子，不等於做得好。

發揮潛能是沒有盡頭的苦差事，維持優質能量能帶給你精力去做。你經常想著產值是好事，只是現在你可以用更多更靈活的方式享受自己的有產值，不用把產值限於做完多少件事的數量競賽。你來到世上不是為了把事情做完然後死去。你不是產量長條圖。你是一個活生生的人。

你有內心深處的想望，有好奇心，有天賦，有各種需求，並且當然，也有必須完成的事。你興奮期待去完成的事。你有這麼多可以給予，也有那麼多等著收穫。有施有受才能夠維持能量，就如同吸氣和吐氣維持了呼吸。

如果你只一心產出，不允許自己接受任何東西，你遲早會耗盡。這就像只是吐氣哪能叫作呼吸。你跳過了半個循環。你需要吸氣，好嗎？尤其身為女人，你需要允許自己接受。

接收也是努力的其中一半。接受也是有產值的。別擔心自己耽溺在休閒消遣裡，回不到工作上頭。你是完美主義者，你心中追求卓越的動力是一股強制衝動，你怎樣也忍不住想回來工作。

身為完美主義者，起初讓你覺得萬般為難的特質，也會是後來讓你覺得身為完美主義者真好的特質，好好體會這一點吧。你的字典裡沒有發懶，你也不會只做最低限度的事。想像你認識最善良溫和的人想盡辦法表現得卑鄙兇狠，她其實還是在為人著想，對吧？

睡覺、做些藝術創作、工作、享受性愛、秋日在公園散步等，能帶給你活力又不會傷害你的每一件事都有產值。哪些事能帶給你活力又不會傷害你？多做點那些事，你的生活將大不相同。

10. 完結只是幻想

「我只是希望事情完結。」這句話我聽過太多次了。每一次我都回答同一個問題：「你心目中的完結是什麼樣子？」每個答案都不一樣，但有一條相通脈絡貫串其中：對完結的渴望，透露的是一個幻想。

完結是個幻想，在那當中，即使留有些許疑惑，你也可以用邏輯做註腳，這麼一來，一切就能完美說通了。完結是個幻想，所有痛在其中都能得到合理解釋，所有苦的存在都有正當理由。完結是個幻想，你可以選擇哪一段記憶要貼上哪種心情。完結是個幻想，讓你能替痛苦分類編目，按照字母順序把情緒排列得井然有序。完結是個幻想，你永遠能剝去一段經驗的粗糙表皮，露出它純淨閃亮令人寬慰的內核。

完結也是一個你再也不會被痛苦刺穿的幻想，你從此宣告結束，再也不用去面對某一件事，彷彿你的諮商檔案就此蓋上已痊癒的紅章。當我們說希望完結，我們希望的其實是控制。可想而知，我們希望用自己的方式留住我們的過去、我們的人際連結、我們的創傷、我們的記憶，以及所有伴隨的情緒。再深入一層說，當我們說希望事情完結，想說的其實是我們感到悲傷。

悲傷一詞常與親友過世用在一起，但悲傷並不只限於某個人具體死亡。只要是必須放下還沒準備好放下的人事物，你就會悲傷。

要求完結是認知完美主義的表現。追問為什麼，尋求完整的原因列表，是用分析方法對待悲傷。但分析無法用在悲傷上。你不可能完美理解悲傷。

開始執業以前，我也相信凡事發生必有原因。我現在不這麼相信了。有時候事情不只沒有完美答案能說明「為什麼」，有時候甚至連個答案也沒有。集中心思在需求完結，是我們用來延緩及消化失去的方式。另一個消化失去的方式，則是走出試圖控制痛苦的階段，走進取用自身力量的階段。

悲傷也有力量，悲傷的力量包含能允許矛盾相反的狀態共存。生而為人，我們的渴望與經驗經常是矛盾相反的。我們想要自由又要安全、想放縱又要節制、想要順其自然又希望有固定規律。我們希望人人平等相待，但我們也想要地位。我們想與身邊的人緊密連結，又想要大家放我們一馬，讓我們靜靜滑手機看沒營養但有益心理健康的迷因。

我們的人際關係經驗也可能矛盾相反。父母可能愛我們但又忽略我們。對同事可能一方面欣賞一方面又不信任。結束一段感情我們可能覺得如釋重負，但又依然思念對方。這樣的經驗不叫對立，這樣的經驗叫作完整。

我很不喜歡聽到別人說：「你的自由另一面是恐懼。」沒有所謂的另一面。心理健康不是一道可走進走出的門，也不是階梯，不是核對清單，不是任何設計過能完成的東西。

經驗繞著圓轉。你若把康復劃分出中間點和終點線，等於把康復想成一場有盡頭的競賽。但康復既不是競賽，也沒有止盡。圓沒有四界。盼望完結其實盼望的是獲取一個完整的經驗，將它縮減成一個靜態的片段。一則不會改變的故事，一個主導的母題。一股支配所有的情緒。這是個人人共有的迷思，在我們集體的腦袋裡流動。正如同我們以為康復的意思是把內心世界整併精簡，讓一切都乾淨清楚、容易解釋。

別期許每段經驗都有啟發時刻

康復的重點不太在於建立解答，而更在於能將自己置於生活未解部分的中央。有時候你可以撿起碎片拼貼回去，拼成比破碎前更美的馬賽克圖案。等到你能那麼做的時候，我定然手按胸口為你欣喜。你會覺得你的人生彷彿活在藝術之中。

同時，不是每件事都是「啟發時刻」。有些瞬間就是令人崩潰，就是令人作嘔、可惡、差勁之至，沒什麼好說的。我們並不需要把每一個不舒服的情緒都轉化成閃亮有用的東西。現在很危險的是，我們的運思觀念愈來愈傾向認為，只要心思煩亂超過幾個小時，就代表你不健康。我簡直驚訝我們居然還沒把哭也列為一種失調。

人生中有太多事件是我們沒有機會實現完結的。允許人受傷很重要，不光在特別痛苦的時刻，在日常生活中也一樣。

除了外在事件，逡巡於我們變動不居的複雜內在世界，也是沒有完結的經驗，就像我們的身分、欲望、感知、熱情，這些全都理當迂迴曲折、盤繞扭動，進行著沒人知道是什麼的事，也沒人知道會花多久。我們對自己施加這麼多壓力，希望時時刻刻確知我是誰、想要什麼；有些事情任其朦朧其實不要緊。認為自己「毛病很多」的人，往往只是對生而為人這個不停演化的經驗，未有個立即或完美的完結罷了。你認為自己有「毛病」，因為你以為哀悼只應發生在人生中特定場合。我們一年四季都會哀悼。往你潛在能力的方向邁進，你需要不停放鬆掌握，這也是種不斷的放下。

為生活留下不舒適的額度

我們時時刻刻都在哀悼著某些事。想有個完美完結是很自然的事，但得不到也是天經地義的事。如果你執著於完結，那是因為你有傷痛。你認為完結能帶走你的傷痛，但事實會證明自我關懷才是你的慰藉。請允許自己傷痛。

保留空間給你那些可能矛盾相反的難捱經驗，像是允許痛苦的情緒存在，而不拿餅乾模具硬將它們切割成愛心或星星形狀。傷痛本就不會是可愛的模樣。你的傷痛需要的不是粉飾；你的傷痛需要你允許它就這樣蓬頭垢面。難受的情緒需要你允許它靜靜躺在那裡像一塊磚頭。它們是你的感受，不是你這個人。你可以既想要完結，但仍選擇力量。渴望完結之中的力量，在於認知到你其實不需要那件事關閉，你需要那件事敞開。你需要開展。

能康復的人並不是特別受到恩澤，想到辦法把所有瑣碎收拾乾淨的人。他們是去拉動牽繫著新事物的繩子的人。你的好奇心會知道你需要向什麼敞開自己。好奇心是心理健康界無人歌頌的英雄。好奇心很強大，能把你從任何處境裡拉出來。在傷痛就是很痛、無法轉化成美麗事物的時候，你仍然可以擁有「活在藝術之中」的感受，只要你記住一點：藝術的本意不是為了美麗，而是想在遇見這件藝術的人心中喚起彼此連結的感受。

藝術本是為了讓人體驗而創造的。對藝術作品進行任何描述，都會即刻減損作品的意義；藝術因此才是藝術。悲傷也一樣。沒有人能充分理解藝術或悲傷，因為兩者都不容許完美的完結。

藝術是一種沒有完結的經驗，我們喜愛藝術也正因為這樣。我們喜歡沒辦法指著吸引人陷進去的某個筆觸、某部電影、某段旋律說明那究竟是什麼。我們無從細述每一次觀看，藝術似乎都移動過、變化過，雖然我們明知道它的實體不曾被動過。

悲傷也同樣是沒有完結的經驗，可我們因此厭恨悲傷。我們討厭沒辦法指明究竟是什麼主題不斷吸引我們陷入悲傷。我們也同樣無法明確說出何以每一次去觀察它，悲傷似乎又移動變換了形貌：上一刻還是溫柔回憶，下一刻又變成嘴角苦澀的抽動。

藝術永無完結，這個特性使藝術珍貴無價。悲傷和藝術一樣都是無價的經驗，我們用其來妝點人生，你以為我接著會這樣說嗎，錯了。我不是那種諮商師，更何況現在這不是諮商，這是一本書。

比起完美結局，我們更渴望意義

我把藝術和悲傷關聯在一起，為的是打通關節，為新事物提供一個入口，允許沒有目的地的探索。探索不需要做到對每件事都有精確把握。想法和感受不需要按路線走。你盡可以長久拿著一樣東西，仔細端詳，轉動翻面，感覺在手中的觸感，思索它，再翻到另一面，談論它，書寫它，最後抬起頭說：「我不懂。」沒有結論一點也沒關係。

我們之所以喜歡「好萊塢結局」的電影，有部分是因為我們樂於在其中滿足對完結的幻想。及時滿足對完結的需求，是開心的電影讓人「看了開心」的原因。

即刻獲得滿足令人開心，但只需要看一眼去年奧斯卡金像獎最佳電影的入圍名單，你就會看出我們給予最高評價的，不是有完美結局的故事，因為我們更重視意義。是意義把我們喜歡的娛樂昇華成我們愛慕的藝術。我們自己的人生故事也是相同道理。使我們滿足的不是找到完美結局；使我們滿足的是發現意義。

一旦你連結到自己的力量，這股力量能在你自定義的連結與意義中找到，屆時你可能會很訝異，你幾乎不太在乎完結了。完結可能對你再也不重要，變成一個表淺的欲望，看一齣浪漫喜劇就能充分滿足。

不論別人做了或沒做什麼，不論發生或沒發生什麼，你才是那個有力量決定要向什麼敞開自己的人。當一個人能連結上自身的力量，她就不需要完結。不需要分手後見面再聊最後一次，「正式宣告這次是真的」揮別前任。不再憤恨有些人能活得我行我素，不再但願自己能停止思念逝去的人

——她已然放下控制過去的意圖。當你明白完結是個幻想，你反而會擁有一切你需要的完結。

當你意識到內在即將失衡時，請記住這十個思考轉化練習

1 反事實思維是認知反射。
2 支持有許多種面貌。
3 維持即是勝利。
4 把「好壞」換成「不同」。
5 快樂有三階段，壓力也是。
6 多一根羽毛也很重。
7 是困境或挑戰，差別在人際連結。
8 簡單並不容易。
9 能量管理強過時間管理。
10 完結只是幻想。

第8章

能挑剔與肯定自己的人，都只有自己

八個行為策略培養專屬自我修復習慣，
隨時調節內在能量

給完美主義者的恢復練習

我們豈能指望一個人放棄他原本觀看與理解這個世界的方式？一直以來都是這種方式在身體上、認知上、情緒上幫助他活下來的。我們誰也不可能揮別我們的生存策略，除非有強力的支持，並培養出替代策略。

——布芮妮．布朗博士（Brené Brown），《脆弱的力量》作者

凱特本來會過來做個人諮商，沒想到她打來視訊電話給我。

凱特：「嗨！今天可不可以在線上諮商，今天真的太忙了。」

凱特的臉被擠在一個窄框裡，在我看來像是按摩趴椅放臉的凹洞。

我：「凱特？你現在一邊在給人按摩？」

凱特：對呀，我開了擴音。

我：我不懂。

凱特：我想到你說的，你說要優先考慮修復。我想說這樣不是更有效率嗎。心理和身體修復，一兼二顧。

我：你這樣我不太自在。

完美主義者不光是不擅長修復，簡直拙劣得可以。修復對完美主義者來說，如同世界第八大奇觀，是個迷人的悖論，裡頭充斥的問題多過於答案：我怎麼知道我需要修復？要怎麼修復？該修復多少？何時應該修復？修復過程中有什麼可以當作刻度，衡量我的修復進度？修復後通常會怎麼樣？如果該有的結果沒發生，那接下來呢？對完美主義者來說，修復提出一連串特殊的考驗。比如說，一些無傷大雅的短暫休息，完美主義者並不覺得無傷大雅，反而會覺得是壓力伴隨著風險：好吧，現在午休時間，我會出去走走，放鬆後再回來。這最好給我有用。我知道諮商師說這種話是大不敬，但你不該有這樣的感覺。

完美主義者難於修復有兩重原因。第一，完美主義者首先就會覺需要修復是很失敗的。完美主義者會把疲勞的經驗解讀成自己犯了錯，有必要改正自身的缺失。

想讓完美主義者啞口無言，你就告訴他們，疾管署建議每日約有三分之一的時間應該花在睡眠。完美主義者一想到這個事實總要頭昏眼花：人類要能夠正常運作，每一天竟要花這麼大量時間在休息。我們不願置信，我們想不通。

第二，恢復需要減壓。減壓是把壓力洩去的過程，不是堆積更多壓力。從字面上就很清楚，減壓是減去壓力。完美主義者很不擅長減壓，因為往往壓力越大他們表現越好。

比方說吧，你看電視的時候之所以不能放鬆，是因為你其實默默估算著，花費的時間和恢復的感覺成不成比例。要是恢復速率不夠快，你就覺得是在浪費時間，做沒有產值的事，甚至逐漸比開始「放鬆」前還更感到沮喪。

你不用忍受不舒適的狀態

在所謂休閒活動上施加壓力，那就不叫休閒活動了。所以假如恢復需要減壓，但愈有壓力你愈有精神，那你該怎麼恢復？不妨把減壓想成「被動放鬆」。減壓的時候，你是在釋放，是在放開，是在淨空。被動放鬆的例子可以包括看電視、滑ＩＧ、小寐片刻，這一類的事。完美主義者容易在被動放鬆的時候煩躁不安，除非能夠把遊戲融入生活中。

你沒聽錯，遊戲。遊戲是另一個最好只作描述、不給予定義的詞。我最喜歡的對遊戲的描述，正出自那位遊戲理論家史密斯（Brian Sutton-Smith），他說與遊戲對立的不是工作；遊戲的對立面是憂鬱。你如果和我多數當事人一樣，不喜歡自己是在「玩」這個想法，那我們在此同意改用「主動放鬆」這個詞。

主動放鬆的時候，你是在充填自己，借助對你有意義的活動更新自己。主動放鬆的例子可以包括划船、走路、烹飪、沉迷於工作中你喜歡的環節、參加派對、畫圖、跳舞、寫作、編輯音樂播放清單、聽演講、園藝、整理房間、穿衣打扮。

- 減壓＝被動放鬆＝淨空自己
- 遊戲＝主動放鬆＝充填自己
- 恢復＝被動放鬆＋主動放鬆

恢復是兩階段的過程。你先淨空自己，再重新充填自己。兩者不見得直接連續，但哪一個階段你都不能跳過。不允許自己減壓淨空，在你想充填自己的時候就沒有空間容納，你的恢復也就難達預期的效果。如果你只減壓，到後來會覺得懶洋洋、隱約有種反感、內心空虛。如果你只主動放鬆，到後來會覺得自己太努力想要恢復，反而造成更大壓力。

結合減壓和遊戲，對完美主義者至為重要。其實，這對每個人都很重要，但其他人不會像不適應狀態的完美主義者一樣，把被動放鬆等同於失敗，所以恢復對一般人來說並沒那麼複雜。

各類型完美主義者可以做的主動放鬆

- **嚴格型**：用健康的方式表達攻擊性，例如運動或健身。
- **經典型**：一絲不苟關注細節，例如花一個小時擺設一層書架。
- **巴黎型**：做些有助於感覺與自己或與他人有連結的事，例如準備關心親友的包裹，或出門散步沉思。
- **混亂型＋拖延型**：做些能一氣呵成，有開始、有過程、有完結的事，例如做一頓飯，或來個榮耀三重奏：在同一天內寫好感謝卡、在信封填好收件人與地址，然後投遞進郵箱。

完美主義者抗拒放鬆，也是因為以為恢復僅能以身體休息，像是睡覺或「無所事事」，來解釋。完美主義者不喜歡「無所事事」。不論身心靈健康業界怎麼跟你說的，你不需要搞清楚怎麼喜歡上無所事事，也一樣能健康。

你覺得無所事事很無聊，那也不要緊。正如同除了情感支持以外，還有很多不同形式的支持，除了身體休息之外，也還有很多不同形式的休息。以我自己為例，有好一陣子我一直很納悶，為什麼我這麼喜歡老套俗濫的動作電影。一來，我浪漫到無可救藥。再說，喜歡這些兄弟來、兄弟去，藝術完整程度為零的動作片，並不符合我對豐富故事性的喜好。所有的細微差異、細微差異背後的來龍去脈、你注意到卻沒察覺自己注意到的枝微末節、故事鋪敘裡的每個獨到之處：我全都喜歡也都想要。我可以聽故事聽一整天。但然後我想到：「噢，我確實已經聽了一天的故事，雖然我很喜歡我的工作，但我也需要休息。」

身為心理諮商師需要投入情緒勞動，動作電影讓我得以從中獲得情緒休息，得以淨空減壓。我不需要更多故事，我需要看無生命的物體爆炸，同時不要有人和我說話。角色性格扁平無所謂，對話單調也不要緊，一個半小時的爆破和飛車追逐對於我就像做了一次SPA。

我們需要各式各樣的休息，也需要從各式各樣的原因當中恢復，並不只限於身體疲勞而已。不同形式的休息幫助我們恢復創意、正直、同理心、頭腦清晰、謙和，恢復精神、動力、信心、幽默感，以及更多更多。

休息，不是個髒話。休息不是選項，也不是偏好。休息和喝水一樣，是基本需求。我們的精神疾病分類模型助長了一個錯誤觀念，讓你把「健康」當成獎品，贏得以後就能像架上的獎盃一樣，長久保存展示。健康不是太空中靜止的座標，供你登陸、插旗，宣示征服。持續以有自覺的方式照顧生活，也就是適應完美主義者的生活方式，這需要永續的能量，很像是一種運動訓練。

恢復是重複要求自己活得有自覺。不恢復你也能進步，但少了恢復，你很難長保狀態。完美主義者倘若願意投入恢復，能衍生無窮盡的好處。

各類型完美主義者恢復後的表現？

• **恢復後的巴黎型**會意識到，其實不是你想隨時隨地被所有人充分喜愛；其實是你對人際連結的力量有明晰的認識。人際連結能夠認可我們。

需要他人認可在流行心理學界被劃入病徵。事實是，人都需要被看見、聽見，被彼此理解。若你是邊緣族群的一員，或你被單獨針對且受到批判的時候，認可變得尤其重要。需要認可並非反映不安全感；需要認可是人際連結的中心模式。健康的人也須認可。每個人都需要認可。你需要認可一點也沒關係；有關係的是拿外在認可當成自我價值的首要來源。

巴黎型在恢復不全的時候，會用討好取悅當作人際連結的捷徑。討好取悅無法充當人際連結的橋梁，因為它會使你與自己失去連結。你可能過橋接近另一個人了，但卻把你的真實自我留在橋的另一端。

做個「酷女生」，是委婉形容一名女性壓抑憤怒的感受及憤怒的表現。在你恢復以後，你更容易想起憤怒和沮喪是健康、自然、有益處的。你變得更能接受衝突矛盾。你會集中心力享受那些歡迎你且你也很容易連結的人、事物和團體。

健康的人際連結不需要你超越自己，只要你恢復後就會想起這點。需要你有所表現的人際連結，對你逐漸失去吸引力。

你依舊會尋求認可，但會用健康的方式去做。你決定想成為怎樣的你，你會樂在能確立這一點的事情上。你也會盡力用健康的方式認可他人。也許最重要的是，你會認可你自己。

不用誰為你強化歸屬感，你已經擁有自己的歸屬感。若你進門的時候不清楚自己的價值，外在認可說的是：「你現在表現得很好，可以在這裡待一會兒。」若你走進門且清楚自己值得，外在認可說的會是：「歡迎回家。」只要你不需要走進門時非得聽見這句話才確定自己歸屬於這裡，享受一句溫暖歡迎並無任何不可。

比起訓斥自己不要在意他人想法，你承認關心是個美好的特質，並且把你這個閃亮的特質導向對你提供的高品質人際連結有回饋的人、事、地、物。

你不再浪費精力在那些沒有能力或不願意與你連結的人身上。你不再一心想受大家歡迎。你專心於取悅自己。

- **恢復後的混亂型**會意識到，不是你太無章法所以無法貫徹到底，也不是你堅持過程中間也必須完美，事實是你想要迴避失落感。

你做的每個選擇都包含失去。你不可能生活在所有城市，不可能與每個相遇的人結婚，不可能接受所有工作，不可能把人生貢獻給所有想法。有選擇必有犧牲，接受這件事很痛苦。尚未恢復前，你會設法走捷徑，假裝自己能豁免於那種痛苦，彷彿光靠熱忱就能代替專注奉獻，抵銷單調冗長。

在你恢復後，你會有能量運用你的熱忱徵募你需要的支援。你會學到何謂界線，又該怎麼設立界線。你會盤點自己的價值觀，決定你想投入去做的事和不想做的事。你會明白，因為當下的失去會觸發過去的失落感，追求發揮潛力這件事的情感負擔可能比你起初以為的更沉重。

在恢復後，你會有心理餘裕同理關懷自己必須放棄的事。你不再假裝自己能同時身在二十六個地方，之後你會停止假裝能同時身在十五個地方，然後是七個地方，再來是兩個地方。

待你不再為了抵抗失落而燃燒內在資源以後，你將能夠把你所有閃耀的能量，重新導向一條清晰的道路。你會收獲專注投入熱忱之事的所有好處，其中最重要的，就是看著喜愛的事物成形、擴張、使你變得更好所帶來的喜悅。

- **恢復後的拖延型**會意識到，你不是希望開頭完美，而是希望能夠相信就算失敗了也不會有事。和混亂型一樣，拖延型也會感受到一種失落，只是在過程中的不同階段，因為不同原因襲來。拖延型的失落，不像混亂型是哀悼喪失的機會。拖延型的失落出自於預期心理：萬一我想做的這件事後來沒有個結果呢？那我成了怎樣的人？到時我還剩下什麼？

尚未恢復前，你會走捷徑，奔向必然的結果帶來的虛假安全感，以此平撫恐懼。你會進入匱乏模式，企圖縮減損失。你會想：雖然我很不想，但我會接下這份工作，這樣至少能保證我得到X。

不論是找工作、找伴侶、設法懷孕，甚或是更小規模的變化，比如重新布置房間或旅行出遊，當你腦中存在一個完美狀態的憧憬，任何事都變得很困難，因為把美夢帶入現實感覺有損夢想之美，就好像對著你喜愛的物品揮舞球棒一樣。

從恢復後的狀態，你會明白讓理想進入現實世界並不會崩壞，也不會因為發展的樣貌不如預期就是失敗。理想的樣貌改變，是因為它在茁長，而它能夠茁長，是因為你賦予它生命。

恢復後的拖延型完美主義者學會行動，不是因為有把握一切都會如自己所願進行順利，而是因為他們現在明白，做準備與控制是兩回事，明白自己對周圍的世界只有少許甚至沒有控制，其實是一種解放；它促使你現在就踏入你的人生，而不必一直等到有了更多控制以後。

有意識地採取行動，然後留下空間允許接下來任何事發生，這給人的壓力甚鉅，在你還不習慣的時候更是。但恢復後的拖延型因為能活出想望，變得更像自己；感到興奮期待、有活力，感覺生活中的美好事物都呈現在眼前。拖延型仍舊會遭遇一樣的恐懼，但有了面對恐懼的能量，他們不會被嚇到不敢動彈。

- **恢復後的經典型**會意識到，你不是需要完美的秩序架構，而是你推崇功能和美。這種推崇有個弱點，你會希望消除所有功能不良的地方。你希望消除這世上所有減損運作之美的東西。恢復後，對於自己的完美主義，以及推動它的理想希望，你會有更深的認識。

尚未恢復前，你會走捷徑，分離出任何看起來混亂或功能不良的東西，埋進秩序結構底下。混亂不等於功能不良；後者可以避免，前者則不然。在恢復後，你分得出之間的差別。你會接受，甚至欣然接納，一定程度的混亂不只是常態，而且也挺好的。

你卸下自己的責任，不再勉強自己去彌補外界的功能不良，那本就是你無法控制的。你因此獲得面對內心世界的能量。你允許自己感受悲傷和不被喜愛的感覺，過去你試圖用追求秩序和完美加以遮掩。你現在才察覺自己充滿同理心。

你會照料自己需要自我關愛的部分。你為人生帶來的混亂預留餘地，也為你心中的混亂留了空間。

你依然喜歡規劃，依然喜歡秩序，依然喜歡把事情做得很好很美，但現在你這麼做是因為你想，不是因為如果你不做，一切就會崩潰瓦解。你依據湧現的渴望行事，而不再是為了逃避絕望的深淵。

你的人生表面可能看似沒變，也可能有變，但內在肯定有了許多改變。你不再執著於策畫按部就班的體驗。你允許自己向所有的所思所感開放。你允許自己自由。

• **恢復後的嚴格型**會意識到，你不是需要結果完美，你是希望自己重要，無論是對他人、對世界，也對你自己。你會把重心放在當一個人，而不是當一個「附加增值」。

尚未恢復前，你會走捷徑，用達成目標來證明你能帶來「增值」。包括對這個世界、你的子女、你的朋友、你的工作：你們看我做的事，看看我都做到了什麼，快說我很重要。而今你會從你的字典裡剔除「增值」這個詞。

恢復前，你成就愈多，愈感覺到超越成就的壓力，唯恐「增值」到期失效。又因為成就得不夠快，跟不上你對外在認可永不饜足的需求，所以你專注於追求效率，用的方式不只反而造成效率低下，而且還使你孤立。

要有成就這個虛假的需求變得太過迫切，迫切到你拋棄了對人際連結的真實需求。你始終站在未來應付當前的生活：等完成X以後我就會陪伴孩子。等完成X以後我就會去談戀愛。等完成X以後我就會照顧健康。

在你恢復後，你會強大能夠保有理解，明白你現在就很重要，你現在的人生就很重要。你會繼續努力工作，但同時也把有意義的人際連結置於優先。與他人的連結是當然的，但更重要的是與你自己的連結。

你允許自己接受他人支援；你允許自己靈活彈性，因為休息過後，你比較容易想起你的方法不是唯一方法。你會有能量在你尚且尖叫、焦躁、懷抱敵意的當下，同理關懷自己，因為你現在能夠同理自己有一部分只是極度希望感到重要，有一部分的你不知道你已經是很重要的了。就算恢復後，退回負面模式不時還是會發生，但發生不再那麼頻繁，你也能更快意識到發生，並且有力氣迅速做出有意義的修復嘗試。

恢復並不會從此預防你免於犯錯。沒有任何方法能預防人犯錯。舊的錯、新的錯，新舊錯誤的創意混生。不管我們變得多能適應、多健康，我們都還是會持續犯錯。

任何問題都有多種解方

每一個完美主義者在恢復後都會有力氣去做的，是找到力量按自己的標準去界定成功——按照自己的時程、尊崇自己的價值觀、用自己的單位計量成就。完美主義表現的是人自然、天生、健康的衝動，渴望與完滿、完整的自己合乎一致。恢復後的完美主義者明白，你不是渴望某個外在事物或你自己達到完美，你其實渴望感覺完整，並且幫助他人也感覺完整。

優先重視恢復，對於管理你的完美主義至為必要。前面說過，每個完美主義者都有不適應和適應良好的時候。你需要有大量可輪換使用的正向應對技巧和恢復策略，因為你已經在大量輪換使用負面應對技巧和消耗策略了。

你的需求會隨成長改變，你會需要微調對策以配合這些改變。半年前可行的方法，現在可能出現小毛病，那也沒關係。某個對策不再有用也不要緊。正如同我們會隨問題成長，我們也會隨對策成長。

某些對策不再有用，是因為你在變化，你周圍的環境也在變化，這本來就會發生。你沒有做錯任何事。沒有東西毀壞。改變很自然。一切事物每分每秒都在變化。我們無時無刻不被要求放棄一些東西，因此作為人才會三不五時感覺到悲傷。

只要記住一件重要的事，任何問題永遠有多種解方。本章的用意是要協助你利用八個具體策略，把恢復融入日常作息。一次按下所有按鈕只會讓系統卡頓。閃擊作戰式的恢復對你不會有幫助。我提出多種可行的恢復策略，因為康復不是一體適用的狀況，何況俗語說得好，現在這裡有效的不代表隨時隨地有效。重點是找到比休息更適合你的策略，你認為你會最覺得有趣的策略，然後由此做起。

閱讀以下策略的時候，留意你的直覺。注意你對什麼好奇。有什麼抓住你的注意力，你就抓回去。你也可以都不選，單純停留在變化第二階段。現在不是要「三十天成就更好的你」。我們在這裡不做那種事。斷斷續續思考改變，但暫且沒有任何作為，這也沒關係；個人成長總是這樣開始的。認真消化你的內在經驗，與有形的生產表現一樣具有產值。你在這裡是為了學會用更聰明的方法做事，不是更努力做事。你可是完美主義者，你已經做得夠努力了。

最後，恢復是高度因人而異的過程。只有你知道自己需要什麼、需要多少、何時需要。你有可能恢復得恰到好處。如果你感覺能量充沛、恢復得正好，記錄一下你做了什麼有此結果，並且可以考慮不用改動繼續這麼做。

你有權力隨時把以下八個恢復策略依照你選擇的程度融入作息。第一個策略是重述。

1. 重新敘述

我媽媽跟我說，我學會說的第一個字是「鳥」，但我深信一定是「重述」才對，只是我說出來的時候，她剛好不在旁邊而已。重述是所有諮商師的至交好友；我們依賴這項工具的程度，就向當事人在等候室看手機一樣頻繁。

臨床上稱為認知再評估（cognitive reappraisal），重述是你調整描述一個概念或一起事件的語言，使你獲得更有益的觀點。

舉例

很多人有意識或無意識地，把求助解讀成只靠自己無法把事情做好，並因此感到不適任、害怕，傾向於不向人求助。

重述後：求助是拒絕放棄。

把求助想成拒絕放棄，使我們感覺堅強、意志堅定、相信自己的能力，並更願意向人求助。

重述的作用強大，因為改變思考方式最有效的一個方法，就是改變你敘述的方式。比如說，用詞上把「時間」改成「力氣」，有助於重述你建構的行程觀念，強化上一章提到的穆萊納森的頻寬管理概念：

比起：我明天的行程怎麼樣？我有時間和她見面嗎？

試試：我明天的行程怎麼樣？我有力氣和她見面嗎？

哈利王子在討論退伍軍人的心理健康時曾提到，他比較喜歡用「創傷後壓力損害」這個說法代替「創傷後壓力疾患」。這位前陸軍上尉解釋，相較於疾患，在損害的架構下建立PTSD的概念，能幫助我們了解到，就像身體受傷後可採行某些步驟療傷痊癒，心理損害也可以透過方法療傷康復。重述承認了心理健康的流動性，將這個領域帶往好的方向。

重述不只有助於你轉換對人生的看法，也有助於你改換對他人人生的看法。比方說，很多人把不生小孩的女性描述成「苦無子女」（childless）。詞語裡有個無（less）字，暗示有所欠缺：有欠考慮（thoughtless）、身無分文（penniless）、無家可歸（homeless）、無所去從（directionless）、無意義（meaningless）。

選擇不生孩子的女性，未必就是有所欠缺。有些女性不只是不想要孩子，還因為不生孩子而充分感到喜悅與充實。這樣的女性並沒有逃避完滿的人生，他們沒有「錯失」什麼，也沒有暗自神傷，他們並不後悔沒有孩子。想想看，如果把不想生孩子的女性描述成「樂無子女」（childfree），我們帶來怎樣的觀點變化。

再來看看其他與心理健康相關的重述範例：

比起：尋求關注的行為。

試試：尋求連結的行為

比起：防禦機制（呃，他們的戒心好重）

試試：保護機制（噢，他們是希望保護自己不想受傷）

比起：我不知道我想要什麼。

試試：我還在重新想像自己的可能性。

比起：我上學從來表現不好。

試試：我不擅長在課堂學習。

比起：就算是裝的，撐下去早晚會成功。

試試：我允許還在成長的我帶領我自己。

比起：我很焦慮。

試試：我有多餘的焦慮。

比起：我有太多包袱。

試試：**我有豐富的經驗。**

比起：我必須……

試試：**我有機會……**

比起：我遭遇痛苦的崩潰。

試試：**我經歷痛苦的突破。**

比起：疾患。

試試：**反應／徵象**

比起：對不起，給你添麻煩。

試試：**謝謝你耐心對待我。**

比起：症狀管理。

試試：**療癒**

比起：我有躁鬱症。

試試：**我正在控制躁鬱症。**

比起：她有躁鬱症。

試試：**她正在控制躁鬱症。**

比起：病患。

試試：當事人。

比起：我需要建議。

試試：我想徵詢意見。

比起：我需要什麼？我感覺到什麼？

試試：〔你的名字〕現在需要什麼？〔你的名字〕現在是什麼感覺？

順帶一提，這個概念已獲研究支持，用第三人稱描述自己雖然可能感覺愚蠢，但能促成觀點轉移，讓你能更妥善調節情緒，關注自己的需求。臨床上這稱為自我保持距離（self-distancing），這種以第三人稱反思自身處境的作法有時很有幫助，因為能在你與經驗之間拉出心理距離。你也知道吧，朋友遇到問題，你向來很容易給予忠告，但如果問題發生在你，往往感覺複雜到沒有個解決辦法，對吧？你與你朋友的經驗之間的心理距離，才是問題能否解決的關鍵。

比起：我真是個完美主義者，很煩人，我知道！

試試：我有強烈且清晰的願景。

比起：我是康復中的完美主義者。

試試：我學會把自我關懷當作預設的情緒反應。／我和我的力量合一。／我現在知道，尋求平衡就像在稻草堆裡找一根針，而且稻草堆裡從一開始就沒有針。

接下來聊聊重述「我不知道怎麼辦」這句話。

當事人經常這樣宣稱，我已經受到訓練，會用一個簡單但真摯的疑問回答：「真的是這樣嗎？」後來會發現，大多數時候我們其實是知道怎麼做的，我們只是無法想像那樣去做。當事人如果說：「我不知道怎麼辦」，而且說得很認真，我聽到的其實是，他們很願意嘗試新的策略。

承認自己需要新策略並不容易。比起假裝只要更努力去逼它，方法總會行得通，或者假裝只要忽視不理，問題也會奇蹟似的自動修正，人要很有勇氣才會敢承認現在的辦法行不通。

為了逃避開始新方法會遇到的困難，很多人一直採取被動的「觀望」策略，拖到功能不良累積成危機了，才急急忙忙想釐清問題。但等到危機控制住後，你還是會需要研擬更好的策略。承認不知道怎麼辦，是自我覺察的信號，但我不知道怎麼辦這句話常常被感受成無助的念頭。何妨試試看，把它重述成你心中最強大有力的念頭。

先想到我不知道怎麼辦，才會有後續尋求支援的行動，也才會有其他有益的想法，如：「也許我該尋求其他觀點……我可以向誰求助……我想和有過同樣經歷的人聊一聊……我的直覺是怎麼說的？」

我不知道怎麼辦也是開放、謙遜、彈性的表徵。比如，人的自戀傾向愈強，你愈難能聽到他說出「我不知道怎麼辦」。

比起：我不知道怎麼辦。

試試：我現在準備好試試看新策略了。

重述為「小心措辭」這句勸告添加了新的意義。留意你怎麼樣重述語句，你的看法也會跟著重組。你想重新建構的觀念必定伴隨著某些困難，重述不是否認或縮小那些困難。重述承認你原本的看法，同時也承認這個看法只是其中之一，還有很多不同看法存在。

針對完美主義的一篇三方研究，是「比較適應完美主義者、不適應完美主義者和非完美主義者」顯示，適應良好的完美主義者在重述能力得分最高。不適應完美主義者在嘗試壓抑及控制負面情緒得分最高。

重述是一項技能，是技能就能夠學習。開始練習重述的時候，問問自己：「這件事換個角度看會怎樣？」如果你自己想不出其他角度，就去問問周圍的人。最經典的重述，就是指出半空的玻璃杯也是半滿的玻璃杯。再多加重述，還可以說，玻璃杯的水裝的是空是滿都無所謂，只要你懂得開水龍頭。永遠有許多不同觀點，也永遠存在著許多解決辦法。

2. 說明與表達

諮商師受過訓練，懂得留意去聽說出口的話，也懂得留意去聽沒說出口的話。對方沒說出來要怎麼聽？很多方法，其中一個是辨別說明和表達。

- **說明（explaining）**，是告訴別人發生過什麼事、正在發生的事，或你認為會發生的事。
- **表達（expressing）**，是告訴別人你對已發生的事、正發生的事、認為會發生的事有怎樣的感受。

舉個例子：我三個星期後要搬家了是說明。我覺得很害怕是表達。我三個星期後要搬家了，我覺得很害怕是說明及表達。如果說明過度但表達不足，則你並沒有連結到你完整的經驗。你做了很多理性探討，你繞著話題談，但沒有真正「進入」話題。只做說明會讓人覺得事情與自己不相關聯。你可能清楚發生的事，但不明白自己對事情的感受，或事情對你的意義，導致你很難知道接下來要怎麼做。

溝通的另一面，是表達過度但說明不足，則形同沒能讓情感進化成見解。你不停兜圈子談論你的感受，但不把感受與對「人、事、時、地、因」的說明綁定在一起，不會構成故事。你的情感經驗中如果沒有邏輯地標，很容易迷失方向。你可能知道自己的感受，但不知道為什麼有此感受。少了說明，你看不出情緒的模式或導火線；也難發展出長遠的對策。你只會一直在感受的水潭裡繞著圈子游呀游。

我們是藉由談論發生的事以及我們的感受來建構意義的。諮商師說：「我們有必要來消化這件事。」意思就是對事件進行說明和表達。經典型和嚴格型有說明過度但表達不足的傾向，或者只循單面向表達自己，例如只表達憤怒的嚴格型，或只表達耐性的經典型。

這種縮簡的溝通模式，時常讓他人感覺與這兩類型的完美主義者疏離。他人或許能理解嚴格型或經典型希望或不希望發生的事，但同時可能覺得很難在非關實務的層面，與他們有連結。與不表達的嚴格型或經典型有任何形式的人際關係，可能都會讓你覺得，你知道很多關於這個人的事實，但對方實際是怎樣的人，你一無所知。

反過來，混亂型和巴黎型有表達過度但說明不足的傾向。他人也許很能理解這兩類型人的感受，並且能強烈感覺到他們的真實性格，但對於這兩類型的人想要什麼、需要什麼，或到底在想什麼，可能一頭霧水。

我朋友琵琶說過一個有趣的故事，她以前的主管是徹頭徹尾的巴黎型，有一次必須開除琵琶的同事小莉。小莉隱約也意識到自己遲早會被開除，所以那一天被叫進主管辦公室時，她心想：好吧，這一天也到了。但小莉面見完主管出來……滿頭問號。他們的巴黎型主管，談話重點全擺在表達她對小莉的衷心疼愛；她回憶員工旅遊的趣事、認可小莉的許多長處，甚至約小莉改天一起吃飯。問題是主管忘了向小莉說明：事實是，小莉被開除了。小莉一回到座位，琵琶就焦急問她怎麼回事。小莉回答說：「我方才好像是被開除了，但我也不確定？總之星期五我們肯定會去吃飯。」

沒有人能隨時維持說明與表達的完美平衡，不過誰也不必做到。重點是提高你對自己溝通方式的自覺，意識到自己的說話方式在他人聽來是什麼感覺。你不只會希望更覺察他人對你溝通方式的感覺，也會希望更覺察你自己有何感覺。

一直以來，你的自我對話是不是說明多過於表達？還是顛倒過來，表達遠多於說明？為使溝通更清楚明瞭，試試看在你的自我對話以及與他人的談話中採用以下句式。

給混亂型和巴黎型的溝通建議

- 我希望〔具體行動〕發生。
- 我需要你〔具體行動〕。

- 我希望你停止〔具體行動〕。
- 現在將發生的是〔具體行動〕。
- 我需要你在接下來〔標明時間範圍〕協助我〔具體任務〕。

給經典型和嚴格型的溝通建議

- 我最近愈來愈少感到〔具體情緒〕。
- 我很享受〔你喜歡的正向感受〕的感覺，每次〔具體行動〕發生，我就覺得〔重複你喜歡的正向感受〕多了。
- 我不喜歡有〔說出不喜歡的情緒〕的感覺，每次〔具體事件〕發生，我會覺得更加／比較不那麼〔不喜歡的情緒〕。
- 我想念〔具體情緒〕的感覺，我正在想辦法找回那種感覺。
- 這對我很重要，因為〔分享意義〕。

拖延型可能落在這個光譜上的任何位置，實際上每個人都是。你如果不確定是多些說明或多些表達對你比較有益，再讀一遍上面兩個列表，看看哪一個你覺得比較困難。比較困難的，就是多練習後對你有益的。發覺別人說明／表達過多或不足，而你又希望更理解對方的經驗的時候，你可以把上面的陳述句改成問句，詢問對方。

3. 持有看法，不做批判

批判催化懲罰。批判自己「惡劣」，你就會認為自己理當受到惡劣對待。但如果已經做了早知不該的事，或者直白點說，你做的事明顯不是明智之舉，還能怎麼做到不批判自己呢？迴避批判的方式，就是改為持有看法。

看法和批判的差別在於，看法反映你的想法和觀點，批判除了反映你的想法和觀點，還分析你與他人相比之下的價值。舉個例子：

看法：攝取高果糖玉米糖漿易引起身體發炎、干擾新陳代謝、對心情有負面影響，而且沒有營養益處。我想避免上述所有負面後果，所以我會避免攝取高果糖玉米糖漿。不吃高果糖玉米糖漿好過於攝取。

批判：攝取高果糖玉米糖漿易引起身體發炎、干擾新陳代謝、對心情有負面影響，而且沒有營養益處。我想避免上述所有負面後果，所以我會避免攝取高果糖玉米糖漿。不吃高果糖玉米糖漿好過於攝取，所以我這個人也比你好，因為你吃高果糖玉米糖漿，而我不吃。

我們把批判與自認高人一等關聯在一起，但批判更常見的型態，其實是暗暗覺得自己不如人，自認低人一等。

動不動好批判的人，批判的方向是雙向的。你可能認同在你看來比你聰明、性感、有耐心、風趣、健康，或者其他方面比你成功的人。你把你的看法轉化成對他人價值的評論，然後有意識或無意識地做出結論，認定對方是一個比你好的人，因此比你值得享有美好的事物。這麼做的時候，你也是在批判。

比方說，你評判你的同事比你聰明、比你有魅力，所以她身在一段快樂又能實現個人抱負的戀愛關係也很合理。你心想：憑她當然能找到愛情。這個想法的潛臺詞是她值得愛情。潛臺詞的潛臺詞則是，我不像她一樣值得愛情。

每當我們評判他人，就是在區別我和「他們」之間。每當我們評判自己，就是在區別我們自認值得好事的某部分自己和自認不值得的另一部分自己。我們往任一方向評判自己，像是比人好或比人差，都是在為自身的價值設立條件，同時給自己理由感到羞恥。你愈能不帶評判看待別人，也愈能用相同態度看待自己，反之亦然。諮商之所以助益良多，其中一個要因就是諮商師不假批判的觀點。好的諮商師能進到你腦中，看見與你所述相同的情境，但是去掉你嫁接在情境上的批判和對自我價值的評價。去除評判能改變你對一個處境的一切看法，包括問題癥結為何、有哪些可行辦法，以及你值得什麼。

我每次都很高興看到收件匣跳出以前當事人的名字，聽聞他們分享近況。而信上三不五時會有「我一天不順的時候，腦中會出現你的聲音」這樣的話。只要工作上辨認出模式，我就忍不住好奇。有好一陣子，我都這樣回覆那句感言：「我能問問你記住的是什麼嗎？」偶爾的確是我說過的某句話，但我發現當事人真正想說的是，他們學會不帶批判去面對生活和犯錯。他們聽見的不是我曾說過的話，而是他們自己不帶評判的新鮮觀點——只是他們選擇由我當配音罷了。

4. 打鐵不趁熱

德高望重的精神科醫師兼作家亞隆曾表示，但願所有諮商師和當事人都能一讀他的著作《生命的禮物》（*The Gift of Therapy: An Open Letter to a New Generation of Therapists and Their Patients*）。我也如此同心盼望。其中，亞隆留下的一個閃亮珍寶，不僅適用於諮商療程，更延伸適用於日常生活，那就是他建議「打鐵應該趁冷，別趁熱」。

亞隆提出這個建議，背景脈絡指的是待當事人開始有不同行為以後，再回頭評論他們先前的負面行為。比方說，當事人有扮演受害者的傾向，則提起這件事的最佳時機，是在當事人做出相對比較自主自信的論述之時。

打鐵不能趁熱的概念適用於很多背景，包括在工作上、教養上、關係上，最重要的是你與自己的關係——別在負面問題正嚴重的時候嘗試解決負面問題。

記得第五章最後一刻投下炸彈的艾娃嗎？我沒有在她哭出來的時候拚命拿專有名詞、行為理論、TED演講連結和推薦書單灌輸她，就是打鐵不能趁熱。以艾娃當下的狀態，她是沒辦法篩選並吸收一大堆高強度介入的。

打鐵趁冷的重點，是有意識地選擇在什麼時候介入、給予回饋或尋求連結最容易被接收。

這條原則用在完美主義上，是承認在你最適應的時候才是積極管理不適應狀態的最佳時機。

聽起來有違直覺吧？我既然沒處在不適應狀態，又何須處理完美主義不適應的部分呢？因為心理健康是流動的，而且非常倚重前後脈絡。你遲早還會再進入不適應狀態，我敢保證。

在你氣憤不平的時候，你介入調停自己是相對極不可能被接受的，因為你的壓力反應已經啟動，神經系統使你全身流滿腎上腺素和皮質醇等壓力激素。這些激素會讓你的大腦用與平靜專注時截然不同的方式解讀資訊。

在你狀態好的時候，先為未來難熬的你做點事吧。建造及強化你周圍的保護因子。建立能恢復能量的日常行動，舉凡找到一起運動的夥伴、看帶給你教導啟發的書、接受諮商、培養健康的習慣等，「擴展與建構」你的生活。

如果信仰對你來說有與人連結的效力，現在就找個家庭基督教會，現在就開始參加猶太安息日晚宴，現在就全心全意供奉神明，現在就盡力把主麻日禮拜排在優先。在你內心感覺強大的時候，就踐行你信仰的信條教誨，而不是只在哭了九個小時，眼影全融成煙燻妝以後才想著祈禱。

如果你知道自己入冬後容易心情陰鬱，事先安排好到陽光普照的地方旅行，而不是在某個二月天寒地凍的深夜，覺得又憂鬱又倦怠了，你才開始比價機票。

趁冷打鐵是因為，這時候你最有能量、最有耐心，也最樂觀，更不用說這時你的心態是以解決問題為導向的。預防勝於治療在所有健康對策上都是金玉良言。把握你功能發揮最好的時刻，擴增你儲存的正向應對機制，為自己維繫各種形式的支持。確保需要時有支援，哪怕始終沒有用到，本身也仍是一件具有療癒效果的事。

5. 開口求助

有很長一段時間，我打心底認為如果過程中必須求助，那不管我做到什麼，成就都不算數。我曾經打死都不求助，不管任何事都不求任何人幫忙。

二十四歲那年，我與同居的男朋友突然分手。我沒有向朋友求援，問能不能借助他們家一陣子。相反的，我登入分類廣告網站，看到第一間我和我的狗當晚就能入住的租屋，我就打電話了。那是一間月租雅房，位在三房的公寓內。另外兩個房間的住戶絕對堪稱是洛杉磯最行徑可疑的人……公寓房東叫達克斯，開一輛破爛的敞篷車，浮誇的車牌寫著「哥就是狂」。稱這是危險訊號，就好像形容地核偶爾微熱一樣，何止如此。告訴你絲毫不教人意外的發展，他後來A了我的保證金。

住在他的公寓那一個月，達克斯幾乎每晚都帶女人回家做愛，聲音又大又難聽，像在聽一場長達十分鐘的車禍。到了早上，老菸蒂和威士忌黏膩的臭味一打開房門就會向我襲來。去廚房沖咖啡，流理臺上會有殘餘的古柯鹼。我恨透了住在那間公寓，尤其恨透了在那裡洗澡睡覺。我只能說，我當時以為這是「堅強」的表現，除此以外我解釋不了我的選擇。

我這絕對是置自己於險地，我很清楚，但我記得當時我滿心驕傲，很自豪能憑一己之力做到這些。那個時候，不必別人幫忙就能做到，是我的自尊心的最大來源。說起來很悲哀，但整件事的風險和多數人都會求助我卻沒有，反而讓我更以自己為榮，覺得自己很強大。這告訴我們，驕傲有時候會用危險的方式誤導我們。

孤立容易被錯當成獨立，固執被錯當成堅強。死都不向人求助，就像為我的潛能蓋上沉重鐵板。我被誤導自以為獨立，達克斯公寓的處境就是特別鮮明的例子，但往後還要遭遇過更多大大小小的事件，我才學會這個教誨：

向人求助不僅沒關係，最堅強的也是那些能與人連結取得協助的人。

人生走到現在，我事事求助。我的生命裡沒有哪一個人不曾反覆受我以某種方式求助。

難以啟齒時，試試這樣開口求助：

「你能不能幫我〔你需要幫助的事〕，你可以〔對方能幫助你的方式〕？」

求助這件事說來容易也很困難，對高功能完美主義者更是如此。只因為你運作良好，不代表你沒有心痛受傷。我每每總是覺得不可思議，有些人表面看上去神采奕奕又放鬆，內心卻是「一息尚存，尚能走動」——借雷納博士的話形容。荷妮的話也呼應這個看法：「對分析家來說，此事始終帶來無盡驚奇，一個人竟然能運作得相對良好，實際內心卻半點也沒參與。」

危機附帶的好處，是它呼籲行動：很顯然哪裡出了問題，危機要求立刻採取彌補行動。人一旦遇急，行事往往敏捷。少了危機，求助往往會被延後或完全被忽略。

對高功能完美主義者來說，警報永遠不會作響，信號永遠不會閃爍。當你的煎熬在別人看不見，且你又擅長維持這種狀態，你必須自己當點亮信號的人。我們從某時某刻起有了這種觀念，以為健康堅強代表我們終於想到辦法不必對任何人有任何需求。但這想法完全反了。健康堅強代表我們終於想通，每個人都能帶來一些我們用得上的幫助。每一個人的人生都不乏失落和迷惘，我們並不應該獨自度過這些。人類生來沒有必要孤立生存，就像成年時期也沒有必要在狼狽地跪爬著通過。

我們全都相互關聯，也全都彼此需要。我們並不只是偶爾需要別人；我們隨時隨地都互相需要。想想實在好笑，我們這麼需要彼此，可是卻這麼裝作不需要。我說的好笑，不是可悲的好笑。不需要到了舉步維艱的地步才能求助；就算只是希望事情輕鬆一點，你也可以求助。如果就連讓事情輕鬆一點，你也不想，請容我問問，你到底想證明什麼呢？

6. 設立界線

為人處事沒有界線，容易招致混亂失能。不知道自己的底線是什麼、不知道怎麼樣與底線溝通交涉、不知道別人逾越底線的時候該怎麼做，你也很難發揮出潛力。

界線是以保護為目的施加的限制。為了保護你的時間、心力、安全、資源，你為自己決定哪些事可以接受、哪些不能接受——這些決定就是你的界線。比方說，為了保護你的時間和精力，你決定晚間六點過後不再回覆電子郵件。

也有人形容界線是你的責任到此為止之處，再往前便是他人的責任。作家、社會倡議人士，兼「體現研究所」（Embodiment Institute）創辦人漢菲爾（Prentis Hemphill），則形容界線是「我能同時愛你也愛我自己的距離」。

伸張界線可以啟動界線。不伸張你的界線，你也等同於沒有界線，只隱約有你的界線可能是什麼的概念。有些界線是固定且不可妥協的；比方說：「我不坐酒後的駕駛開的車。」也有些界線基於會變動的需求，所以需要時時調整。

比方說，可能有些日子或每到某個季節，你需要沉澱、需要更多獨處、需要做少點事、需要拒絕。這些時候，你收緊你的界線。也有些日子或季節，你可能需要自由閒蕩、多與人相處來往、進行多點計畫，需要答應。這種時候，你就會放寬界線。

對於界線我有很多想說，但我必須為說明界線的段落設立界線，以免整本書都被這個主題吞沒。同為心理諮商師的塔瓦（Nedra Glover Tawwab），她闡述詳盡且務實的著作《設立邊界，找到平靜》（*Set Boundaries, Find Peace: A Guide to Reclaiming Yourself*）為此提供更詳盡的說明。

7. 好好休息

優先考慮睡眠，是個備受忽略的心理健康對策。我們投入莫大的金錢、心力、時間管理心理健康，卻忽略了心理安寧的首要驅力，就是睡覺。

丁格斯博士（David F. Dinges）是賓州大學佩雷曼醫學院睡眠與時間生物學系主任。丁格斯指出：「人們如今大為推崇時間，睡眠往往被當作惱人的干擾，是浪費時間的狀態，因為你意志力不夠，不能更認真工作更久才需要睡覺。」

我們不把睡覺當成一項活動，也肯定不認為睡覺有產值，但睡眠其實很可能是你做過最有效益的事。比如睡眠就對神經有廣泛的保護作用。

睡眠對大腦的好處，如同多喝水對皮膚的好處，睡覺讓大腦容光煥發。你的腦中有一個管狀網絡，稱為膠淋巴系統（glymphatic system）。膠淋巴系統的功能是清理大腦，只要你一入睡，系統就會開始工作。

從事相關研究的馬西亞克（Jolanta Masiak）和尤金（Andy R. Eugene）博士解釋：「膠淋巴系

統在身體的作用是沖掉老廢細胞，和排水系統是一樣概念。」睡眠不足，就像你的身體不沖馬桶。隔天狂飲咖啡，就像在馬桶故障的廁所狂噴芳香劑，噴再多也消除不掉異味。你只會咖啡因過量心悸，同時疲倦依舊，就像你的廁所只會同時聞到芳香劑和「馬桶沒沖」的臭味。

想到情緒和生理在睡眠中會獲得多少恢復再生，就很難再把睡覺看作懶惰無用。睡覺不只會強化記憶，也會清理神經突觸空間，幫助你隔天學習新事物。你的身體會動員相當於幾千雙小手的細胞，修復包括心臟在內的你所有肌肉。睡覺還會穩定你的新陳代謝和內分泌功能，而內分泌有情緒調節作用，換句話說，你的情緒比較不會起起伏伏。

有一篇出色的研究檢驗睡眠增強免疫力的作用。兩組受試對象接受施打肝炎疫苗，接種時間都是上午九點，一組人在施打疫苗後，當天就睡足一整晚，另一組則被迫熬夜，直到隔天晚間九點才睡。疫苗施打一個月後，兩組人接受肝炎抗體測試，接種疫苗後充分休息一夜的那一組，抗體數量是熬夜組的將近一倍。

你有沒有想過，為什麼有時候明明才剛吃過飯，卻感覺餓到不行呢？那可能是因為你睡眠不足。瘦素（leptin）是一種抑制食慾的荷爾蒙，會在入睡後大量分泌，推測是為了防止人餓醒。研究顯示，瘦素分泌量取決於睡眠時長，睡眠不足會減少約一九%的瘦素分泌量。多篇瘦素研究寫到，睡眠不足的人醒來後，飢餓感比睡眠充足的人高出約二四%。提升的這二四%的食慾，借研究者的話來說，會轉化成「偏好高碳水化合物飲食（甜點、鹹點、澱粉食物）……想吃鹹食的渴望增加四五％。表示睡眠不足可能影響飲食，使飲食習慣偏向非恆定進食。也就是出於情緒／心理需求驅策進食，而非基於身體熱量需求。

瘦素研究有助於說明疾管署何以總向大眾推廣早睡，強調睡眠不足與肥胖和第二型糖尿病相關。挑戰者號太空梭爆炸、艾克森公司油輪瓦爾迪茲號漏油事件、美航一四二〇號班機空難等悲劇事故，全都經官方證實與睡眠不足直接有關。長期睡眠不足對身體對心理都有可怕影響，所以睡眠剝奪才在戰爭中用作刑求手段。

是憂鬱症導致你失眠，還是睡不好導致你陷入憂鬱？睡眠障礙長年來一直被理解為潛在心理壓力的常見表徵（它絕對是），但比較晚近對於睡眠與心理健康密切有關的探討，也認為睡眠對心理疾患的形成和持續有直接的因果作用。

我送給自己最有益的一個心理健康對策，只花了我四美元又二十九美分。我深信，在我買了那一盒耳塞以後，這二十年來我大幅提升的睡眠時間，肯定為我免去無數憂鬱消沉的發作。

沒有人規定一個人要有顯著卓越的成長，非得要在靈魂扭曲、冒汗的暗夜裡深鑿精神的基石才行。我們的心理健康在踐行中最受發揚。深呼吸、多走路、多睡覺，這些都是非常有效的心理健康對策。沃克（Matthew Walker）博士在著作《為什麼要睡覺》（*Why We Sleep: Unlocking the Power of Sleep and Dreams*）指出，調整聲音、燈光、溫度是最佳化睡眠環境的絕佳起點。電扇微風吹拂、戴耳塞、借助白噪音，只要是睡眠對策也都是心理健康對策。

苦悶的夜晚、忙亂的月份、難捱的季節，我們都會遇上心理健康「不佳」的時候。就算在心理健康「不佳」的時候，你唯一做的事只有穩定睡眠，那你也做到非常多了。針對你的心理健康，先行改善睡眠也是一項保護措施。只要你給它機會，你的身體會主動代替你做好非常多療癒工作。我不知道你今天有或沒有什麼事，也不知道身為你近來的感覺。我不知道你現在處境是壞、是好，或介於中間地帶，我只確定一件事：不論你醒著遇上什麼事，有部分的你會在睡眠中康復。

8. 先做少一點，再做多一點

有時候，你的首要之務是減少。少做一點、後退、拒絕、暫停。你愈是學會聽從直覺、確立意向，愈能清楚明白你在乎什麼、不在乎什麼。不把時間心力消耗在你不在乎的人事物上，與所有恢復策略一樣是明智之舉。

你知道自己在乎什麼、不在乎什麼嗎？大多數人不清楚自己看重的事。記得第四章的雷娜嗎？她想弄清楚怎樣才能當普通的自己，又不至於覺得自己像個廢物。我們在諮商對話中發現，雷娜一直在追求社會文化認可的價值，但那些並未反映她真實的自我。我們回顧她的人生決定，檢視她把時間心力花在哪些後才清楚看出，雷娜一直以來追逐這些勝於一切：金錢、地位、效率。

「但我重視的不是這些，我發誓！」她語氣激動，像是剛被誣陷。

花時間釐清你的價值系統，是你能送給自己的最好禮物。雷娜並不是想放棄卓越出眾，她是希望別再繼續在對她無意義的領域追求卓越出眾。不管你重視什麼，不管你有無自覺，你會全力以赴，身為完美主義者，這是你無法自抑的事。所以為了能夠發揮最大能力，你有必要明確且自覺地了解你最重視的價值是什麼。

雷娜認清她真正重視的事以後，日常生活做決定容易多了。捨棄不在乎的事物，在她在乎的事物上做到出眾，成為一件充滿樂趣、令人興奮、愈做愈來勁的事。

看看右列價值基準。哪一個在你眼中格外重要，或格外不重要的？

很多價值基準寫出來都很美好，但你真的在乎的是哪些？有沒有表中沒列出來的？別忘了，只要是你希望重視的東西，你就有資格重視。少投資於你不重視的事物，多投資於你重視的事物。決定這一生要做什麼、不做什麼的人是你。堅定挑起做決定的主導權。當你能為自己的決定承擔起責任，你就不會把自己放進怨天尤人的處境。

怨恨不滿會阻礙喜悅。怨恨的能量密集且沉重，就像口袋裡的石頭，背包裡的磚塊。背負著怨

你所重視的價值清單

忠誠	整潔	好奇心
藝術創造	樂趣	玩心
人際連結	守時	地位
健康	隱私	相聚
家庭	喜悅	養生
財富	驚喜	安全
正直	孤獨	美感
服務奉獻	自由	感恩
效率	友善	幽默
誠實	慶祝	冒險

恨，你跑不快，也跑得不自由。

控制心態會牢牢抓住怨恨不放。你如果沒意識到其實你有力量肯認你自己的經驗、價值觀和選擇，就會操持怨恨，試圖控制你獲得的肯定和認同：你們看不到我的痛苦有多真實嗎？看看我有多不滿！

我們拿怨恨當籌碼以博得認可，也用怨恨來逃避為自己的人生負責，因為這個任務望之令人生畏：我愈怨恨你，愈證明是你的錯，也代表你才是需要改正的人，不是我。

強大心態會把怨恨當作訊號，用來探討自己投注了多少心力在某個人、某種說法或某件事情。你的力量接著會引導你，以你認為合適的方式重新調整能量的耗用。挑起做決定的主導權可以減少怨恨不滿，因為只要你接受了人生主宰這個角色，你會覺得更有資格對想擁有更多的人事物說好，對不想要的人事物說不。人生充滿你想擁有更多的人事物以後，能不能享受這樣的人生，則又是另一回事，也是下一章的主題。

第9章

現在，你完美了

不刻意追求時刻完美，
保持內在恆定，享受自信自在的當下

完美主義的真諦

而這一天終會到來，承受緊閉花苞之險，將比冒險綻放花朵更痛苦。

——阿涅絲．寧（Anaïs Nin），作家

截至目前，你學到身為完美主義者是你這個人的一部分，而與自己為敵恰恰有違於康復。你學到完美主義是天賦，而你就是天賦的禮物。你知道我們所有人全都還會遇上和目標百貨停車場相同的時刻，你也知道簡單不容易，而你的在場具有力量。你認識了各種形式的支持，也明白了批判總是雙向的。你知道透過感謝和慶祝可以發揚一個過程，也知道要把失敗歸類為偶發事件或性格使然，選擇的人是你。你學到人際連結有溯及以往的力量，也學到我們會鑽哪些漏洞拒絕關懷自己。你認識了反事實思維、閾限空間，你知道心理健康是流動的、終結只是個幻想還等，有很多可以再列舉下去。就這麼說吧，經過前面八章，你已經認識了很多課題。

等你讀完這本書，你還會繼續發現各式各樣的課題，有新有舊，人生會發生的事多不勝數。即

使是外在最無波瀾的生活，也充滿內在的喧囂。繼續前進，你知道你還是會犯錯，但你現在也知道可以把自己從原本圈限你潛力的自責模式裡解放出來。你已然擁有活出自定義的人生所需要的能力。這是豁然開朗的一刻，你赫然領悟，自己其實一直都有這些力量，只是必須親身學到這件事。

豁然開朗對完美主義者來說並不夠。完美主義者有進取心。我們會想，原來我們一直都有這些力量，真好，但這又代表什麼呢？接下來呢？

體認到你的力量，代表你自由了。接下來要做的，是學習享受自由。享受自由不是人天生就會的。有時候，我們明知道自己是自由的，但仍感覺受限。感覺受限的時候，自由在我們只彷彿是一條原理：我知道按理來說，我能自由做我想做的事，但我實際從來不能做我想做的事。

自我犧牲為何使人耽溺？

如果只能在虛幻一瞥中體驗到自由，是什麼依然禁錮著我們？自我犧牲，向來是分析疑點一個很好的起始點。放棄你的人生以求另一個人快樂，並不會真的使那個人快樂。自我犧牲的愛，是一種傷亡慰問金似的愛，收到的人感覺不會太好。只有自戀的人會因為獲得別人自我犧牲奉獻而覺得快樂。

犧牲與效力的差異，見於一個是人是否捨棄自己的樂趣。樂趣是很有意思的切入點。檢查一下你的人生哪些方面捨棄了樂趣，能讓你直接意識到你對自己的喜悅和自由施加了哪些條件。

現在就允許自己喜悅，是成功管理完美主義的終極標誌。把自我關懷當作對痛苦的預設反應，從而允許喜悅進入生活當中，陷於不適應模式的完美主義者可以藉此康復。

自我關懷能為喜悅鋪路，因為自我關懷接納樂趣；你不再懲罰自己，認為「爭取到」快樂的資格前，必須先限制樂趣。少了自我關懷或樂趣，喜悅飄忽不定。舉個例子，在你厭惡自己的時候，你很難感覺到喜悅。

這不是說你應該利用自我厭惡來節制生活中的喜悅，完美主義者早就經常這麼做了。不適應的完美主義者始終都在進行程度不一的喜悅節食。

- **低卡路里法**：好啊，我會感受一點喜悅，但淺嚐即止，因為我現在為了某某計畫真的要很努力才行。
- **間接斷食法**：謝謝，但我只允許自己在就寢前半小時開心片刻。
- **原始人飲食法**：我只從單一來源攝取喜悅，我家小孩就是我的喜悅來源。

喜悅不管量多量寡都是健康的，就像呼吸空氣一樣，你從不用擔心吸入太多喜悅。抑制喜悅根本沒有必要。

這也不是說完美主義者很有意識要抑制喜悅；完美主義者有意識想抑制的是樂趣。我們錯用負責任之說來限制樂趣，但諷刺的是，對於心理健康，限制喜悅反而是不負責任的選擇。從臨床觀點來看，犧牲樂趣不是美德，反而是嚴重風險因子。

享受（Enjoy）意思是你「in joy」，處於喜悅之中，不是從外面看向喜悅，也不是用頭腦去思考喜悅。喜悅是一種感受。要感受喜悅，你需要允許自己接觸樂趣。

我們把樂趣想成是生活中額外的享樂，但樂趣其實是我們活著的感覺和個人特質的重要核心。樂趣是值得認真看待的心理健康議題。每回當事人向我描述憂鬱情緒，他們的描述也形同直陳自己獲得樂趣的能力。樂趣與臨床的憂鬱症關聯密切，以至於《精神疾病診斷準則手冊》也把失去樂趣，指為重鬱症的兩個核心診斷準則之一。

允許自己探尋樂趣

如果你總是後來才想到樂趣，你的危險可大了。我們先澄清立即滿足和樂趣的差異。兩者當下都感覺很好，但樂趣的快樂也在於事前期待愉悅的事件發生，以及事後回想這件愉悅的事。相較之下，立即滿足有可能在事前引起過多焦慮（希望我不會「耽溺」），並在事後勾起罪惡感（要是沒那樣做就好了）。

樂趣不是一種負擔，樂趣是直接、喜悅的滿足，像是為別人扶住門的快樂、為喜歡的事埋頭苦幹的快樂、大笑的快樂、聽人學彈鋼琴的快樂、在花園除草時聞到泥土芬芳的快樂等，沒錯，泥土也能帶給你樂趣，快樂不需要任何理由辯解。

身為女性，我們一直被教導快樂必須要有理由，而且這個理由最好要夠好。也因此，尋求樂趣即使能排上我們的待辦清單，也被降級在最末尾。女性一直在苦苦練習熟諳立即滿足，乃至於我們甚至不給自己享有樂趣的機會。

就拿吃東西來說好了，吃東西可說是生活中最基本、最快樂的活動。但減肥產業劫持了美國女性的心靈，以致連單純吃東西的快樂也被看作搗蛋放縱。對女性來說，食物的用意不是為了享受，除非你真的有心情「使壞」和「放蕩」。

女性理當用食物為身體補足最大能量，這樣我們才能平衡更多工作、照顧更多人，同時管理好體重。所以營養棒才會賣得這麼好，哪怕那吃起來就像粉筆混合你外婆留下的唇膏。

女性與飲食的關係，具體而微地呈現出樂趣被當作病態的情況。假如吃東西用意只是一件講求實效的事，而不是一件有樂趣的事，那就沒必要有意識地問自己：「我想吃什麼？」問題會變成：「我該吃什麼？」假如食物以外，你也把樂趣與罪惡混為一談，那也就沒有必要問自己：「我想做什麼？」問題會變成：「我應該做什麼？我該有什麼表現？」

少了樂趣，我們的人生變得只是在執行。按計畫執行那些我們認為能讓自己快樂的事，而不是信任自己去探索感覺好的和感覺對的事。追求那種最佳通用公式般的滿足，一方面導致憂鬱，一方面使得女性把感受樂趣與自私畫上等號：唉，這麼做感覺真好，我這樣好自私。不對。一件事讓你感覺很好，只代表那件事是有樂趣的。

你愈不允許自己接觸樂趣，也會愈感受不到你對自己需要什麼、何時需要的直覺。回到前面節食文化的例子：所以很多女性因此不再能夠分辨自己餓不餓。吃東西本是一件單純的事，但他們感受飢餓和飽足的基本直覺不見了，埋在別人對應該怎麼吃的指手畫腳之下。

你把自己的渴望靜音，同時也噤聲了你的直覺，迫使你完全只仰賴思考。你認為自己一直很餓，所以忍不住吃個不停。或你認為你一整天都不餓，直到下班後驚覺自己在廚房裡狼吞虎嚥馬芬蛋糕，一邊用牙齒撕開每包幾百大卡的洋芋片袋。

在美國，樂趣不是受重視的價值。當下的滿足，好啊，歡愉的樂趣，不了。勤奮、效率、毅力、獨立，是我們強調的價值，這些的確是很值得宣揚的價值。但同時，你也必須問自己：這些最終是為了什麼？有效率之後呢？這是你的人生，你不可能永生不死，早晚有一天你會離開人世。在你還活著的時候，你是希望「不憂鬱」，還是想感受到喜悅？

樂趣無所不在。我們可以開心於孩子陪伴的樂趣、把空間打掃整潔的樂趣、與朋友乘車出遊的樂趣、看一部電影的樂趣、把看電影稱為觀影的樂趣、在白天注意到月亮的樂趣。這些都和效率無關。

喜悅和效率的共通點很少，想像一下它們倆如果去相親，會是三十五分鐘的瞎聊，最後友善握手結束，回家後完全忘記聊過什麼。反之，喜悅和樂趣它們會聊到餐廳打烊還意猶未盡。

別用享樂來獎勵自己

「欺騙餐、慰勞、犒賞」，我們把享受樂趣形容得像用點心來訓練狗，說來令人咋舌。每到夏天，我每天都會買一杯灑滿巧克力夾心餅乾碎片的原味優格冰淇淋，一邊吃一邊在紐約市街頭漫步至少二十分鐘。優格新鮮酸甜，巧克力夾心餅乾有派對的滋味，陽光照在赤裸的肌膚上暖洋洋的。我經過的每個人看起來都有趣極了，我簡直想攔下他們每一個人，聽聽他們的人生故事——這些細節全都充滿了樂趣。我的優格冰淇淋不是犒賞，不是慰勞，也不是我「放蕩」或「使壞」，這根冰淇淋又不是我偷來的。夏日陽光下吃優格冰淇淋，只不過是我的日常。

你如果為享受樂趣設定條件（表現好才有「犒賞」），也等同於告訴自己，你有沒有資格心情好，直接取決於你表現的好壞，而不是因為你活著。為樂趣設定條件的思維，在任何人都容易迅速轉變成自我價值兩極化的感受，在完美主義者身上尤然，完美主義者本就傾向於非黑即白的思考方式了。

比起：我這星期都表現很好，所以我可以吃點巧克力犒賞自己。

試試：我想吃巧克力，所以我會吃巧克力。

我們不常抱持「我想要，我就去做」的態度，是因為我們不相信自己。我們認為自己想要的太多。我們會把所有巧克力吃掉，接著吃更多「壞」食物。我們會怠惰，坐在電視機前一整年，辭掉工作，從此更肆無忌憚，最後不再像個正常人。我們默默感到焦慮，深怕如果交給我們自己決定，我們會日漸失控，傷害周圍每個人，最後發瘋。我們有這種想法還能是哪裡來的？

稱女性「發瘋」是個危險的修辭，臨床心理學有一段強化這種比喻的黑歷史。誠如學者瑞秋·麥因斯（Rachel P. Maines）所寫，歇斯底里是「歷史上最常被診斷出的疾患，直到美國精神醫學學會於一九五二年從現代疾病範例中移除癔病性神經衰弱症（hystero neurasthenic disorder）。」

癔病性神經衰弱症是怎麼回事？人會持續耽溺於即刻的滿足，不是因為她想要的太多，而是因為她已經消耗到不行了。

樂趣是能量的泉源。從生活中獲得樂趣能維持我們的動力。剝奪生活中的樂趣會摧毀我們。即刻的滿足替代不了樂趣。沒有東西能替代樂趣。

完美主義者害怕享有太多樂趣、讓自己「太開心」，會失去競爭優勢。看看你仰慕的那些成功的人吧，樂在其中才是他們的優勢。喜歡你做的事，從生活中獲得樂趣，這就是最大的競爭優勢。研究已驗明，重視效率大過於樂趣有個矛盾，那就是樂在其中感到喜悅的人，長遠下來能做到更多事，因為他們的能量不會消耗殆盡。過上有樂趣的生活，充滿來自生活中賦予能量的喜悅，又有完美主義者甚至不必刻意培養就擁有的追求卓越的強烈驅力，你的動力自然會爆發。樂趣永遠不會淹沒你的動力，倒是憂鬱有可能會。

如果樂趣能為生活帶來喜悅，我們要怎麼把樂趣帶入生活？

你愈信任自己，愈會允許自己感受樂趣。

當你不信任自己

當你不信任自己，你會在生活中費力想記起該做哪些正確的事，而不是相信自己本就知道要做什麼。你會把挫折解讀為失敗，因為沒有足夠的安全感讓你從更開闊的觀點省思。

你需要你做的事現在就有結果，舉凡關係、工作、創作計畫等，因為要是沒順利有個結果，你不相信自己總歸會想到辦法轉念取得成功。你活在對未來結果的執著當中，你的執念長期帶來過度焦慮，而你把這種焦慮稱為「希望」。

不信任自己的感覺並不好。這種時候別人都要你怎麼做？當然了，要你愛自己。愛自己被吹捧成一種靈丹妙藥，但先容我們澄清一件事：自愛並不是萬靈丹。

我們以為愛自己是內心每一種悲泣苦惱的解答，所以近乎虔誠地奉行自愛。我們接受諮商、補足睡眠、睡前不忘為雙腿塗擦乳液。我們維護界線、與自己好言對話，我們什麼都做了，怎麼卻仍覺得被阻絕在喜悅之外？不論你有多愛自己，只要你不信任自己，你對自己自愛的表現總會隱約存有懷疑和猶豫。

這就像感情關係中有一方出軌過。遭受背叛的一方也許能收下對方的玫瑰與示愛，但收下玫瑰的眼神是憤恨的，示愛聽在耳裡也是空洞的，除非重新找回對對方的信任。你可以深愛一個人，卻絲毫不信任對方。信任和愛是分開銷售的兩回事；他們真該在外盒上註明這點。信任破產的關係難以讓你樂在其中；你與自己的關係也不例外。

當你信任自己

信任自己的人，會允許自己在人生中採行「專家」這個角色。跟各行各業的專家一樣，對自己養成信任的人，行事所懷的是信心，不是確定。有必要知道，就算是勤於努力取信直覺、與人連結尋求支持的人，也依然會犯錯，會遇上前路迷茫的時候，不確定最佳做法是什麼。專家不必要能回答所有疑惑，那不是成為專家的條件。

專家是始終盡力在其專業領域累積並使用知識和經驗的人。你真實的自我就是你的專業領域。做不到時時刻刻都百分百曉得怎麼當你，那也不要緊；你一直在改變，怎會有辦法永遠確定呢？你以為正確的答案，在你獲得更多做你自己的資訊和經驗以後有所改變，也一樣沒有關係。

經常在旁仔細聽的話，你會聽到專家都常說：「這沒有單一正確的答案」或「現實是，答案因時因地而異」。情況時常是複雜的，很少有一條清晰、正確的道路。聰明人會承認人生中層層疊疊的矛盾，世界上最聰明的人是最常說「我也不知道」的人。

對於信任自己會有的樣子，存在三個迷思

一、要是信任自己，不論何時想做什麼，你都會讓自己去做

信任自己的人之所以信任自己，是因為他們誠實面對自己。更具體來說，他們誠實面對自己有哪些地方應當節制或徹底避免。我們以為愈信任自己，愈不需要設限，事實正好相反。愈信任自己的人，愈尊重自己的界線和極限。

二、只要信任自己，就不需要外界的建議或指引

不恥下問，是領導階層長久以來推崇的傳統。權威者拒絕徵詢意見除了彰顯自大，也表現了不安。當你信任自己能主掌自己的人生，你不只有足夠的安全感聽取他人觀點，也會有足夠的安全感主動尋求他人意見。

三、信任自己代表你不容易犯錯

犯錯是學習和冒險的一環。當你信任自己，你不會嘗試要去證明什麼，反而可能會承擔更多風險，而這代表你可能會更容易犯錯。

信任招來好奇和開放的心態。當你信任自己，你的焦點會放在好奇自己需要什麼，而不是懷疑自己是怎樣的人。

比如說，你發覺一整個星期以來，你麻木自己到了不自在的程度，例如看太多電視／追劇／暴飲暴食／購物／酒精／工作諸如此類，這時你如果不信任自己，你會想：我又來了，全都毀了。我就知道會這樣。我什麼時候才有辦法振作起來？我是不是永遠沒救了？

不信任自己的時候，你會一直等著揪住自己的錯誤，然後你就可以證明自己的確不值得信任，抓住這點猛烈攻擊。你拘泥於細節，開始糾結於自己的過錯，並拿這些過錯一一數落自己。

相較之下，你發覺一整個星期以來，你麻木自己到了不自在的程度，但你信任自己的時候，你會想：哈，我一直在麻木逃避，一定是有什麼我需要但獲得的東西。不知道是什麼呢。不曉得有沒有人能幫助我想清楚。當你信任自己，你不會特意數算過錯，也不會拘泥於細節。自我關懷和好奇心都會表露出大器慷慨，繼而是積極行動，為自己尋求更多支援。康復的重點不在於想出辦法；你如果不信任自己會做，知不知道辦法都無關緊要。康復的重點在於學會信任自己。

信任是選擇

信任自己不會自動找上你，它是你自主做出並以實質行動支持的選擇。不論你有何成就或表現得多好，你不選擇信任自己，你就不會信任自己。稱頌和榮譽不會帶來自我信任。你可以一路搖搖欲墜爬上所屬領域的頂峰，但只要你不信任自己，你就算身在頂峰仍舊會像剛開始攀爬時一樣不安。

要小心別急著用一些你還沒準備好的大膽舉動（例如衝動辭職）向自己證明你信任自己。用大膽冒進的舉動想證明自己值得信任，你的大膽冒進會造成反效果。信任是急不得的。

比方說，我諮商過很多遭遇另一半出軌後尚在消化情緒的當事人，他們對伴侶的信任在外遇事件中灰飛煙滅，而能夠重建信任的從來就不是昭昭在目的大膽舉動。遭受背叛的一方對房間插滿兩百朵玫瑰只會嗤之以鼻。遭受背叛的一方往往只希望伴侶能長期持續做到一些看似簡單的小事，例如說好會打電話就打電話，說好在哪裡碰面就在哪裡碰面。

你不需要對自己做盛大隆重的表態。不論或大或小的行動，只要合乎你的價值觀，都會幫助你重建對自己的信任。這樣想吧：如果你得知有人駭入你的銀行帳戶，盜走二十五美元，跟假如盜走的是七十五美元，你氣惱的程度難道會有不同嗎？打擊你信心的不是被偷走多少錢，而是東西被偷走這件事。不難懂吧。同樣道理，能重建信任的也不是「金額多寡」，而是不論金額多寡都尊重你的財產這件事。就這麼簡單。

可是你不知道，我有很多很充分的理由不相信自己。

我們都有很多理由不相信自己。我們都曾經卑劣、可恥、屢教不改且明知故犯地背叛過自己。要我指出不曾背棄自己的人，我只能指著小孩給你看。但隨著我們長大成人，世界向外開展，我們難免會犯錯。忽略自己的需求、離棄自己，這是普世人都犯過的錯。

說來矛盾，但最信任自己的人，經常是曾經最深刻背棄自己的人，只是他們後來做出決定，陪伴自己一步一步，走回真實的自己。

你的自毀模式是你身上最不有趣的東西，為什麼要讓那些模式主導你的身分呢？受傷版本的你，真的是你完整的故事嗎？那些敘述你還聽不膩嗎？

新奇興奮的事物，藏在關於你真正身分的更宏觀的故事裡，你還沒與外分享這個故事。寶貴的價值堆積在你心中，像地洞裡成堆的財寶等著被開採上來——我們都知道你感覺得到，那些潛伏在你體內的才賦和渴望。

你知道為什麼你還沒交給那部分的你主導嗎？你昭告自己真正想要什麼的那個部分？因為你不相信自己能活出那個版本的故事。

作家威廉森（Marianne Williamson）形容得生動：我們最深切害怕的，不是自己不夠資格。我們最深切害怕的，是自己擁有難以衡量的力量。最讓我們驚怕的，不是我們的黑暗，而是我們的光。我們問自己：「我是誰啊，哪有資格光芒耀眼、華美艷麗、才華出眾、無比優秀？」事實上，就以你，為什麼不能？你是造物主之子。小看自己並不能為世界效力。你縮小自己好讓別人在你周圍不會感到不安，這當中沒有半點明智進步。我們生來就像孩子一樣，註定發光發熱。我們生來便是要彰顯我們內在神性的光輝。那不光是我們某些人有，每一個人都有。而當我們允許自己放出光芒，不覺間也等於同意別人這麼做。在我們從自己的恐懼中解放出來後，我們的存在也自動能夠解放他人。

準備好面對自己的恐懼後，你不會問自己可能發生哪些慘事，你會問自己：你真正想要的是什麼。

信任自己的第一步

討論到信任自己，最先該問這個問題：我想要什麼？

「我想要什麼？」是基本之至的問題，卻能引來鹿忽然被車燈照到般的驚愕反應：什麼意思？能再把問題說清楚嗎？問題很簡單：你想要什麼？你對既有的一切心存感恩，我懂。但你知不知道，你可以想要更多沒有關係？你知不知道，你有許多渴望並不是有病？你心中始終有個聲音，告訴你哪些事物感覺很對、哪些不對。那個聲音說著你需要什麼、你渴望什麼、你真正的樂趣在哪裡。要適應真實的自我，你需要聆聽內在直覺的聲音。每一次你問自己想要什麼，就是在邀請直覺上前對著麥克風說話。

就讓話音響徹空中，大聲說出：我想要＿＿＿＿＿吧。認清你想要什麼以後，能不能以支持「你是一個可以獲得想要東西的人」的想法去思考與談論自己，又完全是另一回事。你有可能心中直覺知道，你有這個能力也有這個資格，可是深感不願意去實踐這個直覺。

相較之下，身為女性的我們要列舉自己不適任的地方多麼容易。要我們指認自己的缺失，我們不假思索就能滔滔不絕從早說到晚。我們像一群複誦今日特餐的無聊服務生，把自己明顯可見的缺點銘記在心且逢人就說。

蕾貝卡聽到你想要什麼這個問題，反應並不驚恐。身為嚴格型完美主義者的她，以高超效率給出答案。

我：我想請你閉上眼睛。

蕾貝卡：我不想閉眼睛，但你可以繼續說。

我：我會問你一個問題，你回答前，我希望你描述腦中浮現的圖像，不管是什麼。

我請蕾貝卡描述圖像，因為我發現，很多人第一次意識到自己直覺想要的東西，靠的都是視覺形象。他們還沒能夠用語言清楚描述，渴望已先以象徵圖像呈現出來，幾乎像一場清醒下做的夢。

蕾貝卡：了解。來，問吧。

她的語氣讓我聯想到網球選手站上定位，等不及躍向場上任一個角落。

我：你想要什麼？

蕾貝卡：仙人掌。

蕾貝卡答得迅速，我還沒聽清楚她的回答，先聽見了那股迫切感，不由自主就要回應那股迫切感，接著才停下來，意識到她的回答。

我：先慢一點。問題的重點是——等等，你剛才說仙人掌？

蕾貝卡：我看見仙人掌。

我：你覺得那代表什麼？

蕾貝卡：噢，我早就知道那代表什麼。我一天到晚想到仙人掌——上班途中想、開會的時候想、洗澡也在想。我想去溫暖的地方。我需要陽光。我想生活在某個明亮、炎熱、仙人掌生長的地方。這是你這個問題的重點嗎？如果是的話，我看我們可以直接進入下一步了。

當時正值嚴冬，我歪頭看向窗戶，窗外是一片白霧襯托曼哈頓天際線的美麗風景。

我：這裡天氣不熱。

蕾貝卡：我知道，所以我很討厭。剛搬來的時候，我很喜歡紐約，但這地方對我已經失去魅力。我想搬去洛杉磯。我感覺在那裡最像自己。在那裡做什麼都輕鬆很多。

我：你之前從來沒提過。

蕾貝卡：是啊，反正也只是說說，又不是我真的會搬過去。

我：什麼原因阻止你搬去洛杉磯？

蕾貝卡：那裡沒有我們公司的分部。

我：但你又不喜歡你的工作。

蕾貝卡：這不是重點。

蕾貝卡在這座城市沒有感情對象、沒有小孩、沒有寵物，住處也是租的。是有一些家人朋友住在紐約，但大多數散居全國各地。她目前的財務狀況也是新的境地。她已經付清學貸債務，這幾年來生活又比收入簡樸很多，她其實有一筆可觀的積蓄，隨時可以收拾行李離開，但她卻還留在這裡。

我：蕾貝卡……

蕾貝卡：我知道。你想說什麼我已經都知道了，但你不能因為想享受陽光，就把生活全部打亂重新來過吧。

我：誰跟你說的？

蕾貝卡：這是什麼意思？！不是誰說的。道理就是這樣。人不能想做什麼就隨時跑去做。

我：如果想做的事會傷害到自己或別人，當然不行。但就現在這件事來說，不做想做的事反而在傷害你。你很憂鬱，而照你說的聽來，你直覺知道自己現在想要的是換個陽光明媚的環境，你感覺在那裡比較能做自己。我非常好奇如果你開始找機會去幾次洛杉磯會發生什麼事。你不想知道嗎，還是只有我好奇而已？

蕾貝卡：不只你好奇。我也很想多待在那裡。每次飛機在洛杉磯降落，我都感覺有什麼東西從我身上飄走。我會跟那裡的人說話，跟陌生人交談，感覺很好。我在那裡像個不同的人，感覺自由很多。

我：那降落在紐約的時候，你有什麼感覺？

蕾貝卡：像參加喪禮。

我：用詞這麼強烈，看來你真的很不喜歡這裡。

蕾貝卡：我討厭這裡。

我：你剛才的描述有一種資格的感覺，你說人不能「想做什麼就跑去做」。那你有沒有想過，是什麼讓你覺得人就可以到處忙著做你不想做的事？

蕾貝卡停頓良久。

蕾貝卡：我不喜歡這段對話。

我：我沒有指望你要喜歡。

蕾貝卡：好吧，你到底要問我什麼？你希望我說什麼？

我：你覺得人一直做不想做的事是可以的。我想請你好好想一想，你真的希望你感覺到的資格和自由停留在那裡嗎？

後來幾次諮商，蕾貝卡多少有些遮遮掩掩難為情地與我分享，她開始幻想她在洛杉磯如果有家會長什麼樣子——院子青草茂盛，一條灰色石徑通向前門。她的想像一天比一天詳盡。為了推增她幻想新家的樂趣，我也跟她說我非常喜歡看各種大門，就像有些人喜歡為家裡客製化稀奇古怪的信箱一樣。

蕾貝卡：什麼意思？

我：每一戶的門都很不一樣。

蕾貝卡：不是，我是說信箱。

我：哦，如果有自己的房子，你就可以挑選自己的信箱，不像這裡的公用信箱。

蕾貝卡：可以挑選自己的信箱？真的有人這樣做？

我：有啊，很多人都這樣。

找到心目中的信箱了嗎？

蕾貝卡聽了以後，開始尋找心目中完美的信箱。搜尋信箱的過程帶給她難以言喻的樂趣。她偶爾會發訊息傳來她喜歡的截圖，我會回以仙人掌和太陽的表情符號。我們討論了她感受到的樂趣，是不是傳達出更深層的渴望。信箱是不是悄悄代表了某種無形但重要的東西。

後來有一次諮商，我都還沒覺得要開始，蕾貝卡也還在脫外套，忽然就開口問我，花兩百美元買信箱會不會太貴，如果她真的很喜歡那個信箱。「你找到心目中的信箱了？」我問。「我找到理想的信箱了。」她說。

那一刻就像一道分水嶺，原因我們都說不上來，但當下我們心照不宣。「快給我看。」我說，雖然我們還站在她掛起的外套旁邊。蕾貝卡在螢幕上滑了幾下，然後把手機遞給我。我知道聽起來很荒唐，但看到她挑的信箱，我感覺就像看到新生兒的照片。真是完美。「噢，蕾貝卡。」我不禁喊道。「我知道。」她回答。

蕾貝卡用了兩年時間終於搬去洛杉磯。我們每個人都難免如此，她也為自己有沒有資格「想做什麼就去做」的感覺困擾很久。她花費很多心力向腦中虛構的決策委員會答辯她的決定。臨床憂鬱症不定時發作，也讓蕾貝卡更難鼓起勇氣相信自己並大膽行事。但是！困難不表示不可能。她做到了。

蕾貝卡終於去到了金州，因為她允許自己用現實將至的框架思索她的願望，而不是把願望當成永遠不可能實現的幻想。和很多嚴格型一樣，蕾貝卡一度也被過程完美主義絆住腳步。她覺得每一步都耗太久了。光是「起而行」所花的時間，都放大了她擔心自己是個失敗者的恐懼。比方說，她花了四個月才主動去聯繫不動產仲介，這件事在她腦海中不斷放送以下誕生自恐懼的訊息：看看你拖了多久才動起來？你要是真的想做這件事，到現在早該做了。你永遠不會做的啦。你只是在癡人說夢讓自己感覺好過而已。乖乖回去工作吧。

為自己迎來夢想成真的那瞬間

關鍵時刻，蕾貝卡必須決定自己花了四個月，才主動聯繫不動產仲介這件事，是否代表她這輩子不再值得去加州生活。自我懲罰或自我關懷，那是我永遠忘不了那一刻。我也永遠不會忘記接到她來電，說她的新家開始收到垃圾信了。我當時正在諮商，所以她在答錄機留言：「我收到信了！信上寫貴住戶。我就是貴住戶，我住在這裡！」

長遠的變化就是這麼一點一滴、微乎其微、在漫長的時間中展開。在改變的過程中，你不會意識到自己改變了多少。過程中難免有氣餒的時候，難免會感覺自己根本沒有改變。但之後，堆疊在幾千個看不見的時刻上，某一個明顯可見的時刻忽然有一天就爆發開來。

很容易想見，這是我工作上很喜歡的一個環節，聽到當事人向我宣布，他們努力了幾個月甚或好幾年想達成的轉變，「忽然」就發生了。好像被施了魔法。好像我聽了會很驚訝。令人頭暈眼花的「忽然一瞬間」。

「忽然」發生某件事，讓你意識到你努力已久的目標已經是現實了。這「忽然一瞬間」可能發生在公車上，你湊巧聽見陌生人提到你開發的應用程式，你不禁想：天啊，他說的是我的程式。我真的開發出一個程式！又或許是你和新婚妻子出外用餐，服務生問：「您和太太有食物過敏嗎？」這時你忽然驚覺：天啊，她是我太太了。我們真的結婚了！

這種「忽然一瞬間」不勝枚舉。重點是，你實際經驗到先前你幾乎連想像都不敢的事。而若不是你真心誠意問自己：「我想要什麼？」這個經驗也不會發生。

雖說如此，人生中也有些時候，你真切感到茫然無措，徹底不懂自己想要什麼，因為你也不清楚自己是怎樣的人。茫然迷失的時刻，可以是你人生中最強大的時刻。

內在恆定，就能湧現無窮力量

赤裸裸、騰空漂浮、徹底「迷失」的時刻，是在示意人投降。投降是最終極的失去控制，也是力量最強大的展現。投降不是向失敗讓步。投降是向你想像不到的可能性讓步。投降是承認你並非自己一個人。當你投降，也等於承認還有你以外的力量在作用，既然有那個力量存在，而你也存在，與那個力量建立連結就是一件可能的事。投降就是邀請那個連結靠近。

你連結的力量不必一定是神，或任何神的替代物；你甚至不必非要用個名字去稱呼它。它可以是太陽升起的動因，可以是笑聲中的煉金質素。從世俗角度來看，你發現意義之處，就是神所在之處，至於祈禱，就是你與那意義交流的方式。如果你發現意義在遠方的海上，乘上船就是你祈禱的方式。

投降也是一句祈禱，說著：「我放開了。」被外力強迫打開才來到投降的地步，這種情況並不少見。但怎樣走到願意放開這一步不是重點。重要的是你明白放開手的力量。投降會在你心中創造開放空間，迎接你先前不可能理解、把握，或者不可能是的事物進駐。

投降的時候，你不是在索求什麼，而是在確認你與存在於個體自我以外的力量之間的連結。與個體自我以外的任何東西斷了連結，你做什麼都會感到驚怕。

你會覺得所有事都決定於你，在莫大的不可能的壓力下，你覺得自己必須控制一切。因為一切若不取決於你，你控制不了所有事，你就失敗了。如果你失去控制又不投降，你剩下的只有不可易的失敗。這個失敗無法有任何轉化，因為除了自己個人以外，你不相信任何事。如果你失去控制但是投降，你剩下的會是可能性。機會浮現，因為在投降的過程中，你放下自己無所不知、每個問題都能想出答案，因此能控制宇宙整體的自戀想法。

二〇一七年有一篇研究，探討適應完美主義者、不適應完美主義者和非完美主義者之間幸福感的差異。結果顯示，適應完美主義者對人生有意義的感受程度最高，不適應完美主義者則是尋找意義的程度最高。[138]

你的人生不必一定要相信神聖天意或擬人化的形上標誌才有意義，但你需要相信些什麼。什麼都不相信，就產生不了意義。少了意義，萬事都難。

尋找意義

帶給我們意義的事物，不必一定要滿溢地心引力或正義氛圍。你也可以相信眼神交會的力量、公共圖書館的重要，或是當個每次聚會都會帶好吃零食出席的人。說到意義，萬事都是平等的；最輕的碰觸，也有一樣深的滲透力。

你有能力為你選擇的人事物編派意義。你也有能力透過制定個人原則，把對你有意義的事物帶入生活當中。比方說，你如果相信眼神直視有肯認他人的力量，你在其中獲得意義，那你就可以遵行遇見每一個人都直視對方的原則，而不只是戴著業務面具活在人群中，你的生活會因此變得更有意義。如果你不清楚什麼對你有意義，問自己這個問題：有什麼東西，它的總和大過於個別組件串連在一起？例如音樂，是一連串照特定音階彈奏的音符。如果你相信一首歌並不只是一連串照特定音階彈奏的音符，那音樂對你來說就是有意義的。

意義把事物從實質提升成象徵。與有意義的事物建立連結，你會獲得觀點和目的，但不會因此得以控制。你想創作？你控制不了別人會不會喜歡。你想愛一個人？你無法控制對方每時每刻是否安全。往人生中帶入更多意義，是一件令人驚怕的事。沒有神奇魔術戲法能把這種恐懼變不見。但記住，你害怕的事絕大多數只存在於你的腦海，紙糊的老虎想吼就隨牠吼，無論如何還是邀請意義來到吧。利用日常生活體現自己相信的意義，知道自己能這麼做的人，是懂得取用自身力量的人。

如果你覺得一切沒有改變……

不給自己機會體現你所相信的意義，你等於過著緩慢瓦解致死的人生，永遠無法在世上活出真實的自我。永遠無法自由。你會感覺自己彷彿活在透明玻璃後方，只有私底下能做自己。每天這樣其實不算太難熬，但這也是最危險的地方。把自由當作原則上的體驗，感覺很熟悉、很日常。你可以就這樣活過一生，溫良恭儉地收斂自己。假裝自己沒有力量，並謙稱這叫謙虛。

縮限你的力量和氣場，反映的並不是謙虛或謙遜。發揮你的長才，同時承認每一個人都有各自的才能，這才算是謙遜。明白不論你希望成就什麼，或者想成為怎樣的人，你都需要許許多多來自他人的幫助與合作，這才是謙卑。

在你走出透明玻璃以後，陽光照射皮膚的感受也會不同。之間的差異細微，但細微蘊含了一切。隨著內在逐漸適應，你會經歷細微的轉變，細微到除了你以外沒有任何人察覺得到。至少一開始，只有你有感覺，只有你會知道。允許自己為只有你知曉的轉變感到高興，既是一種樂趣，也是送給你自己的禮物。

要是你不斷否定自己的樂趣，也等於在警告自己，你不能被託付力量，你需要被控制。

在控制思維下，樂趣是使人分心的東西。匱乏模式要求人不斷取得外在認可以證明自身價值，在匱乏模式下，你沒時間感覺快樂。你開始以理智分析喜悅，精心制定計畫把快樂留到以後。在力量思維下，你允許自己今天、現在就自得其樂。這不是因為你努力換來這個資格，也不是因為你想「使壞」或「放蕩」，而是因為你活著。

如果喜悅是樂趣招來的，而樂趣是信任招來的，那什麼能招來信任？

多原諒自己一次

如果你希望重建對自己的信任，你有必要對過去的你做一次盤點，看看你的哪些過去可能需要現在的你寬恕。重建信任並寬恕自己，聽起來步履維艱，但其實不必非得要這樣。你可以在接下來兩三分鐘就開始重新信任及寬恕自己，因為信任和寬恕都不是非一即零的。

你可以信任自己一點點，或十分信任，或介於之間，可以幾乎每天，或一點也不，也可以隱而不宣。寬恕也一樣。你可以寬恕自己一點點，或寬恕很多，或介於之間，可以幾乎每天，或一點也不，也可以無條件寬恕。俗話說得好，寬恕不是一條跨過去的線，寬恕是一條向前行的路。

做不到默默信任自己，或無條件寬恕自己，也沒有關係。一定要在生活的每方每面都做到百分百愛自己、寬恕自己、信任自己才算健康或康復，這種觀念屬實荒唐。

舉個例子，經常有人告訴女性要「愛你的身體」，背後隱含的意思是，除非能夠愛自己身體的樣子，否則你對自己的愛「不算數」。這個觀念有問題。雖然立意是好的，但宣揚愛自己身體，其實仍延續了對女性身體的關注，把身體當作女性通往幸福快樂的首要（明白的）途徑。愛自己的身體被視為自信心最醒目的指標，被奉為女性心理健康最高揚的旗號。愛自己的身體在健康界與愛自己已經成為同義語。

但愛自己並不取決於愛不愛你的身體。愛自己和愛你的身體是兩回事，因為你並不只是你的身體。你可以喜歡你的身體、欣賞你的身體、不喜歡你的身體，或根本不常想起你的身體。你也可能愛你的身體，同時恨你自己。

我們以為除非能愛自己的身體，否則愛自己「不算數」。我們以為如果偶爾還是會憎惡對方，對人的寬恕就「不算數」。我們以為，如果與我們最不擅相處的人或最致命的習慣共處一室，無法全心確定自己能無動於衷，對自己的信任就「不算數」。以上這些都不對。

你有能力可以選擇用非二元對立的濾鏡，代替非有即無的濾鏡去檢視寬恕和信任。勒納博士在她的暢銷著作《你怎麼不道歉？》中聚焦於一對經歷婚外情事件後找她諮商的夫妻，山姆和蘿莎。事件末了，夫妻倆決定維持婚姻，多年後兩人為了其中一個孩子的事情再度向雷納博士求助。那一次諮商末尾，山姆無預警轉頭看向蘿莎，問她是否原諒了他當年外遇。蘿莎回答說：「九成。我原諒你外遇，但永遠不會原諒你那一次趁我出遠門，與她睡在我們的床上。」

用勒納博士的話說：「蘿莎原諒山姆九成，而這已足以讓他們的婚姻繼續走下去……我猜，妻子一直堅定主張那一成，山姆反而更敬重她。也許多年後，那一成的不原諒會減少，又或者不會。不論如何，蘿莎知道自己有堅定的立場可以不必寬恕一切。」[139]

寬恕只有一個目的：為了自己

如同對他人的寬恕，你不必要做到百分之百的自我寬恕，也足夠讓自己重拾向前的動力。

要完美主義者寬恕自己，經常會遇到激烈抵抗。自我寬恕威脅到我們高張的當責意識，而且我們不知道怎麼寬恕自己。寬恕到底是什麼樣子？甚至我們究竟要寬恕自己什麼？

也許你沒有需要寬恕自己的地方，我不知道。我知道的是，一旦你偏離你的正直、無視你的直覺、忽略你的渴望，或在其他方面不理會真實的自我，不承認那些發生——這會是個問題。因為不被承認的事物留下了位置讓怨恨進駐。

怨恨很沉重。如果你希望輕盈到能隨喜悅飛揚，就必須放開拖住你的沉重。

但該怎麼做？

勒納博士說：「寬恕這個詞，其實和尊重很像，無法被下令做到、或被要求做到，或被強迫做到，或無緣無故贈予他人。」勒納博士接著指出，每當有人說希望得到寬恕，她聽見的是「人們只是希望自己承受的憤怒和怨恨消失。解消、超脫、放下、向前走等等詞語，可能更能描述他們所尋求的東西。」這些話用在自我寬恕上，起先看起來可能問題重重——你要怎麼超脫自己，或從自己向前走開？你不用。你要超脫、放下、向前走開的，是你生而為人的價值繫於曾經犯過多少錯誤的這個觀念。這樣想想看吧，此時此刻你所是的人，並不是由過去的那些你所定義的。

自我寬恕的重點在於能為你的身分認同預留一些空位，以待新版本的你出現。空位是大是小都好，為自己在畫布上留白是慷慨之舉，也是心胸真正開放的標記。

寬恕也像是回應此刻當下在場的你，而非回應來自過去的你，記住「一小時前」也算是過去。

我們都聽過感恩能增進喜悅，但這只對了一半。感恩可以增加喜悅，但只有在你足夠寬恕自己，允許喜悅進駐的時候。別把感恩當作喜悅的關鍵。感恩只是喜悅的油門踏板；自我寬恕才是啟動全部的鑰匙。先說清楚，寬恕不會自動帶來信任。你的人生中不也有一些人，你已經原諒了，也不再怨恨對方了，但也不會讓對方接近你，因為你絲毫不信任他們？愛、信任、寬恕——這些都無法保證能相伴相生。

總結來說：寬恕自己能釋放怨恨，換回一個清晰明淨的表面，供你重建對自己的信任。信任自己，就會允許樂趣存在。生活中享受樂趣，就能招來喜悅。而這些沒有一個能帶來確定。

建立內在確信，從容地面對失序與混亂

確定並不真實。諮商師不斷目睹確定之事被顛覆。一個人以為人生信實可靠的一切，有時候在短短十個月、十小時，甚或是十秒內就變了。當你置身於現在、連結著自我，你不需要確定。當你信任自己，你明白不論周圍外物如何變化，你的內在始終有一千條正確的路能回到真實的自己。我們希望做自己只有一條正確的路，因為我們以為那樣會多少透露我們是誰。只要我們知道自己正在做的事是正確的選擇，我們就知道自己是對是錯。從更深的層面來說，這種滿載情緒的邏輯，會轉

化成我們需要不停驗證自己的價值——如果我們做的事是好的，那我們才是好的。我們也希望自己做的事能代表我們是誰，因為從作為成就之外去定義自己，是太艱難的功課。

我們希望減下體重代表我健康。我們希望戒了酒代表我負責。我們希望捐錢做慈善代表我在乎。我們希望有性愛生活代表我能自在面對自己的性慾。如果我們很擅長得人喜歡，我們希望那代表我值得被愛。我們希望考上頂尖名校代表我聰明。我們希望長得漂亮代表我有自信……我們無意識地緊緊攀附著一套人際關係、外表、事業成就對我們是誰及我們自身價值的定義。

你是個人。你不只是你做的事，或你擁有的東西，或你和誰交往，或你的外貌長相。你是世界上一股廣闊、強勁、豐沛、變動不居的力量，就像大海。不是某一棟衰頹老屋裡遭人遺忘的小房間。你愈允許自己活得寬廣遼闊，也愈容易找到路回到自己。

如果你把自己想成小房間，你會到處找那一扇能進房間的門。如果你把自己想成大海，你就知道岸邊有一千個地方可以躍入海中。小房間會激起焦慮：萬一我找不到那扇門怎麼辦？大海感覺像一場愈挫愈勇的冒險：我今天該從哪裡跳下海呢？

執著於找到那一個對的人、對的工作、對的房子，甚或是對的人生，其實是你處在控制思維之下。成為你沒有單一種正確的方式。在你抵達你之前，沒有哪一扇「正確的門」，就像跳入大海也沒有哪裡是正確的地點。

即使當下你完全確定知道某個人或某件事物絕對「就是」了，你也會改變。人會改變，工作會變，興趣會變，城市會變，實際上萬事都在變化。適應完美主義者會興致高昂地重複迎向變化，因為我們喜歡敦促自己成長，而沒有變化人就不會成長。

變化很可怕，因為我們覺得變化要求人重整自己，我們又得重頭來過，重新找到那一條正確的路。但若你保有你並不狹小、你很遼闊，所以當然有一千條路能通往自己的想法，變化就不會顯得那麼可怕。

順應天性，完美反而更自在

浪漫喜劇版的人生裡，變化是一連串勢不可當的過程，佐以抖擻振奮的背景音樂。總會有個人，神情哀戚抱著紙箱站在電梯裡，接著，音樂劇般奇幻的剪接鏡頭於焉展開。首先看見那個人，為了重新來過忙碌了一整天以後，累得面朝下栽向床鋪。下一景，那個人可能踩到口香糖或狗大便，又或是咖啡潑了一身，或沒趕上公車——重點在於，那個人「不屈不撓」。再接下來，背景的芭樂歌可能都還沒唱完，那個人已經站在鏡子前，衣著光鮮亮麗，對鏡做些不必要的調整，臉上掛著甚為滿意自己的燦笑。花的時間比我清洗牙套維持器還短，他們已獲得一切願望盡皆實現的閃亮新人生。變化的運作不是這樣的。

信任自己，樣子會像是花好幾個月偷偷為你根本還沒擁有的房子挑選信箱，也說不出這件事何以重要且充滿樂趣。信任自己，樣子會像是透過一些微小但有意義的行動發揚你的直覺時，找到勇氣克服不斷要你低估這些行動的誘惑。信任自己，會像是不把挫敗歸因於個人。信任自己，會像是明白你感覺如此確信的事改變了，也不代表你錯了，或你做了壞的選擇，或你的直覺有缺失。適應狀態下，你允許眼中完美的事物改變，因為你知道完美源自你的內心。蕾貝卡搬到加州最有趣的事是，她後來根本沒有買信箱。找到合適的住屋後，她說屋子附的信箱「已經很完美了」。她在信箱上感受到的完美，反映出她的內在與決定的一致，她知道她做的決定適合自己。蕾貝卡搬到加州後，感覺體現了充分、完整、完美的自己；她的內在狀態影響了她對外在世界的體驗。

如果處於不適應狀態，未與你的完整／完美連結，你會想要向外尋求完美。你的世界表面變得完美無比，可同時你的內在卻痛苦悲慘。如果你忘了問自己想要什麼，信任自己這時會像是從一開始就勇敢問自己這個問題，然後相信你自己的答案。你最忠於自我的生活，樣子有可能不同於你的預期。信任自己會像是允許自己欣然迎接並享受那些驚喜。

最後，信任自己是知道，照希望的方式過活可能會花上比預期更久的時間，實現的樣子也可能與預期不同，儘管如此，你還是能做到——其實呢，你已經在做了。

借用作家惠特柯爾（Holly Whitaker）優美的字句：我們始終、一直在實踐心中想像的事物。我們總在意識到開始前，就早已經開始了。孕育期可能漫長而難以察覺；阻礙就是路途。如果你覺得自己並沒有在實踐，或感覺還在等待實質的工作展開，請記住就在這個當下，你已經在做了。沒有其他途徑能通往它，只有你走過的路，與你此刻走的路……你已經在做了。現在這就是。

實現需要時間

你以為至多花六個月的事，不覺間用了五年。生活總來攪局。不要緊的——每個人都會遇到生活攪局。個人成長不會在真空中發生，我們面臨的考驗情境是真實的。

你需要用錢，需要繳健保，不可能當機立斷辭掉工作。孩子需要穩定的生活和好的學區。我們背負天文數字的學貸或醫療債。可能有摯愛的人正在與成癮症搏鬥，或者自己就是在搏鬥的對象。我們受時間限制，受遺傳體質、不良信用紀錄、房市不友善限制，受創傷歷史、過度焦慮、憂鬱症限制，不斷有什麼在我們背後捅刀。再度重申，每一個人的生活中都有太多事情發生。

你想要的事物可能會在很長一段時間、長到甚至令人痛苦的時間裡，始終形影模糊。要記住，你為此生想要的事物積極努力但是悲慘不堪的一天，也好過你否認自己最真實的渴望而度過的美好一天。

你得周圍總會有一些人，看起來總有辦法「當機立斷，馬上行動」，而你卻必須慢慢磨。人各不同，有的人比較少義務責任在身、比較少劇烈的心理健康煩惱（目前）、比較多錢、比較多特權、比較多資源、比較多人脈等等。比方說，同時要照顧年邁或生病的父母親，又希望搬到其他城市，與不必考慮家庭責任而想搬到其他城市，就是非常不同的經驗。

那些「馬上做到」的人也有自己的煩惱要面對。能立即見到結果看來或許很吸引人，但很快得到想要的東西也有相應的代價。正如心理學者班夏哈（Tal Ben-Shahar）所說：「天賦和成就如果少了失敗發揮調節作用，不只可能有害，甚至可能招致危險。」

耗費很小心力乃至不必努力就得到想要事物的人，錯失機會養成維持成就所需要的實力和技能。雖然原則總有例外，不過「來得容易，去得也快」這句格言很適用在這裡。

需求與渴望不同

關於人如何在掙扎中找到韌性的討論，常常跳了一大截。我們跳過沒去區分，我們的掙扎奮鬥，是為了活下來，還是為了活得多姿采。「你想要什麼？」或許是個基本問題，但並不比「你作為人的基本需求滿足了嗎？」更基本。

談到人的基本需求，我們會想到生理需求：食物、水、住所。但人也有基本心理需求：尊嚴、情感的安全感、行動自由，但這些不是渴望。基本需求未滿足的情況下，我們很難發揮出潛能。並且但凡人的基本需求未獲滿足，創傷也會接踵而至。我這樣說是過度簡化，但我可以用一句話總結創傷：創傷是路障。你把自己移出創傷情境，並不會移除創傷形成的路障；移開自己只是止血而已。止血並不等於療傷。

如果是結構性創傷，你更無法把自己移出創傷情境，因為那個情境就是社會文化。欠缺有品質的醫療照護、重複經受暴力、地緣與團體照顧隔絕、生活環境貧困、生活在白人霸權之下、種族歧視——這些慢性社會心理壓力源，就是結構性創傷的實例。

我們不願意去想自己經受過創傷，覺得那樣像是採納被動的受害者立場。但其實相反，認識發生的事、發生的原因、可以如何應對，其實能帶給人力量。

要移除創傷設下的路障，要承認創傷確實發生了或正在發生，學會辨認它的廣泛影響，並且把謹慎顧及創傷的介入策略納入你的康復過程之中。

基本需求未獲滿足的時候，採取創傷知情的態度，有助我們把感受到的失序來源外化。換句話說，問題不在你；不是你有缺陷，不是你壞，也不是你太超過。你正在黑暗中度過創傷，而你有點亮燈光的力量。

協助自己和他人創造我們想要的生活，需要社區公共的關懷。

公共關懷

公共關懷的用意是培養相互依賴；允許你自己去幫助社區群體，也接受社區群體的幫助。宏觀來看，公共關懷是在認識到「健康問題之社會決定因素」（social determinants of health，簡稱SDOH）之下行事，而後把社會關懷模式納入跨領域整合，如初級保健服務系統、都市與區域規劃、老年學、教育政策等。

實例包括車輛共乘及公共接駁計畫，為預約就診或造訪老年照護機構提供乘車券，包括讓全民都能取得醫療諮商的遠距醫療平台，包括教育機構把SDOH相關主題納入核心課程。

微觀來看，公共關懷像是為育兒人力共享或老人監護開拓溝通管道，實際上做起來可以很簡單，比如三家鄰居之間創建訊息群組，或是社區冰箱、玩具交換、書籍交換、振興鄰里的每月聚會、各家準備菜餚共享的餐會、街區活動等。當個熱心的好鄰居也是公共關懷，比如協助鄰居換高處的燈泡，因為他們家沒有梯子，但是你有。或是接受新手媽媽臨時托兒，或是你知道某一家人面臨危機，備點吃的過去探望。

公共關懷也可以是運用你的特權或優勢，然後如作家兼社會倡議者康寧漢（Brittany Packnett Cunningham）寫的：「投向平等互助，代替投入慈善施捨。」

我聽過最好的定義也許出自瑪雅・安吉羅。對於參與公共關懷，她說：「這麼做，你也擴大你的生活。你歸屬於每個人，每個人也歸屬於你。」

抗拒是必然的

心理分析界不乏各種艱澀術語，描述人傾向推開自己最深切渴望的事物。我喜歡簡單稱之為「抗拒」（resistance）。「人是自己最大的敵人」和「少扯自己後腿」這些比喻，便暗示著抗拒當中存在自我破壞的特性：我們明知道事物有利於己，內心卻會與之爭鬥較勁。凡是人都遇過抗拒，那就和打噴嚏一樣自然。你想結束心底知道不適合你的關係？準備面對抗拒吧。你想在事業更上一層樓，也打骨子裡知道你準備好了？準備面對抗拒吧。你想寫書、開公司、戒菸、與孩子建立更有意義的感情、創作藝術、深呼吸、早睡、回信、多吃蔬果、做任何不是明顯自我摧毀的事？準備面對抗拒吧。

秀異藝術家普雷斯菲爾德（Steven Pressfield）對抗拒的描述很好：抗拒和重力一樣，是一股公正中立的自然力量……就定義來說，出現抗拒是好兆頭，因為抗拒從來只會跟在夢想後頭出現。夢想在我們的心靈浮現，即便我們否認它，即便我們沒認出來或不願承認。就像一棵樹向著陽光生長。同時，夢想的影子也跟著出現，就好比一棵具體的樹投下具體的影子。這是自然法則。有夢想之處，必定有抗拒。因此：當我們遭遇抗拒，夢想必也在不遠之處。

夢想愈大，影子愈大（抗拒愈強）。抗拒是一件好事，會抗拒代表你在做的事很真實。沒有必要覺得遭遇抗拒是你個人問題。抗拒是成長不可或缺的一環，只要你「健康」了，你就不會停止成長。不論你現在對一件事多擅長，不論你進步了多少，不論你做了什麼幫助自己演進，抗拒會隨著你的成長變換形貌。抗拒雖然有數不清的例子，但究其核心，抗拒對完美主義者來說，總會包含抗拒與生俱有的內在價值。抗拒的解藥不是克己，而是樂趣。太多事都能靠樂趣消解了。找到真正帶給你樂趣的事物，你就會找到回到自己的路。

我最大的樂趣

聽人說話是我最大的樂趣。我隨時隨地都在聽——超市排隊結帳的時候、搭地鐵的時候、參觀博物館的時候。我克制不住。我不想克制。

高中時代我在餐館打工當過服務生（地點在北卡羅來納州），我那非常南方作風的老闆三不五時要脅開除我，因為我老是在客人桌邊坐下來與人聊天。客人經常主動和我攀談，等我回過神，我們已經坐著聊天了。這時抬起頭，總會看到我老闆在餐館另一頭瞪大眼睛和我心電感應。

他會歪頭示意我進廚房，我們才通過雙推門的門檻，他就會用北卡羅來納州慢聲慢氣的和藹腔調訓斥我：「姑娘，再一次試試看，你再這樣一次，就等著被解雇。」我每次還是又「再這樣一次」。當下我沒意識自己又犯了，後來我果然遭到解雇。

大學畢業後，我搬到倫敦，在地鐵富勒姆大道站內一間小珠寶店工作。經由聽人說話，我學到人穿戴珠寶，重點是想感受到一些什麼，而贈送珠寶，重點則是想傳達一些什麼。每回有顧客上門，不管他們自己曉不曉得，他們想感受到或想傳達的事，也幾乎總會跟著一起走進門。人們會向我透露各種事、各種隱密的心情，尤其是店裡沒別人的時候。緊長兮兮的英國男人是我最喜歡的顧客；他們不是麻煩大了，就是深陷情網，再不就是兩者皆是。順帶一提，英國男人只要一緊張，話就停不下來。

酒吧侍者顯然也是很能聽人說話的工作，此外我也很喜歡當個「衣帽寄放服務生」我聽到各種各樣人們相互道別的方式。我喜歡我做過的每一份工作，因為我在當中都找到管道聽人說話。你當能想像，在我成為專業聆聽者且能以此維生以後，我心中是多麼歡喜。

不只是當心理諮商師的數千個鐘點，我這輩子都在聽人說話。我的聽網雖然範圍很廣，捕捉到的東西卻很小。我發現每一種渴望都能歸結成這一個：與人的連結。

我們如此著迷於努力揭開人生的意義，沉醉於存在主義。但其實多簡單啊：所有人渴望的不外乎連結。是人與人的連結，為我們的人生帶來喜悅和意義，這道理向來都是如此，也永遠會是這樣。

只有自己在意「我是誰」

我想告訴你，在我聽人說話的幾百萬個片刻裡，我一次也沒聽過：

「我想念她在我們整段婚姻中一直維持著結婚時的體重。」

「我就知道我們會結為知交好友，因為她三十歲不到就買了房子。」

「他們的履歷表現出勤奮的印象，我看了印象深刻，當下我就知道他們就是我需要的人。」

「女兒離家上大學去了，我懷念她成績一直很好，穿衣打扮也總是得體。」

「我願意用一切交換和她再多相處一天，只要她髮型好看，說話又風趣。」

「她最吸引我的地方，是她在Instagram照片裡，手臂肌肉總是線條分明。」

你努力追求外在成就，以為這些能保證你與他人的羈絆：事業升遷、身材外貌、幾歲前完成某某成就？我基於滿心的愛告訴你：沒人在乎這些。大家在乎的是你這個人，而你並不是人生中具體可見的成就和失敗構成的。你為空間帶來的氣息能量，比你能做的任何事都要寶貴。

我們在談論氣息能量之前喜歡加註警語：「我知道這聽起來可能有點怪力亂神／奇怪／玄／嬉皮，不過……」準確的共感（empathic accuracy）沒什麼怪力亂神的；那是我們人類作為一個物種，彼此相連的一部分。我們感覺到空間另一頭的視線，會轉頭去看。我們會說氣氛凝重到化不開，明明氣氛是看不見的，但我們能感覺到那股能量。我們彼此相連的規模龐大到我們的心智難以理解。

承認我們感覺得到彼此的氣息與能量，不代表我們就要開始焚香、搖鈴，或搬進樹屋居住。承認我們感覺得到彼此的氣息能量，能幫助我們理解自己的能量具有多大的力量。

用幾年時間陪伴人走過悲傷，你會發現我們其實不怎麼在乎外在物質。我們在乎彼此的存在。我們其實都只希望在休息室多聽見一個笑話、多一次相聚吃飯閒聊、多一次並肩散步、多一次開心的洗澡時光、多一個穿著睡衣的閒散假日早晨。如果有一天，你有機會與某個愛過但失去的人共度「再一次多好」的時刻，每分每秒你都會感受到充分的完美。那一刻將會無比完美，因為你會全心全意在場。

若能敏銳意識到此刻當下是珍貴的禮物，你會細細品味世俗中的一切甜美。你會立時清楚體認到，最重要與次重要的事物有偌大的差距。你會感覺到完整。慈悲和寬恕會來得不費吹灰之力。喜悅會洋溢在你全身上下。

「再一次多好」的那種時刻天天在發生，每天發生不下百遍，與此刻仍具體存在與我們生活中的人，也與我們自己；我們只是沒有全心全意在場感受那些時刻。全心在場需要的一切，你都已經有了。發揮力量需要的一切，你都已經有了。享受人生所需要的一切，你也都已經有了。

練習自我接納，要求你接受你的缺點和極限；是的，它也要求你接受自己的完整。你的心中就有完美，有完整，有自由。在那裡有一處地方，你犯過的錯都影響不了你是誰，你的過去單純無關緊要。這個堅不可摧的部分在你內心的最深處，有些人可能會稱之為神性，你沒有任何辦法切斷脫離那個部分。但你若能與內心深處那個地方建立連結，你也會與你的力量產生連結。

你會選擇控制，還是力量？記住，你會忘記。你會有心煩意亂的時候：我需要上網支付上個月例行檢查做血檢的可觀費用。我需要打電話給派對裝飾品店，因為假如舉辦生日派對卻沒有氣球，大家不可能玩得開心。狀態心不在焉，或心思完全不在場的時候，你會做出錯誤選擇。

你會有全然忘記本書內容的時候；那也無妨。我也會有忘記本書內容的時候，而這東西還是我寫的呢。別從遺忘的地方開始建構你的故事，從你記得的地方開始建構你的故事。

結語
完美的你，很好

人是變動不居的生物，身分認同也不是固定的。誠如喬普拉（Deepak Chopra）所說：「身分認同充其量只是暫定的。」我提出五種類型完美主義者的分類（以及「完美主義者」本身這個身分），為的是喚起對行為模式、思考模式、感受模式，以及與自我和人際來往模式的覺察。

你是什麼或不是什麼，這是一種非黑即白的二元思維。二元邏輯雖然對特定情境有幫助，但其他時候則太過簡化，不能持續準確套用於人類。我們是不是完美主義者？這個身分標籤並不重要。我寫出這本書，希望能充作你與你的真實自我之間的橋樑，無論你是誰，也無論你選擇如何定義自己。

身分標籤不是你。身分標籤表現的是我們渴望用多少可靠的量值容納我們的經驗。榮格提出內向者與外向者的基本人格概念；阿德勒提出普遍的「自卑情結」概念；艾略特・賈克（Elliott

Jaques）的「中年危機」概念；約翰・鮑比（John Bowlby）提出的四種依附類型；巧門（Gary Chapman）提出五種愛的語言；亞當・格蘭特（Adam Grant）的給予者、索取者和互利者；葛瑞琴・魯賓（Gretchen Rubin）的四種天生傾向；蘇珊・坎恩（Susan Cain）提出的樂觀或苦樂參半取向——這些都只是為經驗分類的幾種方法，生而為人獨特非凡的經驗有數之不盡的分類方法。

和五類型完美主義者一樣，這些身分標籤都是免不了固有侷限的智識建構。它們是提出的貢獻，不是真理。它們是別人的想法、別人對模式的解讀，是別人嘗試命名他們看見的東西。這些分類除非對你有某些意義，否則不具任何意義。

康復是非常個人的過程，永遠不會有哪兩個人的康復過程是一模一樣的，可能是步調不一樣、方法不一樣、最後產生共鳴的語言也不一樣。我們每個人都以各自獨特的方式療傷。你最需要什麼，只有你有辦法知道。

如果最近或從來沒人對你說，那我在這裡告訴你：你的人生、你的動力、你的渴望，這些方面你才是專家。你有沒有困難、你能力的深度、定義你的事物、你是不是個完美主義者、那是不是一件好事、對此你需要做或不做什麼——這些是由你做的選擇。

摒棄任何人都能指教你怎麼做自己的這種想法。就算別人也許是出自好意，就算別人懷著滿腔的愛，或者很有資格、很有權威、很有經驗，你才是那個明瞭自己的人。

放下控制並不會自動轉變成擁有力量。放下控制有時只表示你把控制權交給別人。把控制權交給別人，也是又一種對你力量的否定。你是怎樣的人，不要由任何人，包括我在內，來告訴你。由你告訴別人你是怎樣的人，這就是力量。

這本書作為個人著作，代表的是我的觀察、我的經驗、我的觀點，以及我的偏見。我並不把我的想法和理論當作這個主題的最終定論。我不認為這個主題能有最終定論。

我寫這本書是希望開啟對話。我希望書中內容激起更多深入討論，探討何為完美主義，完美主義如何影響我們，而我們又可以如何影響。更廣泛來說，我們可以如何把心理安適與心理疾患的一些面向整合在一起，實現心理健康。

這場對話有許多重要主題未能在這本書當中提及，包括完美主義與飲食障礙的關係、社會因應白人霸權而編派給特定有色人種的完美主義、完美主義在心理文獻的起源如把完美主義定位為心靈最正向的作用力、完美主義研究上的限制等。

我在我的部落格刊登了延伸作者筆記以闡述這些重點，延續我們才剛展開的對話。誠邀各位到官網上閱讀，你也會在網站上找到羅列心理健康資源的專頁。

借用每一位諮商師都會說的話：我們一起繼續討論吧。

寫在書後

我做了一個清醒的夢。你和神出現在夢裡。

你走近神的門，門虛掩著。你敲了敲門走進去，雙手抱著鮮花和點心。神見到你，綻開笑容。「請進，請進！見到你太開心了！」神說的是實話。

神注意到你手上美麗的花和繽紛的糖果。神說：「你還帶了禮物來！謝謝你，不必這麼費心的。」神說的仍然是實話。

你也對神咧開笑容，然後說：「我知道不必，但我就想這麼做。」你說的也是實話。

然後你找到個地方坐下來。正好就緊挨在神的旁邊，你感到回家一般自在。

鳴謝

首先謝謝我每一位當事人，對你們的感謝放在第一順位別有意義。你們教會我很多事，是你們讓我知道，助人者和受幫助的人之間沒有界線，只有連結。不管我們現在正在諮商，或我曾與你諮商過，希望你知道，我始終與你同一陣線。與你們的相遇使我有莫大成長，我永遠感謝你們在眾多諮商師之中選擇了我。我一直很想寫一本書紀念我們一起成就的事，寫你們是如何信任我、幫助我、教導我、塑造我。我心知怎麼寫都無法盡述，但我必須嘗試看看。但願這必敗的嘗試對得起你們。

Rebecca Gradinger。要是 Marianne Williamson 看到我們就好了！天啊，RG魔鬼特訓班果然不假，但也真的扶助我來到此刻。你的策畫編輯至為重要，不只讓這個企劃實際展開，也幫助我找到作者的權威。一個新手作者能收到比這更好的贈禮嗎？我深感榮幸能排進長長的作者隊伍，和大家一同對你說：這本書沒有你便不會存在。總有一天，我們會同一時間對一件事達成共識，到那值得慶祝的一天，我們會朝紐約的天際線放出白鴿。在那之前，請接受我最真心的一聲感謝，謝謝你讓我的夢想成真。也要謝謝 Kelly Karczewski、Elizabeth Resnick、Veronica Goldstein、Melissa Chinchillo、Yona Levin、Victoria Hobbs 和 Christy Fletcher 在幕後把一切處理得天衣無縫。

Niki Papadopoulos，謝謝你在這個同意一起喝杯咖啡都難的時代，同意這個企劃。你是最厲害的老師，也是優秀的編輯，你讓我精神大振。我不知道你那些智慧都是哪裡來的，但我猜肯定得之不易，謝謝你與我分享。就像很多人光是做自己就讓他人的生命變得更好，你永遠不會明瞭你對我有多大的幫助。

Portfolio 團隊！我把一份 Word 文檔交給你們，你們還給我一本書！寫這本書是我人生最難能可貴的一個機會，而 Portfolio 的每個人只讓這段經驗更美好。Kimberly Meilun，謝謝你為我把每件事解釋一萬遍，謝謝你的編輯眼光，也謝謝你再三提醒只要我需要，有外援能幫我。Sarah Brody，謝謝你設計的絕美封面，我會永遠珍惜。為免你討厭我，我們的友誼只能向上發展！Margot Stamas、Amanda Lang、Mary Kate Skehan、Esin Coskun，你們共有的熱忱和聰明的策略從第一分鐘就令我刮目相看。謝謝你們把它當作唯一的行銷項目似的力推這本書。版權編輯、校對、責任編輯、設計與發行團隊：Plaegian Alexander、Nicole Wayland、Lisa Thornbloom、Megan Gerrity、Meighan Cavanaugh、Jessica Regione、Caitlin Noonan、Madeline Rohlin——對一個如此貼近個人心靈與思考的企劃，你們傾注這樣細心、講究完美、設想周到的關注，這種感受無可言喻。謝謝你們讓這本書唱出歌聲。Adrian Zackheim，謝謝你對我的一切通融，在我需要的時候給我更多時間，也經常能夠找得到你。尤其你身在一個負責說「不」的行業，真的很謝謝你滿懷熱忱地對我說「好」。深感榮幸能為你以及你優秀的團隊效力。

也謝謝 Seth Godin，選擇 Portfolio 出版有很多原因，但你是我最喜歡的原因。謝謝你把我從客氣退讓的生活中拯救出來。還有 Leah Trouwborst，謝謝你為這本書傾盡全力。平行時空的我們現在絕對約出去玩了。

給我最初的讀者和最早便支持我的人：

Jean Kilbourne。青少年時代讀到你的書，是我遇過最美好的事。你當時的支持和鼓勵感覺就像魔法。你現在的支持和鼓勵感覺像畫了個完滿的圓，我簡直要哭了。Lori Gottlieb，你鼓勵人的樣子看似輕鬆又容易，但我知道那需要很大的能量。謝謝你把自己寶貴的能量直直發送給我，我經常感念你的慷慨。Susan Cain，我無話能對你說（倒是想到了幾首歌）。我只能說，我從寫這本書的孤寂中探出頭，最先聽見的就是你的加油打氣。收到你的支持，是無比開心的回憶，我永遠不會忘記當時的感覺。Deepak Chopra，你很完美，但這你已經知道了。謝謝你對我敞開心扉，對一切敞開心扉。對你除了愛，沒有別的。Holy Whitaker，你有卓越的才華，我好愛看你發揮。謝謝你即刻的支持。Bruce Perry，我打從心底感謝你的著作。否則我真的無法寫到現在這一段謝詞。Tal Ben

Shahar，說這些好像我對你還不夠欽佩一樣，但你始終對不同觀點保有開放態度，鼓勵更多關於完美主義的對話。看到領袖人物言行合一真令人振奮。Michael Schulman，你的藝術道德標準、友誼和熱情一直如此鼓勵著我。謝謝你總是一早捎來逗趣的訊息，也謝謝你在那一次水庫散步讓我覺得自己像個真正的作家。Asheley Wu，疫情帶走太多，但我永遠記得是疫情讓我走近你。謝謝你為這本書的誕生實質開拓出空間，也謝謝你為協助宣傳這本著作提供了改變局面的海量支持。

特別感謝 Brené Brown。你是界線築起的堡壘，誰也無法連把我的謝函連同這本書一起交給你，這讓我心中的諮商師開懷大笑。總而言之，你的著作讓我成為更好的諮商師，也成為更好的人。謝謝你。

我生逢好運，上學的時候，以下諸位才學豐富的頭腦也正在教書：Anika Warren、Ruth T. Rosenbaum、Dacher Keltner、Derald Wing Sue、Donna Hicks、Pei-Han Cheng、Naaz Hosseini、Elizabeth Fraga，以及我在柏克萊大學的神經科學教授，名字我記不得了，但他利用俳句教授神經化學。謝謝你們每一位，你們對我的人生、我的事業和這本書留下深遠影響。親睹各位的風采，本身就是一種教育。

感謝這個領域的開路先鋒，他們的研究、著作和教學為本書鋪路：Brené Brown、Tal Ben-Shahar、Gilad Hirschberger、Clarissa Pinkola Estés、Bruce Perry、Harriet Lerner、Barbara Fredrickson、

Randy O. Frost、Simon Sherry、Iyanla Vanzant、Serena Chen、Samuel F. Mikail、Gordon L. Flett、Paul L. Hewitt、Joachim Stoeber、Kristen Neff、Irvin D. Yalom、Mary Pipher、Maya Angelou、Heinz and Rowena Ansbacher、Karen Horney、Carl Rogers，以及當然少不了 Alfred Adler。

Pippa Wright，謝謝你當了這本書的全世界第一個買主。Lindsay Robertson 和 Kelsie Brunswick，謝謝你們協助這整件事展開。謝謝 Carla Levy、Courtney Maum、Emma Gray、Robbie Alexander——也謝謝我的研究助理、事實查核專員，兼整理引用文獻的慈悲天使 Kassandra Brabaw。

Melba Remice，但凡我有機會公開致謝，一定會有你的名字。Lily Randall 和Monica Lozano，你們也是。

從發想到實際出版一本書，說得簡短點，是很困難的。謝謝過程中只要我開口，甚至我沒開口，也義不容辭趕來幫忙的我不可思議的朋友們。Reshma Chattaram Chamberlin、Ben Simoné、Carola Beeney、Rabia de Latour、Alex de Latour、Natalie Gibralter、Anna Pitoniak、Maya Gorgoni、Thomas Lunsford、Ashley Crossman Lunsford、Shelby Lorman、Christine Gutierrez、Maya Enista Smith、Ty Laforest、Vanna Lee 和 Arielle Fierman Haspel。Mary J. 和 Jeanne，我永遠愛你們。Craig，你是我的最愛，但別告訴別人。

Peter Guzzardi，本書的守護天使！謝謝你從機場直接趕來找我，告訴我說你懂。在我人生中的此刻，你我的友誼像是命中註定。我引頸期盼未來所有合作。

Maureen Moomjy、Carol Aghajanian，以及 Memorial Sloan Kettering 癌症中心全護理團隊（特別是來自愛爾蘭的那位金髮護理師，我忘了名字，但我永遠不會忘記在特別難捱的某一天，她對我的溫柔善良）：謝謝你們在我人生旋轉失控時，對我悉心照顧。最深摯無盡的感謝，要獻給我美麗聰慧的諮商師，也獻給我的每一位督導。

我在這本書裡寫到準社會關係的力量，這也是我一直取用的資源，也是我在疫情期間尤其需要的資源，我這本書絕大多數都是在疫情期間寫成的。謝謝多位藝術家和公眾人物在那段期間幫助我撐過去。在此簡列幾位：Jada Pinkett Smith、Dax Shepard、Monica Padman、Mandy Patinkin 和 Kathryn Grody（你們共同經營的 Istagram頁面是我的快樂泉源）。Glennon Doyle（廢話）、Abby Wambach（更是廢話）、Francesca Amber、Taraji P. Henson、Gayle King、Laura McKowen、Sarah Jakes Roberts、Malcolm Gladwell、Will Smith、Linda Sivertsen、Robin Roberts、Jonathan Van Ness、Bradley Cooper、Megan Stalter、Regina King，當然還有歐普拉（廢話之中的廢話）。謝謝你們每一位：希望你們永遠不要低估你們提供的人際連結背後的力量。謝謝你們創作的藝術與創造的幫助。你們的正面影響會久遠流傳。

Liz Gilbert，要是你能看到我一邊運動，一邊吃甜甜圈，一邊聽《創造力》（*Big Magic*）有聲書就好了——你一定會為我驕傲得要命。你把我的恐懼縮小到能帶著走。我好高興有你生在這個世界上。也謝謝你耗費心力敦促我寫這本書，謝謝你挑剔我。抱歉我一開始還對你生氣。

Shannon、Lauryn 和 Lisa，原來被天使圍繞的生活這麼幸福！謝謝你們讓一切都顯得溫馨、爆笑而完美——尤其是生活處處與此相反的那段時間。要是沒有你們三個，我不敢想我會在哪裡。永遠不必去想這件事，真是永恆的恩賜。

Oleshia、Jayme 和 Marissa：我愛你們，仰慕你們，你們完美在每個方面。我前世一定做了什麼天大的好事，才能認識你們每一位。

謝謝我的爸媽：謝謝你們賜予我這個世界，以及愛、堅毅和自由。我覺得我獲得了你們各自最美好的精髓，我感謝上帝讓我擁有你們。Richard，我想像你清早穿著筆挺的白襯衫，喝著熱氣氤氳的濃縮咖啡，準備迎接美好的一天。我愛你。Caroline，我最好的朋友兼最大的靈感。謝謝你永遠一馬當先。你的光芒為我照亮前路——至死效忠燕麥。Alexander，我見過最善良的人，你托起進入你軌道的每一件事和每一個人。我何其幸運能在你的軌道上。愛你。

Pam、Scott、Jono、Maia 和 Rhoda：謝謝你們愛著變換過多重面貌的我。

Michael，這多年來的歷程，你一直是我最有力的啦啦隊，在人生每個領域，你都是真正的夥伴。謝謝你每一天都用無可計量的愛和支持包圍我。雖然你總是想不出晚餐要吃什麼，我一樣愛你到永遠。你很完美。

Abigail，怎麼說呢，你和你的小酒窩出現之際，我也開始沉迷於寫一本關於完美的書，這絕對不是巧合。從見到你以來，我做什麼事都帶著喜悅的偏見。草莓吃起來更甜，音樂更動聽了，世界以各種可能的方式變得更加明亮。我愛你超越所有數字和字母，甚至超越所有還沒被命名的事物！是你教會我，人經由喜悅獲得的成長並不亞於吃苦——甚至成長更多。繼而更復如此，然後又再更多。就像你總愛說：「再一次！再一次！」

最後也最重要的是，謝謝同義詞網站 thesaurus.com 的每一位管理者。每個陰鬱、清冷的日子，我一個人在書桌前查找「這個」和「看似」之類的複雜單字，thesaurus.com 始終與我同在。你們是文學界的無名英雄，要有誰說不是，他一定沒寫過書。

國家圖書館出版品預行編目(CIP)資料

內在恆定：順應天性的完美主義是一種優勢／凱薩琳．摩根．舍弗勒（Katherine Morgan Schafler）著；韓絜光譯. -- 新北市：感電出版：遠足文化事業股份有限公司發行，2024.07
400面；14.8×21公分

譯自：The perfectionist's guide to losing control

ISBN 978-626-98422-7-8（平裝）

1.CST：自我實現 2.CST：完美主義 3.CST：心理衛生

177.2 113003578

內在恆定

順應天性的完美主義是一種優勢

The Perfectionist's Guide to Losing Control

作者：凱薩琳．摩根．舍弗勒（Katherine Morgan Schafler）｜譯者：韓絜光｜內文排版：顏麟驊｜封面設計：Dinner｜主編：賀鈺婷｜副總編輯：鍾顏聿｜出版：感電出版／遠足文化事業股份有限公司｜發行：遠足文化事業股份有限公司（讀書共和國出版集團）｜地址：23141新北市新店區民權路108-2號9樓｜電話：02-2218-1417｜傳真：02-8667-1851｜客服專線：0800-221-029｜信箱：yanyu@bookrep.com.tw｜法律顧問：蘇文生律師（華洋法律事務所）｜ISBN：978-626-98422-7-8（平裝本）EISBN：9786269842261（ePub）／9786269842254（PDF）｜出版日期：2024年7月｜定價：500元